Angelika Diezinger, Verena Mayr-Kleffel

Soziale Ungleichheit

Eine Einführung für soziale Berufe

Angelika Diezinger, Verena Mayr-Kleffel

Soziale Ungleichheit
Eine Einführung für soziale Berufe

Lambertus

Die Deutsche Bibliothek - CIP-Einheitsaufnahme

Diezinger, Angelika:
Soziale Ungleichheit : eine Einführung für soziale Berufe / Angelika Diezinger ; Verena Mayr-Kleffel. - Freiburg im Breisgau : Lambertus, 1999

ISBN 3-7841-1223-4

Umschlaggestaltung: Christa Berger, Solingen
Satz: texte + töne, Emmendingen
Druck: Jungbluth Digital+Print, Freiburg
ISBN 3-7841-1223-4

Inhalt

Einleitung

Die Soziale Arbeit sieht sich in vielen ihrer Arbeitsfelder mit sozialen Problemen konfrontiert, die in Folge mangelnder Bildung, Erwerbslosigkeit, Wohnungslosigkeit oder Armut von Menschen entstanden sind. Damit hat die Soziale Arbeit die Aufgabe, die Auswirkungen ungleicher Lebensbedingungen in der Gesellschaft zu lindern oder je nach politischem Verständnis ungleiche Lebensbedingungen selbst zu verändern.
Bereits Alice Salomon hatte mit ihrem Verständnis von sozialen Problemen und methodischer Arbeit auf die auslösenden Bedingungen von sozialer Ungleichheit hingewiesen. Auch in den aktuellen theoretischen Positionen in der Sozialarbeitswissenschaft lassen sich vielfältige Verbindungen finden: etwa bei der lebensweltorientierten Sozialen Arbeit (Thiersch) oder bei der systemtheoretischen Position von Staub-Bernasconi. Danach entstehen soziale Probleme im allgemeinen Sinn u.a. dadurch, daß wir in Systemen leben, in denen Menschen im Besitz unterschiedlicher elastischer Bedürfnisse mit unterschiedlichen realen oder künstlich hergestellten Knappheiten – die Grundlage für Macht – umgehen müssen (Staub-Bernasconi 1996, 606f; s. a. Miller 1999).
Daher ist es für Studierende der Sozialen Arbeit sinnvoll, sich mit der Ungleichheitsforschung, ihren Theorien und empirischen Ergebnissen zu beschäftigen, die Grundlagen für das Verständnis von Ursachen und Erscheinungsformen sozialer Ungleichheit bereitstellt. Allerdings zeigt sich den interessierten Studentinnen und Studenten derzeit eine kaum überschaubare Fülle konkurrierender Begrifflichkeiten und Ansätze: Es konkurrieren unter anderem Schicht- und Milieumodelle, Modelle sozialer Lagen mit neuen Klassentheorien und der Individualisierungsthese. Die feministische Ungleichheitsforschung leistet ihrerseits einen notwendigen, völlig neuen Beitrag.
Gemeinsam ist jedoch allen ein Grundverständnis sozialer Ungleichheit: Sie ist dann gegeben, wenn die Mitglieder einer Gesellschaft auf Dauer nicht in dem gleichen Ausmaß über knappe, gesellschaftlich begehrte Güter wie zum Beispiel Wohlstand, soziales Ansehen oder Macht verfügen, sich dieser Zustand aufgrund des Zusammenlebens von Menschen ergibt und damit eine *soziale* Systematik festzustellen ist. *Individuelle* Unterschiede wie Größe, Haarfarbe und Körperkraft von Menschen fallen nicht unter diesen Begriff *sozialer* Ungleichheit.

Wir wollen mit diesem Buch einen Einblick in die historische Entwicklung und den derzeitigen Stand der Theorien sozialer Ungleichheit geben. Es soll die Orientierung in diesem Feld der Wissenschaft erleichtern, indem die wichtigsten Fragen, Perspektiven, Erklärungen und Kontroversen in ihren Grundmustern dargestellt werden. Der Ausgangspunkt dabei ist jeweils die sozialgeschichtliche und politische Entwicklung in Deutschland; die knappe Präsentation der wissenschaftlichen Auseinandersetzung mit den realen Verhältnissen sozialer Ungleichheit in Deutschland beleuchtet, welche Aspekte die jeweilige theoretische Position aufgreift und empirisch untersucht. Die vorgestellten Theorien erscheinen damit als Kinder ihrer Zeit. Sie wurden gerade in diesem Forschungsfeld entwickelt, um zeitkritisch und engagiert Probleme aufzudecken. Da das Thema soziale Ungleichheit weitreichende politische Implikationen besitzt, Fragen nach sozialer Gerechtigkeit und zukünftigen politischen Entwicklungen aufgeworfen werden, läßt sich die Geschichte der Ungleichheitsforschung bis heute auch als ein Kampf um Definitionsmacht begreifen. Die Bewertung von ungleichen Lebensbedingungen in der Gesellschaft hat immer auch etwas mit ihrer Erklärung zu tun. Das zeigt sich immer dann, wenn bisher vernachlässigte Aspekte sozialer Ungleichheit „auf die Tagesordnung" von Wissenschaft und Politik gesetzt werden. Um diesen doppelten Bezug der Theorien zu verdeutlichen, beginnen wir mit den „klassischen Theorien", also den Klassenmodellen und dem ersten Schichtmodell sozialer Ungleichheit. Sie haben bis heute die Kontroversen um die angemessene Darstellung sozialer Ungleichheit beeinflußt.

Im zweiten Kapitel beschäftigen wir uns mit der kritischen Auseinandersetzung mit dem Schichtmodell nach dem zweiten Weltkrieg in Deutschland und den in Folge neu entworfenen Konzepten der „sozialen Lage" und der Individualisierung, letzteres bekannt unter dem Stichwort „jenseits von Stand und Klasse".

Das dritte Kapitel stellt die aktuellen Milieu- und Klassentheorien vor, die die kulturellen Faktoren der Lebensführung, die handlungsleitenden Werte und Normen von Menschen als wichtigen Aspekt ungleicher Lebensbedingungen berücksichtigen. Das vierte Kapitel beschäftigt sich mit der sozialen Ungleichheit zwischen den Geschlechtern; das fünfte beleuchtet ethnische Aspekte sozialer Ungleichheit. Dies beides sind Formen von sozialer Ungleichheit, die in den erstgenannten Diskussionen noch zu wenig beachtet werden.

Die Kapitel sind einheitlich wie folgt aufgebaut: Die gesellschaftliche Entwicklung in Deutschland wird umrissen, darauf folgen zentrale Begriffe

und Annahmen über die Ursachen sozialer Ungleichheit und ihre vielfältigen Erscheinungsformen, wie sie die jeweilige Theorie wahrnimmt. Eine „soziale Landkarte" faßt die Ergebnisse zusammen, wie sie mit der besonderen „Brille" der vorgestellten Theorie zu erkennen sind. Sie soll nicht nur die Orte einzelner Gruppierungen im Ungleichheitsgefüge kennzeichnen, sondern – soweit möglich – auch die Beziehungen zwischen ihnen. Es schließen sich Fallbeispiele an, die wir unterschiedlichen empirischen Studien oder auch eigenen Interviews entnommen haben. Mit ihnen lassen sich bei der Lektüre die Reichweite, aber auch Grenzen des theoretischen Konzeptes gedanklich überprüfen. Hinweise auf die Bedeutung der jeweiligen Theorie sozialer Ungleichheit für die Soziale Arbeit bilden den Schlußpunkt jedes Abschnittes.
Wir hoffen, daß wir mit unserer Einführung in die Theorien sozialer Ungleichheit die Leserinnen und Leser angeregt haben, den einen oder anderen Originaltext zu lesen.

1. „Klassische“ Theorien sozialer Ungleichheit

Klassen, soziale Schichten, soziale Milieus, das sind auch im Alltag geläufige Begriffe, die uns zum Thema soziale Ungleichheit sofort einfallen. Der Satz „Unterschichtkinder sind in der Schule nicht so erfolgreich wie Mittelschichtkinder” leuchtet unmittelbar ein, auch außerhalb des Hörsaals; das heißt einige Fachtermini der Ungleichheitsforschung sind in das Alltagsleben eingedrungen und dienen der Verständigung. Das Alltagsverständnis davon, was Klassen, Schichten und soziale Milieus sind, bleibt allerdings vage. Insbesondere wird ausgeblendet, daß sich damit unterschiedliche Überlegungen zur Entstehung und Gestalt von sozialer Ungleichheit in der modernen Gesellschaft verbinden. Mit diesem ersten Kapitel möchten wir den Bedeutungshorizont und den theoretischen Stellenwert, den diese Begriffe bei den Klassikern der Erforschung und Theoretisierung sozialer Ungleichheit besitzen, vorstellen und gleichzeitig die Wurzeln vieler aktueller Argumente zum Thema offenlegen. Wir beginnen mit dem Klassenmodell von Karl Marx und ordnen es in die europäische Wirtschafts- und Sozialgeschichte ein. Max Weber, der zweite historische Theoretiker, den wir in dem ersten Kapitel referieren, hat mit seinen Überlegungen zur sozialen Ungleichheit einen kritischen Kontrapunkt zu Marx formuliert und der Erforschung und Theoretisierung sozialer Ungleichheit wegweisende Impulse gegeben. Das Kapitel wird abgeschlossen mit der Darstellung der Studien von Theodor Geiger über die Schichtungsstruktur der deutschen Gesellschaft in den 20er Jahren.

1.1 Soziale Ungleichheit als Klassenstruktur: Karl Marx

Karl Marx (1818-1883) ist der bekannteste, politisch einflußreichste und darum auch der umstrittenste Theoretiker sozialer Ungleichheit. Die praktisch-politischen Auswirkungen seines Denkens sind immens. Da die Mehrzahl der sozialistischen Gesellschaften, die sich in ihren Programmen auf Karl Marx und Friedrichs Engels berufen haben, nicht mehr existieren, sehen viele Autoren diese unter ihrem eigenen ideologischen Schuttberg begraben.
Wir wollen Karl Marx hier nicht als Theoretiker des Sozialismus, sondern als kritischen Analytiker der kapitalistischen Gesellschaft würdigen.
Karl Marx interessierte sich in erster Linie für die „bewegenden Kräfte” der Geschichte, für den sozialen Wandel seiner Zeit, der Zeit der Industriellen

Revolution. Da ihn seine politische Praxis und Publizistik ins Exil zwangen, zunächst nach Frankreich und dann nach England, konnte er die Bedingungen des sozialen Wandels in diesen beiden Gesellschaften studieren: in Frankreich die politischen Veränderungen nach der Französischen Revolution (1789 bis 1799) und in England die Veränderungen, die die Agrargesellschaft revolutionierten. Beide Länder waren in ihrer gesellschaftlichen Entwicklung den deutschen Kleinstaaten weit voraus.
Wir verstehen Marx' Theorie sozialer Ungleichheit als ein Klassenmodell sozialer Ungleichheit. Was läßt sich darunter verstehen?
Marx stellt das Wirtschaften der Menschen in den Mittelpunkt seiner Überlegungen, denn sie müssen mit ihrer Arbeitskraft und mit Werkzeugen die Natur bearbeiten, um ihre Bedürfnisse zu befriedigen. Im Prozeß der Geschichte entsteht Besitz an Grund und Boden, Energiequellen und Werkzeugen. Der Besitz bzw. Nichtbesitz von diesen „Produktionsmitteln" wie Marx es nennt, läßt Klassen entstehen, die entsprechend ihrer Besitzverhältnisse konträre Interessen entwickeln.
Diese Interessengegensätze der Klassen, die sich in Klassenkämpfen äußern, sind für Karl Marx Antriebskräfte des gesellschaftlichen Wandels. Berühmt geworden ist seine Aussage in dem gemeinsam mit Friedrich Engels 1848 verfaßten „Manifest der kommunistischen Partei":

> „Die Geschichte aller bisherigen Gesellschaft ist die Geschichte von Klassenkämpfen. Freier und Sklave, Patrizier und Plebejer, Baron und Leibeigener, Zunftbürger und Gesell, kurz: Unterdrücker und Unterdrückte standen in stetigem Gegensatz zueinander, führten einen ununterbrochenen, bald versteckten, bald offenen Kampf, einen Kampf, der jedesmal mit einer revolutionären Umgestaltung der ganzen Gesellschaft endete oder mit dem gemeinsamen Untergang der kämpfenden Klassen" (Marx 1968, 525f).

Karl Marx' Klassenmodell sozialer Ungleichheit ist also ein Konfliktmodell.

1.1.2 Die historische Entwicklung der Wirtschafts- und Sozialstruktur

1.1.2.1 Von der Subsistenzwirtschaft zur Warenproduktion

In einer Subsistenzwirtschaft dient das gesellschaftliche Wirtschaften der Menschen nur der Befriedigung des unmittelbaren Bedarfs der Gemeinschaft, sei es des Stammes oder des Familienverbandes. Diese Subsistenzwirtschaft konnte sich verändern, als es über die Intensivierung des Ackerbaus möglich wurde, überschüssige Nahrungsmittel zu gewinnen, also mehr Nahrungsmittel, als unmittelbar nötig. Ernest Mandel spricht davon, daß dieses landwirtschaftliche Mehrprodukt die Grundlage jeder Zivilisation ist

(Mandel 1972 I, 109). Nun begann der Tausch dieses Mehrproduktes auf Märkten; diese Überschüsse konnten von einigen Gesellschaftsmitgliedern angeeignet werden, andere konnten sich aus der Landwirtschaft zurückziehen und sich beispielsweise ganz dem Töpfern oder der Schmuckherstellung zuwenden. Die Folge waren Arbeitsteilung und Warenproduktion: Gebrauchsgegenstände wurden produziert mit dem Ziel, sie als Waren gegen andere solche Waren auszutauschen, zunächst im Naturaltausch, später gegen Geld. Geld ist eine Ware die zunächst nur den einen Gebrauchswert hat, daß man mit ihr andere Waren erwerben kann. Der Wert der Waren wurde in Geldeinheiten, dem Preis angegeben; er basiert auf der Arbeitszeit, die im gesellschaftlichen Durchschnitt zu ihrer Herstellung nötig war.
Als sich ein berufsmäßiger Handel entwickelte, stieg die Bedeutung des Geldes, das vom Tauschmittel zunehmend zum Akkumulationsmittel wurde. Kaufleute und Händler kauften bzw. raubten Produkte, um sie wieder mit Gewinn zu verkaufen. Das hierbei aufgehäufte Kaufmannskapital transformierte und verallgemeinerte nach marxistischer Theorie die Warenproduktion und wandelte sich selbst in industrielles Kapital um, das durch den Kauf und die Vernutzung von Arbeitskraft Mehrwert schafft. Für dieses gilt, daß Kapital Wert ist, „der sich um einen Mehrwert vergrößert" (Mandel 1972 I, 92).

1.1.2.2 Wirtschafts- und Sozialstruktur im Mittelalter: Zünfte und Kaufleute

Die Entstehung des Industriekapitalismus in Westeuropa, dessen Entwicklungsgesetze Karl Marx analysiert, verdankt sich einem Zusammentreffen historisch spezifischer Bedingungen (vgl. Mogge-Grotjahn 1996, 137ff.).
Im europäischen Mittelalter hatten sich die Städte zu Zentren entwickelt, in denen der Adel die wirtschaftlichen Aktivitäten von Handwerkern und Händlern tolerierte. Die qualifizierten Handwerker hatten sich zu Zünften zusammengeschlossen. Die Zünfte produzierten für lokale, aber auch bereits für entferntere Märkte und hatten eine starke soziale Stellung: Sie bestimmten entsprechend ihrer Interessen die Zahl ihrer Lehrlinge, setzten die Gütequalität der Produkte, die relativ hohen Löhne der Handwerker und angemessene Preise für die Warenabnehmer fest. Dies war in den jeweiligen Gewerbeverfassungen rechtlich abgesichert (vgl. Produktivkräfte in Deutschland 1800 bis 1870,1990, S. 83ff.).
Kaufleute hatten jedoch das Interesse, die hohen Löhne für Handwerker zu umgehen, und begannen im sogenannten Verlagsystem Aufträge an freie Handwerker außerhalb der Zünfte für niedrigere Löhne zu vergeben. Die Handwerker produzierten zu Hause, erhielten die Rohstoffe und die Pro-

duktionsmittel vom Verleger. Diese sogenannte Heimindustrie verlagerte sich im 15. Jahrhundert zunehmend auf das Land. Charakteristisch ist: Die Produzenten verlieren die Kontrolle über ihre Erzeugnisse und schließlich die Kontrolle über die Werkzeuge, die Produktionsmittel. Denn dies alles gehörte dem Verleger.

Diese Form des Wirtschaftens war zwischen dem 16. und 18. Jahrhundert die gebräuchlichste Produktionsweise außerhalb der Landwirtschaft.

Daneben entwickelte sich allmählich ein anderes Produktionssystem, die Manufaktur, das die jeweiligen Landesherren vereinzelt genehmigten (vgl. Mandel 1972, I, 132ff.). Hier arbeiteten die Arbeitskräfte unter einem Dach zusammen. Diese Zentralisierung von Arbeit hatte für den Verleger bzw. Besitzer der Manufaktur verschiedene Vorteile: Die Kontrolle über die Rohstoffe konnte perfektioniert, die Kosten für die Zwischenhändler eingespart werden, die vorher die Rohstoffe an die Handwerker verteilt und die Fertigprodukte eingesammelt hatten.

Auch der Herstellungsprozeß selbst veränderte sich stark: Die Produktion wurde in der Manufaktur in viele einzelne mechanische Arbeitsvorgänge aufgesplittert. In der handwerklichen Warenproduktion hatte es nur die Arbeitsteilung zwischen den Gewerben, nicht aber innerhalb eines Gewerbes gegeben. Ein Tuchmacher zum Beispiel webte, walkte und färbte. In der Manufaktur nun, erledigte ein Manufakturarbeiter lediglich einen kleinen Ausschnitt aus dieser Fülle an Arbeitsgängen, zum Beispiel mischte er die Farbe. Für diese stark vereinfachten Arbeitsgänge konnten ungelernte, billige Arbeitskräfte eingestellt werden, vorzugsweise Frauen, Kinder und alte Menschen. Diese Arbeitsteilung machte es möglich, daß in der gleichen Zeit sehr viel mehr Fertiggüter erstellt werden konnten als vorher.

Alle diese Faktoren ermöglichten es, dem Manufakturbesitzer, kostengünstiger zu produzieren und wenn es der Markt gestattete, mehr Waren zu vergleichsweise niedrigen Preisen zu verkaufen; sein Kapital konnte sich vergrößern.

1.1.2.3 Wirtschafts- und Sozialstruktur in der Industriellen Revolution: Fabrikbesitzer und Lohnarbeiter, Großgrundbesitzer und Bauern

Drei Entwicklungen begünstigten die industrielle Revolution: 1. Die Politik erweiterte über die Einführung der Gewerbefreiheit den Handlungsspielraum der Besitzer von Produktionsmitteln. Frankreich führte sie bereits 1791, Preußen 1807 ein; die anderen deutschen Kleinstaaten taten es teilweise Jahrzehnte später. Jeder, der es wollte, konnte nun ein Gewerbe betreiben. Dadurch wurde die Vormachtstellung der Zünfte erschüttert, die Konkurrenz der Anbieter auf dem Markt wurde größer.

2. Auf dem Land hatten schon lange zuvor – bereits im Mittelalter – Entwicklungen eingesetzt, die nun im 18. und 19. Jahrhundert ihren Beitrag zur industriellen Revolution leisteten. Zu nennen ist hier die Tatsache, daß die Geldzirkulation auch die bäuerliche Wirtschaft erreicht hatte. Vom Großgrundbesitzer abhängige Bauern mußten ihre Abgaben auch in Geld ableisten; das zwang sie, für ihre landwirtschaftlichen Produkte selbst Geld am Markt zu erzielen (Mandel a.a.O., 111). Großgrundbesitzer entzogen den abhängigen Bauern die Existenzgrundlage, weil sie ihr Ackerbauland als Weideflächen für Schafe zu nutzen begannen. Die durch Nachfrage seitens der Manufakturen gestiegenen Wollpreise ließen die Schafzucht lukrativer werden als den Ackerbau. Die betroffenen Bauern erhielten keine Pachtverlängerung mehr und waren als proletarisierte Landarbeiter verfügbar. 3. Maschinen wurden erfunden, die in Folge die Handarbeit ergänzten und schließlich ersetzten. In der Fabrik, in den Worten von Marx, „der Werkstatt also, die sich auf Maschinenarbeit gründet", konnte noch schneller und mit besserer Qualität des Endprodukts produziert werden als in der Manufaktur. Maschinen wurden zunächst bei der Herstellung von Textilien – Spinnen und Weben- eingesetzt. Die erste einfache Spinnmaschine englischen Ursprungs war die „spinning Jenny"; sie erhöhte die Arbeitsleistung des Spinnrades um das 6-24fache. 1812/13 war die handbetriebene Baumwollspinnerei in Deutschland bereits völlig verschwunden.
Die maschinelle Umstellung der Produktion in einem Wirtschaftszusammenhang zog die Umstellung der Produktion in einem anderen nach sich: Maschinen, die mit Dampfkraft angetrieben wurden, veränderten auch die Produktion in Bergbau und Eisenindustrie. Diese Umwälzung der Produktionstechnik wurde ergänzt durch technische Veränderungen der Transportmittel. Seit 1825 verkehrte in England die erste öffentliche Dampf – Eisenbahn für den Waren- und Güterverkehr, und bereits 1870 existierte auf dem Gebiet des heutigen Deutschland das größte Eisenbahnsystem Kontinentaleuropas (vgl. Produktivkräfte in Deutschland 1800 bis 1870, a.a.O., 362ff.). Dadurch wurde der Waren- und Geldumlauf weiter intensiviert.
Karl Marx hat sein theoretisches Konzept aus diesen historischen Entwicklungen entwickelt.

1.1.3 Ursachen von sozialer Ungleichheit im Klassenmodell von Karl Marx

In den Augen von Karl Marx hatte die industrielle Revolution eine neue Gestalt des Ungleichheitsgefüges herausgebildet. Infolge der veränderten

Produktionsweise stellt sich die gesellschaftliche Ausbeutung in der Form von zwei widerstreitenden Klassen dar: Die eine Klasse, Fabrikbesitzer, im Besitz von Maschinen, Rohstoffen, Geld und Grund und Boden, also Kapital, steht der anderen Klasse gegenüber, dem Proletariat, das keine Produktionsmittel, sondern nur die eigene Arbeitskraft besitzt.
Das Interesse am Gewinn und der Zwang, sich im wirtschaftlichen Konkurrenzkampf zu behaupten, bestimmt das Handeln der Kapitalisten. Im Zentrum von Marx' Argumentation steht die Analyse der Warenform der vom Arbeiter als Ware verkauften Arbeitskraft: Wie jede Ware, hat die Arbeitskraft einen Tauschwert, nämlich den Gegenwert der Warenmenge, die zur Regeneration dieser Arbeitskraft nötig ist, und einen Gebrauchswert, nämlich die Arbeit, in der sich die gekaufte Arbeitskraft verausgabt, dargestellt in der produzierten Gütermenge. Da der letztere Wert, insbesondere aufgrund der gestiegenen Produktivität der industriellen Herstellungsprozesse, höher ist als der erstere, und der Arbeiter den ersteren (in der Form des Lohns), der Kapitalist aber den letzteren erhält, entsteht eine Differenz zum Vorteil des Kapitalisten, in Marx' Begriff der Mehrwert. Die kapitalistische Klasse investiert den Mehrwert wieder als Kapital und gewinnt in dynamischer Weise immer mehr an gesellschaftlicher und politischer Macht.

1.1.4 Erscheinungsformen von sozialer Ungleichheit

Die unterschiedlichen Positionen von Kapitalbesitzern und Arbeitern in diesem Ungleichheitsgefüge schaffen einen objektiven Klassengegensatz. Kapitalbesitzer sind an der Erhöhung der Gewinne interessiert, Arbeiter an der Erhöhung ihrer Löhne und an humanen Arbeitsbedingungen. Sie leisten die Arbeit an Maschinen, sie erwirtschaften mit ihrer Arbeitskraft den Mehrwert, an dem sie nicht teilhaben. Sie sind und bleiben machtlos. Ihre Zahl vergrößert sich durch das Bevölkerungswachstum absolut und durch die Freisetzung von Arbeitskräften, bedingt durch den Prozeß der Konzentration von Kapital, auch relativ.
Die hohe Zahl an unbeschäftigten Arbeitskräften, der „Reservearmee" ist eine jederzeit vom Fabrikbesitzer nutzbare Konkurrenz.
Der einen, immer mächtiger und reicher werdenden Klasse steht eine immer größer werdende Klasse von Lohnarbeitern in relativer Armut und politischer Ohnmacht gegenüber. Diese Klassenkonstellation ist nach Marx konfliktförmig. Beide Klassen entwickeln ein Bewußtsein hinsichtlich ihrer Arbeitsbedingungen und ihrer Interessen als Klasse; pointiert wird diese Annahme in dem Satz: „Das Sein bestimmt das Bewußtsein". Die besitzen-

de Klasse möchte diese Situation beibehalten, die besitzlose Klasse will die Veränderung der Verhältnisse. Die Konzentration von Arbeitern in den Städten, die Arbeit in großen Produktionseinheiten, die Erfahrung von krisenhaften wirtschaftlichen Entwicklungen ließ das Bewußtsein von Allen gemeinsamen Arbeits- und Lebensbedingungen leicht entstehen (vgl. Giddens 1984, 42). Der Klassenkonflikt gipfelt nach Marx in der revolutionären Umwälzung der industriekapitalistischen Gesellschaft und transformiert sie in eine sozialistische Gesellschaft.
Die marxistische Theorie sozialer Ungleichheit und das darin enthaltene Klassenkonzept sind hoch komplex, schreibt Stefan Hradil zu Recht (vgl. Hradil 1987,60): „Sie beruht auf der Analyse von ökonomischen Faktoren, äußeren Lebensbedingungen, Bewußtseins- und Gemeinschaftsformen und kollektiven Aktionsformen."

1.1.5 Die „soziale Landkarte"

Eine der Besonderheiten der Marx'schen Theorie liegt darin, daß sie unterscheidet zwischen ‚empirischen', historisch vorfindbaren Klassen, die beschrieben werden durch die Verhältnisse ihrer Mitglieder zu den Produktionsmitteln, also durch Eigentumsverhältnisse, und einen eher abstrakten Klassenbegriff, der in analytischer Weise die Dynamik der Ausbeutung beschreibt, die dem Lohnverhältnis zugrundeliegt. In diesem zweiten Sinne, der Marx' originäre Leistung ist, gibt es nur zwei Klassen, die Käufer und die Verkäufer von Arbeitskraft, das heißt Kapital und Arbeit.
Dieses marxistische Konzept ist gekennzeichnet durch die konkrete Erfahrung einer extremen historischen Entwicklung: Noch nie ist vorher ein so großer gesellschaftlicher Reichtum erzeugt worden, der gleichzeitig so ungleich verteilt worden ist.

1.1.6 Fallbeispiel „Anna Schroerle, Textilarbeiterin in Esslingen"[1]

Anna Schroerle wird 1850 als fünftes Kind eines schwäbischen Kleinbauern geboren. Da sie arm ist, sind ihre Heiratschancen auf dem Land schlecht und sie muß sich Arbeit in der naheliegenden Stadt Esslingen suchen. Sie hat

[1] Dieser Fall ist konstruiert. Es gibt so gut wie keine Schilderungen einzelner Lebensverläufe, weil sich Zeitzeugnisse, etwa aus der Feder von Marxisten wie Friedrich Engels, gerade auf den Nachweis der Ausbeutung der modernen Proletarier als Massenerscheinung konzentriert haben. Die Informationen zur Situation der frühen Industriearbeit in Esslingen stammen aus Lipp 1986, 28.

Glück, denn die Stadt Esslingen gehört zu den frühindustrialisierten Städten Deutschlands. Anna findet Arbeit in der Baumwollspinnerei „Merkel und Wolf"; die Belegschaft besteht zu 70% aus Frauen, die geringere Löhne als die männlichen Arbeiter erhalten. Für die 12 bis 14stündige Arbeit am Tag erhält Anna Schroerle von den Eigentümern der Spinnerei 22 Kreuzer am Tag. Der Bedarf einer dreiköpfigen Tagelöhnerfamilie zu dieser Zeit wird auf 40 Kreuzer pro Tag veranschlagt. In diese Bedarfskalkulation sind als Nahrungsmittel Brot, Milch und Kartoffeln berücksichtigt. Die Arbeitsbedingungen in der Spinnerei sind schlecht: Bei der Verarbeitung der Wolle entwickelt sich in den Fabrikhallen eine hohe Luftfeuchtigkeit, wenn die Spulen der Spinnmaschinen ausgewechselt und die Maschinen gereinigt werden, wirbelt viel Staub auf, so daß das Atmen schwerfällt. Nach einem Jahr Arbeit bei „Merkel und Wolf" lernt Anna einen anderen Fabrikarbeiter kennen und lieben. Um heiraten zu können, muß das Paar eine Heiratserlaubnis der Behörde erhalten, denn in Württemberg bestehen zu dieser Zeit Verehelichungsbeschränkungen. Diese Beschränkungen betreffen vor allem Lohnabhängige. Eine Heiratserlaubnis erhält nur, wer einen „ausreichenden" Nahrungsstand nachweisen kann. Dafür reicht allerdings beider Lohn nicht aus. Für das junge Paar gibt es zwei Möglichkeiten: Entweder warten sie mit der Eheschließung und versuchen von dem kargen Lohn etwas anzusparen oder aber sie leben ohne Trauschein zusammen. Beide entschließen sich für das letztere. Damit riskieren sie, des „liederlichen Lebenswandels" bezichtigt zu werden. Das wiederum mindert die Chance auf eine Heiratserlaubnis.

Als Anna Schroerle schwanger wird und beider Kind unehelich zur Welt kommt, zieht das eine Unzuchtsklage nach sich. Dadurch aufmerksam geworden, entschließt sich der Esslinger Stadtrat kurzerhand, die junge Mutter, weil sie ortsfremd ist, in ihr Heimatdorf zurückzuschicken. Dort ist sie auf die Armenfürsorge angewiesen.

Fragen

1. Denken Sie an Ihre eigene Familie. Arbeiteten Ihre Vorfahren auf dem Land oder wie Anna Schroerle bereits in der Industrie? Versuchen Sie das in Gesprächen herauszufinden.

2. Setzen Sie den Lohn von Anna Schroerle in Beziehung zu ihrem tatsächlichen Bedarf.

3. Welche Gedanken und Empfindungen lassen sich in Anlehnung an die marxistische These vom Klassenbewußtsein bei Anna Schroerle und ihrem Partner vermuten?

1.1.7 Die Bedeutung der marxistischen Theorie sozialer Ungleichheit für die Soziale Arbeit

Die streitbare Auseinandersetzung mit dem Werk von Karl Marx füllt ganze Bibliotheken; spätere Theorien sozialer Ungleichheit beziehen sich alle in irgendeiner Weise auf sein Gedankengut. Welche Bedeutung hat sein Klassenkonzept für die Soziale Arbeit?
Karl Marx betont die große Bedeutung von ökonomischen Faktoren für das Ungleichheitsgefüge der Gesellschaft: Sie verursachen soziale Konflikte, sie bestimmen das Dasein und das Bewußtsein von Menschen.

> „Die Produktionsweise des materiellen Lebens bedingt den sozialen, politischen und geistigen Lebensprozeß überhaupt. Es ist nicht das Bewußtsein der Menschen, das ihr Sein, sondern umgekehrt ihr gesellschaftliches Sein, das ihr Bewußtsein bestimmt" (Marx/Engels 1960,93).

Bis heute ist es eines der großen Streitthemen in der Ungleichheitsforschung, ob und in welchem Ausmaß äußere, das heißt ökonomische und soziale Bedingungen die Lebenschancen und das Handeln von Menschen bestimmen.
Die Entwicklung zur industriellen Gesellschaft hat nachweislich zur sichtbaren Verarmung breiter Bevölkerungsgruppen geführt, die als „soziale Frage" auch die Sozialarbeit als Beruf hat entstehen lassen.
Das marxistische Denken sensibilisiert für gesamtgesellschaftliche, heute globale wirtschaftliche Prozesse, die neue soziale Probleme und Problemgruppen und damit neue Klienten für die Soziale Arbeit entstehen lassen, beispielsweise die ausländischen Arbeitskräfte, die zwischen 1955 und 1973 nach Deutschland geholt wurden oder aber die wachsende Zahl von Arbeitslosen heute. Die marxistische Perspektive lenkt die Aufmerksamkeit auf das Klassenverhältnis mit seinen Konflikten und auf die negativen Folgen für die abhängig Beschäftigten. In der westlichen Bundesrepublik steigt seit den 80er Jahren, in der östlichen Bundesrepublik seit den 90er Jahren die Armut. Aufgrund der heute existierenden sozialstaatlichen Abfederung von Armut, wird in der Fachdiskussion weniger von der relativen Verelendung gesprochen als über Armutsdefinitionen gestritten und Armut empirisch untersucht. Dabei zeigt sich eine starke Dynamik, nicht aber die Verfestigung von Armut bei einer bestimmten Bevölkerungsgruppe (Zwick 1994, Hanesch u.a. 1994; Hübinger 1996). Der Marx'sche Klassenbegriff bewahrt unseres Erachtens die Soziale Arbeit davor, einfach idealistisch an das „Gute" im Menschen zu glauben und an allgemeine gesellschaftliche Harmonie.

1.2 Soziale Ungleichheit als pluralisierte Klassenstruktur: Max Weber

Max Webers (1864-1920) Gedanken zu Ursachen und Erscheinungsformen von sozialer Ungleichheit umspannen auch verschiedene historische Epochen und Gesellschaften; er interessierte sich wie Karl Marx für die Entstehung des modernen Industriekapitalismus (Weber 1964, 357ff.; Weber 1972, 177ff.,531ff.). Er setzt allerdings andere Akzente. Für ihn verkörpert nicht die Dynamik des Klassenkampfes das Wesen des Kapitalismus, sondern die wachsende Bedeutung von Zweckrationalität in der Gesellschaft, die eine immer größere Anzahl von bürokratischen Organisationen entstehen läßt (vgl. Giddens 1984, 58; Mogge-Grotjahn 1996, 82f.;98ff.). Damit entsteht auch die Rationalität der industriellen Produktion, speziell die präzise Rechnungsführung im Betrieb.
Max Weber spricht dem Bewußtsein von Menschen einen großen Einfluß auf die Prozesse des Wirtschaftens zu. Anders als Marx, betont Weber die in der Reformation herausgebildeten Handlungsprinzipien, als seiner Ansicht nach Menschen in Westeuropa einen arbeitsamen und asketischen Lebensstil entwickelten, der die Kapitalbildung im großen Stil als Motor der wirtschaftlichen Entwicklung erst ermöglicht hat.
Max Webers Konzept sozialer Ungleichheit entstand historisch später als das von Karl Marx und verarbeitete auch die eigenen Erfahrungen in einer zwar teilweise veränderten, nicht aber revolutionierten industriekapitalistischen Gesellschaft (vgl. Giddens a.a.O.,47).

1.2.1 Historische Entwicklung

In den Deutschen Kleinstaaten hatte der Prozeß der Industrialisierung verspätet, zunächst langsamer eingesetzt als in England und Frankreich und sich später dann sprunghaft beschleunigt.
Die Industrialisierung konzentrierte sich zunächst an wenigen Standorten Westdeutschlands, in denen Kohle und Eisenerzvorkommen existierten. Hier arbeiteten Menschen, die vom Lande in den östlichen Regionen Deutschlands gekommen waren, ohne verwertbare berufliche Vorerfahrungen und ohne industrielle Arbeitsdisziplin. Ihre Muskelkraft und Ausdauer wurden hier gebraucht.
In den Fabriken der später wachsenden verarbeitenden Industrie waren dagegen überwiegend Handwerksgesellen oder sogar Meister beschäftigt, Angehörige der alteingesessenen Stadtbevölkerung, die über Routinen in der gewerblichen Arbeit verfügten (vgl. Gurland 1986, 311ff.).

Bis zum ersten Weltkrieg stieg das Produktionsvolumen der Industrie stark an, Elektrizität als neue Energie wurde seit dem letzten Drittel des 19. Jahrhunderts wirtschaftlich verwertet, immer mehr Menschen arbeiteten in Fabriken, und die Fabriken wurden größer: 1907 arbeiteten bereits 45,5% aller in der Industrie Beschäftigten in Betrieben mit mehr als 50 Personen (vgl. Gurland a.a.O., 331).
Seit den 60er Jahren des vorigen Jahrhunderts hatten sich Lohnarbeiter, in der Mehrzahl handwerklich ausgebildete Männer in Arbeiterbildungsvereinen, Gewerkschaften und in der Sozialdemokratischen Partei zusammengeschlossen. Ihr Kampf für die Verbesserung ihrer Arbeitsbedingungen zeitigte Erfolge: Verbesserung der Reallöhne, mehr Freizeit, bessere Wohnverhältnisse, Hebung des Bildungsniveaus (vgl. Gurland a.a.O., 314). Die Arbeiterbewegung hat jedoch die politischen Machtverhältnisse nicht grundsätzlich erschüttern können. Die deutsche Gesellschaft blieb bis zur Revolution von 1918 unter dem dominanten Einfluß alter und neuer Eliten (Adel, Militär, Beamtenschaft und Industrieverbände). Die Sozialgesetzgebung in der Bismarckära, die Kranken-, Unfall- und Rentenversicherung, sollte Arbeiter gegen Lebensrisiken wie Unfall und Krankheit absichern und sie im Alter versorgen; das Motiv der Regierung war, radikaleren Tendenzen innerhalb der Arbeiterbewegung den Boden zu entziehen.

1.2.2 Ursachen sozialer Ungleichheit

Max Weber nimmt verschiedene verursachende Faktoren für soziale Ungleichheit an. Wichtig auch für ihn ist der Markt, die Verteilung von Kapitalbesitz und Arbeit. Die typischen Chancen, Vermögen und Einkommen zu erzielen, führen zu einer je spezifischen *Klassen*lage von Menschen in der Gesellschaft.
Eine weitere Ursache für soziale Ungleichheit jenseits dieser Marktmechanismen ist die Lebensführung von Menschen, in der sich Konventionen und Stilisierungen des Verhaltens kristallisieren, die als ehrenvoll angesehen werden und zu sozialem Ansehen in der Gesellschaft führen können. Diese Lebensführung in sozial abgeschlossenen Zirkeln, in den – wie es Weber nennt – „Verkehrskreisen" hat eine je spezifische *ständische* Lage von Menschen in der Gesellschaft zur Folge.
Eine weitere Ursache sozialer Ungleichheit ergibt sich aus politischen Machtkonstellationen, wie sie sich in politischen Parteien als bürokratische Organisationen verfestigen und sich in Interessensgegensätzen innerhalb des Parteienspektrums äußern.

Max Weber entwirft also ein Konzept, nach dem soziale Ungleichheit sich in Klassen, Ständen und politischen Parteien vielfältig ausprägt und auf unterschiedliche Ursachen verweist: Marktmechanismen, die Lebensführung und Gemeinschaftsbildungen sowie politische Interessensgegensätze, die in getrennten gesellschaftlichen Sphären wirksam sind; allen ist jedoch gemeinsam, daß sie „Phänomene der Machtverteilung" darstellen (vgl. Weber 1972, 531).
Er weist gleichfalls auf ein konkretes Verhalten von Menschen hin, mit dem soziale Ungleichheit immer wieder hergestellt wird, nämlich soziale Schließungen. Was ist darunter zu verstehen? Menschen neigen seiner Ansicht nach dazu, sich einmal erlangte Vorteile, Geld, Wissen oder soziales Ansehen auf Dauer dadurch zu sichern, indem sie Anderen den Zugang zu diesen Privilegien erschweren oder gar verweigern. Über soziale Schließungen, gerade in den ständischen Berufsorganisationen und den sozialen „Verkehrskreisen" werden Merkmale der Zugehörigkeit und Regeln des Ausschlusses festgelegt.
Zeigt sich für Max Weber in solchen Ausschlußmechanismen deutlich ein Bewußtsein sozialer Ungleichheit, nahm er doch nicht an, daß aus einer bestimmten Klassenlage zwangsläufig ein dem ‚objektiven' Klasseninteresse entsprechendes Handeln folge. Weber nennt mehr oder weniger wahrscheinliche Formen von „Massenhandeln" oder „amorphem Gemeinschaftshandeln" von Klassen, etwa das ethisch verwurzelte „altorientalische Murren" der Arbeiter gegen den Arbeitsherren. Ein Klassenbewußtsein entsteht seiner Ansicht nach erst dann, wenn Menschen der Zusammenhang von Ursachen ihrer eigenen Klassenlage und deren Folgen durchsichtig ist (vgl. Weber a.a.O., 533). Skeptisch war er auch hinsichtlich einer sozialistischen Gesellschaft: Sozialismus, wie er von der Arbeiterbewegung seiner Zeit propagiert wurde, werde andere ökonomische Probleme haben als die kapitalistische Gesellschaft und werde einen verknöcherten bürokratischen Staat errichten (vgl. Giddens 1984,53; 57).

1.2.3 Erscheinungsformen sozialer Ungleichheit

Nach Max Weber zeigen sich in der Gesellschaft vielfältige Erscheinungsformen von sozialer Ungleichheit. Die kapitalistische Produktionsweise dehnt sich aus und bringt eine komplexe Arbeitsteilung und eine Fülle an Marktbeziehungen mit sich. Die vielfältigen Klassen gliedern sich nach den Beziehungen zur Produktion und zum Erwerb von Gütern, die Stände nach den Prinzipien ihres Güterkonsums in Gestalt spezifischer Arten von Lebensführung.

Max Weber unterscheidet bei den Klassen die Besitzklassen und die Erwerbsklassen. Besitzklassen sind Klassen, deren Lage sich aus ihrem ökonomischen Besitz bzw. Nichtbesitz ergibt; hierzu gehören unter anderem Besitzer von Grund und Boden, Vieh, Bergwerke, oder aber Besitzer von Arbeitsanlagen und Apparaten sowie Gläubiger. Diesen – wie er es nennt – positiv privilegierten Besitzklassen stehen negativ privilegierte Besitzklassen gegenüber: etwa Verschuldete und Arme (vgl. Weber 1980, 177ff.).
Als Erwerbsklassen bezeichnet Max Weber Menschen, die am Markt ihre Arbeitsleistungen anbieten; auch hier unterscheidet er positiv und negativ privilegierte Erwerbsklassen. Unter dem konzeptionellen Dach einer Erwerbsklasse sammeln sich Menschen unterschiedlicher beruflicher Qualifikation mit entsprechenden Marktchancen und Einkommen. Abhängig Beschäftigte mit hoher Qualifikation, unter Umständen auch Anwälte und Ärzte. Negativ privilegierte Erwerbsklassen sind dagegen un- und angelernte Arbeiter. In der gesellschaftlichen Mitte sieht Max Weber hier selbständige Handwerker, Bauern und Beamte.
Auch die ständische Lebenslage zeigt vielfältige Erscheinungsformen. Weber unterscheidet hier unter anderem Stände, die sich auf die Abstammung gründen, sogenannte Geburtsstände (zum Beispiel Adel), Stände, die sich auf der Basis von formalen Erziehungsweisen bilden, sogenannte Erziehungsstände sowie Berufsstände, die in der Tradition besonderer Verkehrsformen leben und ein besonderes Berufsprestige besitzen, zum Beispiel Ärzte oder Anwälte.
Die Erscheinungsvielfalt sozialer Ungleichheit vergrößert sich noch, weil sich Klassenlage und ständische Lage auf unterschiedlicher Weise miteinander verbinden können. Denkbar ist, daß wohlhabend gewordene Unternehmer sich an die Lebensführung des Adels anpassen oder aber im Gegenteil die Lebensführung ihrer handwerklichen Familientradition konservieren. Sie sind und bleiben im Vergleich zum Adel „Parvenus", also Emporkömmlinge, denen nicht dieselbe Ehrerbietung gebührt wie dem verarmten Adligen, der zwar über keinerlei Besitz mehr verfügt, sich aber noch wie in besseren Zeiten standesgemäß zu benehmen weiß.

1.2.4 Die „soziale Landkarte"

Die „soziale Landkarte" von Max Weber zeigt Klassen, Stände und politische Parteien. Die Stände sind als horizontale, unverbundene Gebilde eingetragen.

Allerdings bündelt er die vielen Klassenlagen zu größeren Einheiten, die er soziale Klassen nennt. In ihnen sind diejenigen Lagen zusammengeschlossen, zwischen denen Menschen im Verlauf ihres Lebens oder in der Generationenfolge wechseln können. Wenn es zum Beispiel möglich ist, aus der zunächst ungelernten körperlichen Arbeit in angelernte körperliche Arbeit aufzusteigen, dann faßt Weber beide zusammen als eine einzige soziale Klasse.
Somit enthält seine „soziale Landkarte“ vier soziale Klassen:
Die Arbeiterschaft als Ganzes, das Kleinbürgertum, die besitzlose Intelligenz und Fachgeschultheit (Techniker, kommerzielle und andere Angestellte), Beamtentum und die Klassen der Besitzenden und durch Bildung Privilegierten (vgl. Weber a.a.O., 179).

Klassen nach Max Weber

Ökonomische Klassen	Soziale Klassen	
Besitzklassen	Durch Besitz und Bildung Privilegierte	Kleinbürgertum
Erwerbsklassen	Besitzlose Intelligenz und Fachgelehrtheit	Arbeiterschaft

Die Mischung von Klassenlagen mit dem ständischen Prinzip sozialer Ungleichheit führt Max Weber nicht detailliert aus.
Die politischen Parteien als Teil der sozialen Landkarte sind nicht zwangsläufig Repräsentanten von Klassen oder Ständen, sie können auch ein Sammelbecken von religiösen oder nationalistischen Interessen sein. Wir müssen uns in diesem Teil der sozialen Landkarte das Parteienspektrum des Wilhelminischen Kaiserreichs vorstellen; genau ausgewiesen hat Max Weber die Positionierung der politischen Parteien nicht.

1.2.5 Fallbeispiel „Stine und der junge Graf Haldern”[2]

Die junge Stine Rehbein ist Näherin in einem großen Berliner Woll- und Stickereigeschäft. Sie lebt in Untermiete in einem Mietshaus in der Invalidenstraße, in der auch ihre Schwester, die noch jugendliche hübsche Witwe Pauline Pittelkow mit ihrer Tochter lebt. Witwe Pittelkow wird von dem al-

[2] Nach dem Roman von Theodor Fontane „Stine“, erschienen 1891.

ten Graf Haldern ausgehalten. Bei einem seiner Besuche bringt er seinen Neffen Waldemar mit, einen infolge einer Kriegsverletzung kränklichen jungen Mann. So lernen Stine und der junge Graf sich kennen. Der elegant gekleidete Adlige beginnt fortan, trotz des anfänglichen Widerstands von Stine, die das Gerede der Leute fürchtet und nicht dasselbe Leben wie ihre Schwester führen möchte, mit seinen regelmäßigen Besuchen am Nachmittag. Waldemar liebt es, Stine bei der Stickarbeit, die sie auch zu Hause verrichtet, zu beobachten, am meisten mag er es, wenn sie aus ihrem alltäglichen Leben und den festlichen Höhepunkten erzählt, ein Leben, das ihm fremd ist und das bis dahin für ihn – befangen in seinem Standesdünkel – allenfalls als lärmendes Volksleben und -vergnügen existiert hat. Stines Schwester behagen diese Besuche nicht, denn sie befürchtet eine unglückliche Wendung im Leben ihrer Schwester. Aber zu spät, beide haben eine tiefe Zuneigung füreinander entwickelt und der junge Waldemar von Haldern möchte Stine heiraten und in Amerika ein neues Leben mit ihr beginnen. Er bittet seinen Onkel um die Fürsprache bei seinen Eltern. Aber der alte Graf lehnt diese ihm angesonnene Rolle mit Entsetzen ab und versucht, ihn von seinem Vorhaben abzubringen:

> „Stine! Du sollst nicht brüsk mit ihr brechen, im Gegenteil, besuche sie, solange dich's dazu treibt; habe Deine Plauderstunde mit ihr ruhig weiter; aber es muß der Augenblick kommen, wo sich's ausgeplaudert hat und wo du deinen Irrtum empfindest. Eines schönen Tages fällt es dir wie Schuppen von den Augen und du siehst in einen Abgrund" (Fontane 1969, 232).

Der alte Graf Haldern fürchtet den Skandal in der Familie und bedauert, daß er seinen Neffen in das Haus Pittelkow eingeführt hat. Er verdächtigt seine Geliebte des hochmütigen Komplottes. Aber Witwe Pittelkow sieht sich nur in ihren Befürchtungen bestätigt und sieht ihrerseits in der Verbindung ein Unglück für ihre Schwester. Daher überlegen beide gemeinsam, wie sie den Schaden begrenzen können und planen, Stine aufs Land zu schicken, wo ihre Hilfe in einem Haushalt gebraucht wird.

Als Waldemar von Haldern schließlich Stine seine Liebe und seine Heiratsabsichten offenbart, lehnt sie ab. Ihr war bewußt, daß ihre Verbindung nicht ewig halten würde; sie zur legitimen Ehe umzuwandeln war nie ihre Absicht. Sie käme sich albern und kindisch vor, die Gräfin Haldern zu spielen und bittet Waldemar, sie zu vergessen.

Waldemar verübt Selbstmord, Stine nimmt uneingeladen und unerkannt Teil an seiner Beerdigung.

Fragen:

1. Wie lassen sich die handelnden Personen dieser Fallgeschichte mit Hilfe der Theorie Max Webers sozial verorten?

2. Welche Weberschen Begriffe erklären den Handlungsverlauf?

3. Hätte Ihrer Meinung nach eine eheliche Verbindung zwischen Stine und Waldemar von Haldern Bestand gehabt?

1.2.6 Die Bedeutung der Theorie von Max Weber für die Soziale Arbeit

Mit Max Weber erweitert sich das Vokabular zur Beschreibung sozialer Ungleichheit: Parteipolitische Auseinandersetzungen und die alltägliche Lebensführung der Menschen werden nun sichtbar.
Webers Hinweis auf die Stände als Manifestationen von sozialer Ungleichheit ist aus zwei Gründen wichtig: Einerseits würdigt er hier die Relikte der feudalen Gesellschaft, die durch die Industrialisierung nicht verschwunden sind; zu seiner Zeit hatte sich das an der noch bedeutenden sozialen Rolle des Adels gezeigt. Andererseits sensibilisiert er für das konkrete Verhalten von Menschen im Alltag, ihre Lebensführung, ihre Ausschlußmechanismen in ihrer Bedeutung für soziale Ungleichheit in der Gesellschaft.
Am bedeutungsvollsten für die soziale Arbeit ist sicherlich der Webersche Begriff der sozialen Schließungen. Soziale Arbeit hat in vielen Arbeitsfeldern die Aufgabe, den Ausschluß von Menschen aus Gemeinschaften, aus materiellen Hilfen zu verhindern oder aber ihr Leben in der sozialen Ausgrenzung zu unterstützen.

1.3 Soziale Ungleichheit als Schichtung: Theodor Geiger

Theodor Geiger (1891-1952) ist ein Theoretiker sozialer Ungleichheit, dessen Arbeiten in den historischen und gesellschaftlichen Rahmen der Weimarer Republik mit ihren politischen und wirtschaftlichen Krisen eingebunden sind. Die Ergebnisse seiner Forschungen sind 1932 unter dem Titel: „Die soziale Schichtung des deutschen Volkes" erschienen; sie sind reich an spannenden Details.
Geiger entwirft anders als Karl Marx und Max Weber kein Klassenmodell, sondern ein Schichtungsmodell sozialer Ungleichheit.
Der Begriff Schicht stammt ursprünglich aus der Geologie. Gemeint ist dabei die vertikale Anordnung unterschiedlicher Bodensubstanzen überein-

ander. Theodor Geiger überträgt diesen Gedanken in die Sozialwissenschaften. Soziale Ungleichheit in der Gesellschaft läßt sich in verschiedenen Schichten abbilden, die übereinander liegen.
Sein Modell basiert auf statistischen Zahlen, eine Pionierleistung in der Ungleichheitsforschung; er verwendete Berufsstatistiken, Betriebszählungen, Einkommenssteuerstatistiken und Umfrageergebnisse aus den Jahren 1925 bis 1932.

1.3.1 Historische Entwicklung

Die Sozialstruktur Deutschlands der 20er Jahre hatte sich in Folge des ersten Weltkrieges, der Revolution und der Wirtschaftskrisen stark verändert (vgl. Gatzke 1986, 317ff.). Der Einfluß des Adels war geringer geworden, das Besitzbürgertum hatte an Macht eingebüßt. Die abhängig Beschäftigten, Arbeiter und die seit der Jahrhundertwende neu entstandene Gruppierung der Angestellten, waren zahlenmäßig angewachsen und besaßen historisch zum ersten Mal demokratische Rechte und in den Gewerkschaften nunmehr tatsächlich freie Interessensvertretungen. Die Sozialgesetzgebung wurde ausgebaut, seit 1927 existierte zum Beispiel die Arbeitslosenversicherung, und die Arbeitszeit wurde auf acht Stunden verkürzt. Aber Arbeiter und Angestellte waren in besonderer Weise von konjunkturellen Schwankungen betroffen und gerieten natürlich auch in den Strudel der schlechten wirtschaftlichen Entwicklung, was sich in der hohen Arbeitslosigkeit zeigte.
Auch Frauen besaßen seit 1919 das Wahlrecht, ihre Erwerbstätigkeit entwickelte sich in einem anderen Rhythmus als die männliche (vgl. Willms 1983, 38ff.). Arbeiteten 1925 50% der männlichen Beschäftigten in Industrie und Handwerk, erhöhte sich der Anteil der erwerbstätigen Frauen am deutlichsten im Handel und in den wohlfahrtsstaatlich alimentierten Bereichen des Dienstleistungssektors, während der Anteil der weiblichen Arbeitskräfte in der Landwirtschaft deutlich, in der Hauswirtschaft etwas langsamer zurückgingen.
Die Wirtschaft Deutschlands war gekennzeichnet durch die inflationsbedingte Konzentration von Großunternehmen im Bereich der Industrie, während im Handwerk und in der Landwirtschaft kleine und mittlere Betriebe weiter existieren konnten (vgl. Nöll v.d. Nahmer 1986, 366ff.).

1.3.2 Ursachen von sozialer Ungleichheit

Soziale Ungleichheit gründet sich auch für Theodor Geiger auf das Wirtschaften in der Gesellschaft, das die menschliche Existenz im wesentlichen bestimmt. Wie Max Weber spricht er von der objektiven Lage der Gesellschaftsmitglieder: Je nach Produktionsmittelbesitz, bzw. Nichtbesitz, Beruf und Bildung ergibt sich für die Gesellschaftsmitglieder eine objektive Lage. Die sozial-ökonomische Lage kann die Interessen festlegen und soziale Erfahrungen der Menschen prägen und damit ihre Mentalität, tut es aber nicht zwangsläufig. Es ist also im Prinzip möglich, daß Menschen eine Mentalität entwickeln, die ihrer sozialen Lage widerspricht. Theodor Geiger unterscheidet im weiteren Mentalität von Ideologie, dem „Überbau" von Wirtschaftsinteressen:

> „Proletarisches Klassenbewußtsein ist Mentalität – kommunistisches Manifest und Parteiprogramme sind Ideologie" (Geiger a.a.O., 79).

Nur wenn die Mentalität von Menschen ihren objektiven Lebensbedingungen entspricht, dann gruppiert sie die Analyse Theodor Geigers zu einer sozialen Schicht.

Die ökonomisch-sozialen Lagen sind also die vielfältigen, ursächlichen Strukturierungslinien im Ungleichheitsgefüge. Erinnert Geiger hier mehr an Karl Marx als an Max Weber, konstruiert er nicht dieselben Zusammenhänge: Aus den ökonomischen Lagen folgen nicht zwangsläufig entsprechende Mentalitäten und soziale Konflikte. Allerdings sind bestimmte Wirtschaftsinteressen oder Wirtschaftsmentalitäten die bewegenden Kräfte in der Entwicklung des Wirtschaftslebens (Geiger a.a.O., 4). Nur ein Teil von Menschen vertritt diese Interessen auch in Gestalt von Verbänden oder Parteien.

1.3.3 Erscheinungsformen sozialer Ungleichheit

Theodor Geiger unterscheidet zunächst in einer Grobgliederung seiner statistischen Daten drei verschiedene ökonomisch-soziale Lagen: Die kapitalistische, die mittlere, die proletarische Lage von Menschen, die sich aufgrund selbständiger bzw. unselbständiger Arbeit ergibt.

Die kapitalistische Lage nehmen Inhaber von Großbetrieben der verschiedensten Branchen ein (Produktion, Handel, landwirtschaftliche Großbetriebe ab 50 ha sowie nach heutigem Sprachgebrauch Dienstleistungsunternehmen), in denen Kapital verzinst und mit Hilfe von entlohnten Arbeitskräften Gewinn erzielt wird.

Aus der kapitalistischen Lage können unterschiedliche Mentalitäten entstehen: Das Vertrauen in den Kapitalismus ist hier eine Scheidelinie. Geiger spricht einerseits von „hochkapitalistischer" Gesinnung bei den Leitern anonymer Großunternehmen in Produktion und Handel, andererseits von der

deutlichen Abkehr vom Kapitalismus in den Kreisen der agrarischen Großbetriebe (Geiger a.a.O., 82ff.).
In der mittleren Lage befinden sich „alter" und „neuer Mittelstand", also mittlere und kleine Unternehmer und Lohn- und Gehaltsbezieher höherer beruflicher Qualifikation.

> „Der Mittelstand umgreift in seinen beiden Zweigen (Besitzer und Entlohnte) sehr viele Stufen der sozialen Rangskala, des Lebensstandards und eine bunte Fülle standorttypischer Existenzstile" (Geiger, a.a.O., 29).

Diese Vielfalt verdeutlichen folgende Nennungen: Kleine und mittlere Unternehmen des Handwerks der unterschiedlichen Wirtschaftsbranchen, mittlere Industriebetriebe, bäuerliche mittelgroße Betriebe, die mehr als die Hälfte des alten Mittelstands bilden, schließlich der Handel. Typisch für Handwerk und den bäuerlichen Mittelbetrieb ist, daß hier auch Familienangehörige arbeiten. Die Familie ist also eine Produktionseinheit geblieben. Daher hat der alte Mittelstand nach Ansicht Geigers in seinen Mentalitäten die frühkapitalistische Epoche bewahrt. Diese „Relikte ständischer Sitte und Lebensauffassung" widersetzen sich zäh dem hochkapitalistischen Klassenprinzip (vgl. Geiger a.a.O., 84).
Die mittelgroßen Händler dagegen können nicht auf eine vergleichbare ständische Tradition zurückgreifen. Wenn sich diese Traditionslosigkeit mit wirtschaftlicher Not paart, entsteht hier bei den Händlern ein für die Parolen der NSDAP empfängliches Wählerreservoir.
Zum neuen Mittelstand gehören aufgrund ihrer akademischen Ausbildung die überwiegende Zahl von Ärzten und Anwälten, ebenso die Mehrheit der Angestellten und Beamten über eine kritische Einkommensschwelle bzw. – soweit bekannt – mit einem bestimmten Tätigkeitsrang.
Auch hier beim neuen Mittelstand konstatiert Geiger Mentalitäten, die auf die frühkapitalistische Epoche verweisen, berufs- und besitzständischer Tradition sind, namentlich bei den Beamten, den freien Berufen und bei dem Kern der Anstellten. Aber die Mehrheit der stark gewachsenen Zahl von Angestellten – vielfach im Handel beschäftigt – habe noch keine schichttypische Mentalität entwickelt. Der neue Mittelstand ist daher für Geiger das gegebene Einzugsfeld „falscher Ideologien" und der Mittelstand insgesamt in einem Verteidigungszustand: Abwehr gegen wirtschaftliche Bedrängnis und Verteidigung eines gesellschaftlichen Prestiges der Schicht als solcher (vgl. Geiger a.a.O., 87).
Auch die proletarische Lage als begriffliches Dach in seinem Schichtungsmodell umspannt die vielfältigsten objektiven Lebensbedingungen von kleinen Selbständigen bis hin zu niedrig qualifizierten und niedrig bezahl-

ten Lohnempfängern. In ihr findet sich über die Hälfte der ganzen Bevölkerung.

Die kleinen Selbständigen, in Geigers Worten „Tagewerker auf eigene Rechnung" bzw. „Proletaroide", leben nach seinen Analysen in der proletarischen Lage. Denn sie leben wie Arbeiter von der Hand in den Mund und besitzen trotz des kleinen Produktionsapparates keine Rücklagen für die Kapitalbildung. Hierzu zählen u.a. die wirtschaftlichen „Ein-Mann-Betriebe", aber auch Parzellenlandwirte, Friseure, Hebammen, Hausgewerbetreibende und Heimarbeiter zum Beispiel der Konfektionsschneiderei oder Spielwarenindustrie; aber auch „ärztliche Hungerexistenzen" (20% der Ärzte) gehören dazu. In ihren Mentalitäten sind die kleinen Selbständigen ebenfalls sehr heterogen. Wenn sie aus dem alten Mittelstand sozial abgestiegen sind, hat die Resignation die berufsständische Mentalität ersetzt. Die Proletaroiden auf dem Land sind in ihrer Mentalität eher den Landarbeitern verwandt, auch sie gelten als Wählerreservoir der NSDAP.

Trotz der Vielfalt ihrer Mentalitäten und ihrer objektiven proletarischen Lage ordnet sie Geiger wie die anderen Selbständigen aufgrund ihres Eigentumsdenkens in seinem Schichtmodell der mittleren Lage zu.

Abhängig Beschäftigte in der proletarischen Lage sind zur Hälfte Industriearbeiter in un- und gelernter Tätigkeit, zum Teil mit nebenerwerblicher Landwirtschaft. Aber auch Mägde und Knechte im bäuerlichen Betrieb, Hausangestellte, angestellte Handwerksgesellen im Kleinbetrieb, niedrig qualifizierte Angestellte in Büros, die das eigentliche „Stehkragenproletariat" stellen. Auch erwerbstätige Frauen ordnet Geiger der proletarischen Lage zu, ebenso die große Zahl der Erwerbslosen, die Ende der 20er Jahre ein Drittel aller abhängig Beschäftigten bilden.

Eine besondere Gruppe stellen die Hausangestellten dar; ihre Tätigkeit ist in viel höherem Maß fremdbestimmt als die Industriearbeit, immer von den persönlichen Anweisungen des Arbeitgebers abhängig und auch noch in der Freizeit kontrolliert.

> „Der ganze Block der minder qualifizierten Lohnbezieher zeigt also die größten Spannungen der äußeren Lebensumstände und der Mentalitätszüge. Die materielle Lebenshaltung bewegt sich zwischen dem äußersten Hungerleben des Paria oder dem Spelunkentum des Halbverbrechertums auf der einen Seite bis in die gesetzte Bürgerlichkeit etwa des mittleren Beamtentums" (Geiger a.a.O., 96).

Über alle diese Schattierungen der Mentalitäten hinweg ist den abhängig Beschäftigten in proletarischer Lage ein wirtschaftliches Interesse gemeinsam: Sie möchten einen möglichst hohen Lohn für ihre Arbeit und Sicherungen gegen Unfall, Alter und Erwerbsausfall.

1.3.4 Die „soziale Landkarte"

Diese große Vielfalt der sozialen Ungleichheit in Deutschland der 20er Jahre in einer übersichtlichen Topographie einzufangen, ist schlechterdings nicht möglich. Theodor Geiger entwirft auf der Basis der vielen empirischen Daten ein Modell, das aus fünf Schichten besteht. Dabei berücksichtigt er objektive Lage und gleichzeitig die zum Teil davon abweichende Mentalität der jeweiligen Berufsgruppen.

Die Schichtung des deutschen Volkes nach Theodor Geiger

Kapitalistische Lage	Kapitalisten
Mittlere Lage	Mittlere und kleine Unternehmen
	Lohn- und Gehaltsbezieher höherer Qualifikation
	Tagewerker auf eigene Rechnung
Proletarische Lage	Lohn- und Gehaltsbezieher minderer Qualifikation

Aufgrund der statistischen Zahlen kann er auch die Größen der Schichten angeben. Kapitalisten bilden knapp 1% der erwerbstätigen Bevölkerung, der alte Mittelstand 18%, der neue Mittelstand 17%, als Proletaroide klassifiziert er 13%; sie befinden sich objektiv in der proletarischen Lage, werden aber aufgrund ihrer Bindung an das Eigentum von Geiger in die mittlere Lage eingestuft. Die Hälfte der Bevölkerung wird in die unterste Schicht eingetragen.

Abbildung Theodor Geiger: Die soziale Schichtung des Volkes

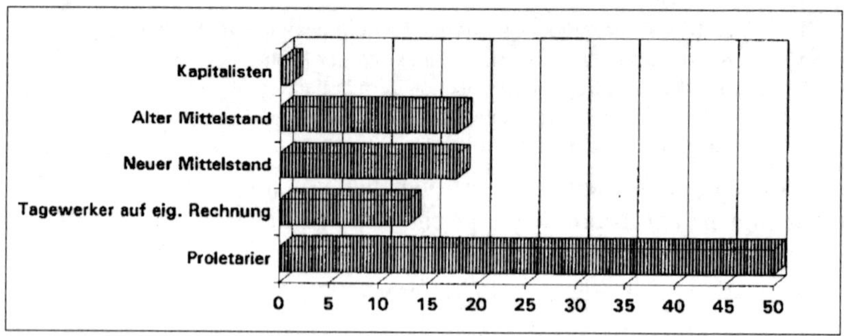

Die beiden extremen Pole, die kleine Schicht der Kapitalisten und die große Schicht der Proletarier werden vom ökonomischen Denken, der Wirtschaftsmentalität bestimmt, die in dieser Zeit auch zunehmend auf die Mitte der Gesellschaft hin auszustrahlen beginnt.

1.3.5 Fallbeispiel: „Katharina Gruber, Bürofräulein, Inhaberin des ersten Münchner Schreibbüros“[3]

Katharina Gruber wird am 15. 11. 1875 in München geboren. Sie besucht in den Jahren 1889 bis 1894 die königliche Kreis-Lehrerinnenbildungsanstalt für Oberbayern in München.
Katharina Gruber ist zunächst an verschiedenen Orten als Volksschullehrerin tätig. Nach ihrer Versetzung an den Tegernsee lernt sie einen Bruder des Schriftstellers Ludwig Ganghofer kennen und gebiert ein Kind von ihm. Daraufhin muß sie den Schuldienst quittieren. Da weder die eigenen Eltern, noch der Vater zu der jungen Mutter stehen, kommt der Sohn Benedikt zunächst zu Pflegeeltern. Katharina Gruber, die nun wieder bei ihren Eltern wohnt, verdient ihren Unterhalt bei der Münchner Ingenieurfirma Kurz, Kanalisation und Installation. Um ihre Finanzen aufzubessern, übernimmt sie die Kassenführung in drei Vereinen. Nebenbei lernt sie Maschinenschreiben und Stenographie. An dieser Tätigkeit findet sie Gefallen und eröffnet 1905 ohne Wissen ihres Vaters im elterlichen Wohnhaus ein Schreibbüro, das erste in München. In ihren circa 1940 niedergeschriebenen Aufzeichnungen erinnert sie sich:

> „Dann kam der Tag, an dem meine Miete begann und die Möbel anrückten. Anbezahlt hatte ich sie schon und das Weiterzahlen würde schon weitergehen. Aber der Vater! Am Vormittag sagte ich zur Mutter, daß ich drunten ein Schreibbüro anfange, daß heute mittags die Möbel kämen und daß sie es dem Vater beibringen möge.“

Als die Aufträge immer zahlreicher werden, mietet Katharina Gruber in der Salvatorstraße 3 einen Laden sowie den 1. Stock. Auf Empfehlung eines Landtagsstenografen übernimmt sie die Protokolierung des Finanzausschusses des Bayerischen Landtages, später auch des Plenums, in Maschinenschrift. Allein die Arbeit für das Plenum macht es nötig, sechs Schreibkräfte einzustellen.

[3] Fallbeispiel aus: Huber, Brigitte/Beck, Raimund: Lebensläufe. In: Lauterbach, B. (Hrsg.) 1995: Großstadtmenschen. Die Welt der Angestellten. Frankfurt am Main, S. 49-113.

1932 heiratet Katharina Gruber den Regierungsrat Paul Greß und gibt 1934 ihr Schreibbüro auf.

Fragen:

1. Was läßt sich mit Hilfe der analytischen Begriffe von Theodor Geiger hinsichtlich der objektiven Lage und der Stellung im Schichtgefüge von Katharina Gruber aussagen?

2. Welche Informationen fehlen in der Falldarstellung von Katharina Gruber, um sie im Sinne Geigers zu charakterisieren?

3. Welche zusätzlichen Informationen enthält die Falldarstellung, die bei Theodor Geiger keine große Rolle spielen?

1.3.6 Die Bedeutung des Schichtungsmodells von Theodor Geiger für die Soziale Arbeit

Auch dieser dritte Theoretiker sozialer Ungleichheit erweitert den Kenntnisstand. Der Gewinn der Studie von Theodor Geiger ist die empirische Fundierung seines Schichtungsmodells. Daher verfügen wir heute über recht genaue Kenntnisse des Ungleichheitsgefüges der deutschen Gesellschaft zur Zeit der Weimarer Republik. Die zu dieser Zeit dokumentierte Vielfalt der Lebensbedingungen relativiert etwas die These von der aktuellen Vielfalt der deutschen Gesellschaft, die gemeinhin als Pluralisierung bezeichnet wird.
Wegweisend ist seine analytische Trennung von objektiven Lebensbedingungen (soziale-ökonomische Lage) und subjektiver Mentalität von Menschen in der Gesellschaft.
Daher kann er empirisch nachweisen, daß frühere historische Epochen in den Mentalitäten von Menschen überdauern können. Etwa handwerkliche Erfahrungen und Ethos, die Menschen auch dann noch besitzen, wenn sie in der Industrie arbeiten. Theodor Geiger weist mit seinen Studien auf die Gefahren hin, die darin liegen, wenn Menschen keine ihrer sozialen Lage entsprechende Mentalität entwickelt haben und auch über keine stabile Mentalitätstradition verfügen. In den 20er Jahren waren das z. T. Angestellte und mittelgroße und kleine Händler. Geraten sie in Not, kann totalitäre Ideologie von politischen Parteien diese Leere füllen.
Bedeutungsvoll sind des weiteren seine differenzierten Begriffe, Menschen im Ungleichheitsgefüge zu verorten: Sie lehnen sich einerseits eng an die existierenden vielfältigen Berufskategorien seiner Zeit an. Das erscheint auch

heute vorbildlich für jede Art von Anamnese bei Klientinnen und Klienten der Sozialen Arbeit. Andererseits sind seine Oberbegriffe, das heißt seine Schichteinteilungen nicht zu allgemein und ohne Aussagekraft. Darüber hinaus sind sie erstaunlich aktuell: Die politische Diskussion um die „Scheinselbständigen" wird nachvollziehbar mit der Erinnerung an die Schicht der „Tagewerker auf eigene Rechnung". Sie sind in der letzten Zeit stark angewachsen und ihre Existenz wesentlich unsicherer als die Festangestellten.
Für das praktische berufliche Handeln in der Sozialen Arbeit erweist sich das mögliche Auseinanderfallen von objektiver Lage und Mentalität bei Klientinnen und Klienten als nützliches Hintergrundwissen: Wirkt die Diskrepanz stabilisierend oder aber im Gegenteil im Falle eines sozialen Abstieges als eine der Problemursachen von KlientInnen?
Theodor Geigers Mentalitätsbegriff empfiehlt auch die Reflexion darüber, ob und in welcher Weise sozialpädogische Hilfe sich „passförmig" in die Mentalitätszüge von den KlientInnen der unterschiedlichen Schichten einfügen läßt. Gelingt das nicht, werden Menschen Unterstützung gar nicht oder nur unvollständig in ihr Alltagshandeln übernehmen können.

1.4 Zusammenfassende Würdigung der drei vorgestellten Theorien

Karl Marx, Max Weber und Theodor Geiger haben in ihren Forschungen über soziale Ungleichheit einen reichen Fundus an theoretischen Gedanken und empirischen Befunden zusammengetragen, aus dem sich auch die heutigen Analysen speisen. Zwar sind ihre Arbeiten Kinder ihrer Zeit und können nicht einfach auf die heutige Gesellschaft übertragen werden. Aber sie haben den thematischen Bogen gespannt auch für die aktuellen Fragestellungen; zu nennen sind:

1. Die Bedeutung der Position von Menschen innerhalb einer bestehenden Wirtschaftsordnung für vorteilhafte oder schlechte Lebensbedingungen und damit dem Rangplatz innerhalb eines Ungleichheitsgefüges. Der Kapitalismus hat sich über verschiedene Krisen und innerhalb sehr unterschiedlicher politischer Rahmenbedingungen als ökonomische Grundstruktur in den westlichen Gesellschaften etabliert. Die Ressourcenverteilung innerhalb dieser Wirtschaftsordnung und die sie begleitenden Konflikte sind daher nach wie vor ein wichtiges Moment der Gestalt sozialer Ungleichheit.

2. Die Bedeutung der subjektiven Gestaltung der Lebensbedingungen, wie sie die ökonomische Lage ermöglicht, die Selbstdeutungen der Menschen,

ihre Mentalität innerhalb eines Ungleichheitsgefüges, auch das sind wichtige Hinweise der historischen Theorien. Sie formulierten zwar unterschiedliche Annahmen über die Zusammenhänge zwischen dem ökonomischen Sein, der Lebensführung, dem Bewußtsein und der Mentalität, aber sie benennen neben der objektiven auch die subjektive Seite von sozialer Ungleichheit.

2. Soziale Schichten, soziale Lagen oder Individualisierung sozialer Ungleichheit?

In diesem Kapitel behandeln wir zunächst den Begriff, der bis in die 70er Jahre hinein die Sozialstrukturanalyse beherrschte und auch in die Bildungs-, Familien- und Jugendsoziologie übernommen wurde: den Schichtbegriff. Es ist zugleich der Begriff aus der Ungleichheitsforschung, der (zumindest in Westdeutschland) in die Umgangssprache eingegangen ist und damit die Wahrnehmung sozialer Ungleichheit vieler Menschen prägt. Das macht seine Darstellung nicht einfacher, denn so eindeutig, wie er durch den alltäglichen Gebrauch wirkt, ist der Begriff keineswegs. Schichtmodelle haben mehrere Wurzeln, auch wird Schicht recht unterschiedlich definiert.

Die Entwicklung von Schichtungsmodellen in der BRD (West) stellen wir v.a. am Beispiel der Forschungen von Karl Martin Bolte und seinen Mitarbeitern vor. Die von ihnen konstatierten Veränderungen im Aufbau der Ungleichheit waren ein Ausgangspunkt für die Kritik an Schichtkonzepten. Ein zweiter war die Wiederentdeckung und Neuformulierung von Klassentheorien marxistischen Ursprungs, auf die wir hier nicht näher eingehen. Diese Kritik bewirkte sowohl Versuche einer Neuformulierung des Schichtkonzepts wie von „Alternativkonzepten". Rainer Geißlers Modell der „dynamisch pluralisierten Schichtstruktur" bezieht sich ausdrücklich auf die Konzeption von Geiger und zwar mit der Absicht, damit zugleich der in den 70er und 80er Jahren entwickelten Kritik an Schichtmodellen zu begegnen. Das Modell der „sozialen Lage" von Stefan Hradil weicht in wichtigen Grundannahmen von Schicht- und Klassenmodellen ab, um v.a. auch „neue" Ursachen sozialer Ungleichheit angemessen berücksichtigen zu können. „Jenseits von Klasse und Schicht" siedelt Ulrich Beck sein Konzept der „Individualisierung" an. Er geht davon aus, daß die ökonomischen, sozialpolitischen und kulturellen Veränderungen der Nachkriegszeit dazu führen, daß sich traditionelle Bindungen an Klassen oder Schichten auflösen. Nicht mehr die Zugehörigkeit zu einer gesellschaftlichen (Groß)Gruppe, sondern individuelle Optionen der Lebensführung werden bedeutsam für die Verortung des Einzelnen in der Gesellschaft.

2.1 Ökonomischer und sozialer Wandel der deutschen Gesellschaft bis in die 70er Jahre

Für die ökonomischen und sozialen Veränderungen, die in Westdeutschland seit dem Ende des 2. Weltkriegs stattgefunden haben, sind folgende Aspekte besonders kennzeichnend: die *Wohlstandsentwicklung, die Bildungsexpansion*, und die *Entwicklung des Wohlfahrtstaates* (Vgl. Rerrich/Wex 1993).
Bis in die 70er Jahre hinein ist eine historisch einmalig schnelle und weitreichende Verbesserung der materiellen Lebensbedingungen festzustellen. Diese Verbesserung ist nicht allen Klassen und Schichten gleichmäßig zugute gekommen (Geißler 1992, 40ff.). Dennoch bedeuteten die Einkommenszuwächse gerade für Arbeiterfamilien, daß sie über Einkommen verfügten, die über die alltägliche Grundversorgung hinausgingen. Historisch erstmals für sie ergab sich Spielraum für eine „dispositive Lebensführung" (Brock 1998), das heißt ein Teil des Einkommens konnte entsprechend persönlicher Neigung und Interessen verwendet werden. Die quantitative Steigerung der materiellen Ressourcen führte zu einer qualitativen Veränderung des Lebensbedingungen und des -zuschnitts der unteren und mittleren Einkommensgruppen, ermöglichte den Anschluß an den Massenkonsum, den Erwerb langlebiger Konsumgüter und die Nutzung von Freizeitmöglichkeiten.
Voraussetzung dafür war die nach den ersten Nachkriegsjahren auftretende Arbeitskräfteknappheit. Der Rückgang der Selbständigen, v.a. der Landwirte, und der mithelfenden Familienangehörigen wurde durch neue Erwerbschancen im produzierenden Gewerbe und im Dienstleistungssektor kompensiert. Dies führte dazu, daß die kontinuierliche dauerhafte Vollzeiterwerbsarbeit zum „Normaltyp" der Arbeitsverhältnisse wurde, an dem sich nicht nur die tariflichen Auseinandersetzungen, sondern auch die arbeitsrechtlichen und sozialpolitischen Regelungen (v.a. bezüglich der Arbeitskraftrisiken, wie Krankheit, Invalidität, Arbeitslosigkeit, Alter) orientierten. Die „Vollbeschäftigung" war auch die Voraussetzung dafür, daß (Aus)bildungsinvestitionen als lohnend für das eigene berufliche Fortkommen und besonders für die soziale Mobilität in der Generationenfolge („meine Kinder sollen es mal besser haben") angesehen werden konnten.
Waren Mitte der 60er Jahre noch rund 60% der Beschäftigten Un- und Angelernte, so sank deren Anteil bis 1970 um ca. 20% (Geißler 1992, 214). Die Debatte einer drohenden „Bildungskatastrophe" verdeutlichte in den 60er Jahren den wachsenden Bedarf an qualifizierten Arbeitskräften auf allen Ebenen: eine Folge der zunehmenden Technisierung und Verwissenschaftlichung der Produktion, der Planung und Steuerung sozio-ökonomi-

scher Prozesse. Der Mitte der 60er Jahre einsetzende Ausbau des weiterführenden Bildungswesens und der beruflichen Bildung (Bildungsexpansion) führte für die nachfolgenden Generationen zu einem Mehr an Bildungschancen, erfüllte jedoch die Hoffnung auf mehr Bildungsgerechtigkeit nur teilweise: Mädchen aus den mittleren Soziallagen, weniger jedoch zum Beispiel Arbeiterkinder konnten profitieren (ebd., 221ff.).

Bis in die 70er Jahre hinein konnten zumindest Männer die Erfahrung machen, daß höhere Bildung die Chancen auf eine entsprechend besser bezahlte Berufsposition eröffnete. Dieser enge Zusammenhang zwischen Bildung, Beruf und Einkommen wird in der sozialwissenschaftlichen Diskussion die „meritokratische Triade" (Kreckel 1992, 94ff.) genannt. Diese konkreten Erfahrungen stützten die gesellschaftliche Integration aller sozialen Gruppen. Da der zu verteilende „Kuchen" durch das Wirtschaftswachstum größer wurde, konnten alle Gruppen sich ein größeres Stück abschneiden, ohne daß es zu einem Verteilungskonflikt über das Ungleichverhältnis zwischen den einzelnen Anteilen kam. So wurde bis Ende der 60er Jahre die Tatsache, daß die Vermögensverteilung und insbesondere die Verteilung des Besitzes an Produktivvermögen extrem ungleich blieb, kaum öffentlich wahrgenommen. Neo-marxistische Klassentheorien machten diese Tatsache zum Ausgangspunkt ihrer Gesellschaftsanalyse.

Als quasi verbindliches Lebensmodell etablierte sich eine (männliche) „Normalbiographie", die im Kernbereich des Lebenslaufs Vollzeiterwerbsarbeit vorsah, mit vorgeschalteten (Aus)bildungsphasen und anschließender Altersruhephase. Sie bildete das Rückgrat der Lebensführung der Haushalte: eine allen mögliche Teilhabe am Massenkonsum – graduell abgestuft nach Qualifikation und Berufsposition („Leistungsgesellschaft"). Sie regulierte entsprechend auch den direkten oder indirekten (über den Familienernährer) Zugang und die Höhe der Transferleistungen des sozialen Wohlfahrtsstaates.

Der soziale Wandel der Gesellschaft in der DDR ist durch eine politisch motivierte, tiefgreifende Umgestaltung gekennzeichnet: Im Oktober 1949 wurde auf dem Gebiet der sowjetischen Besatzungszone die DDR gegründet, im Selbstverständnis der politischen Elite der erste Arbeiter- und Bauernstaat auf deutschem Boden. Diese sozialistische Gesellschaft entstand jedoch nicht aufgrund innergesellschaftlicher revolutionärer Umwälzungen, sondern in Folge der außenpolitischen Machtkonstellationen zwischen den Alliierten nach dem zweiten Weltkrieg.

Die ökonomischen Ausgangsbedingungen für einen Neuanfang waren denkbar schlecht. Im Norden überwog die agrarische Struktur, Schwerindustrie fehlte fast völlig; es dominierte eine vielfältig verarbeitende Industrie, speziell Leicht- und Textilindustrie (Voigt 1998). Im Gegensatz zum Westen Deutschlands erhielt die DDR keine finanzielle Unterstützung, sondern als Teil der Reparationszahlungen an die UdSSR wurden stattdessen rund 1000 Betriebe abgebaut, vor allem in der Maschinenbauindustrie sowie in der chemischen und optischen Industrie. Wirtschaftspolitisches Ziel war es, die Grund- und Schwerindustrie aufzubauen und sie technisch an die westlichen Standards anzupassen. Dafür verringerte sich die Bedeutung des produzierenden Gewerbes und anderer Branchen. Auch die Entwicklung des Dienstleistungssektors, des sogenannten tertiären Sektors war im Vergleich zu Westdeutschland begrenzt.

Im Zeichen des Antifaschismus und des Aufbaus des Sozialismus wurden zunächst die alten Eliten in Politik, Wirtschaft, Verwaltung und Bildung verdrängt. Das Berufsbeamtentum wurde abgeschafft und mit der Bodenreform und der Verstaatlichung von Industrie und Großhandel eine Umwälzung der Eigentumsverhältnisse durchgeführt. Der Anteil der selbständigen Handwerker und Gewerbetreibenden ging zwischen den 50er und 60er Jahren von rund 20% auf knapp 5% zurück (vgl. Belwe 1989; Kudera 1993). Gezielt wurden Vertreter der Arbeiterklasse in die neuen Führungspositionen berufen. Ehemals unterprivilegierte Schichten wurden durch eine selektive Zulassungspraxis auch im Bereich der höheren Bildung systematisch gefördert.

Das Bild der Sozialstruktur, das diesen Veränderungen zugrunde lag, entsprach dem „zwei Klassen – eine Schicht-Modell": Der Arbeiterklasse und der mit ihr kameradschaftlich verbundenen Klasse der Genossenschaftsbauern wurde die Schicht der sozialistischen Intelligenz gegenüber gestellt. Die Beziehungen zwischen den Klassen und Schichten wurde jedoch nicht als konträr gesehen, sondern als Ausdruck der gesellschaftlichen Arbeitsteilung. Dennoch galten die Gesellschaftsgruppen nicht als gleichwertig (Belwe 1989,125): An der Arbeiterklasse als herrschender Klasse orientierte sich der klassenübergreifend verbindliche Typus des „sozialistischen Menschen" und der „sozialistischen Lebensweise" (Kudera 1993). Postuliertes Ziel war die Nivellierung der sozialen Unterschiede. Mittlere Schulabschlüsse und Facharbeiterbriefe wurden zu Standardbildungen der Bevölkerung, Ergebnis eines einheitlichen Bildungssystems, das auch ein breitgefächertes Angebot an Erwachsenenbildung integriert hatte. Allerdings läßt sich für die höhere Bildung und Ausbildung (Abitur und Studium) eine nach dem ersten Jahrzehnt der DDR einsetzende Selbstreproduktion der Eliten nachweisen, die sich bis in die Zeit nach der Wiedervereinigung manifestiert (Gensicke 1995; Geißler 1996).

Auffallend sind auch die geringen Lohndifferenzen zwischen den Berufsgruppen. Es gab zwar auch in der DDR einen Zusammenhang zwischen beruflicher Position und dem Einkommen: An der Spitze der Einkommenspyramide standen im Osten (wie im Westen) die leitenden Angestellten gefolgt von der Gruppe der höheren Angestellten, Selbständigen und qualifizierten Angestellten. In der DDR verdienten allerdings die Facharbeiter mehr als die einfachen Angestellten. Innerhalb der einzelnen Beschäftigtengruppen Intelligenz, un- und angelernte Arbeiter, Facharbeiter gab es so große Unterschiede, daß sich die Durchschnittsverdienste der Gruppen überlappten: Un- und angelernte Arbeiter erzielten im Durchschnitt ein höheres Einkommen als die Intelligenz (Dathe 1995; Bertram 1992). Die geringen Einkommensdifferenzen spielten angesichts des beschränkten Waren- und Leistungsangebots kaum eine Rolle für die Struktur sozialer Ungleichheit. Bedeutsamer waren die durch die Betriebszugehörigkeit bestimmten Zugangsmöglichkeiten zu Betreuungs- und Freizeitangeboten, zur Wohnungsversorgung bzw. die Nähe zur „Vorhut der Arbeiterklasse", der SED.

Der hohe Beschäftigungsgrad der arbeitsfähigen Bevölkerung (auch der Frauen) und die Bedeutung des Betriebs für die soziale Integration sind Ausdruck des „arbeitszentrierten" Gesellschaftsmodells (Kudera 1993). Dahinter standen aber auch ökonomische Zwänge: Die starken Abwanderungen in den Westen (bis zum Bau der Mauer 1961) erforderten die Ausschöpfung des verfügbaren Arbeitskräftepotentials. Dies wiederum förderte den Ausbau staatlicher Maßnahmen zur beruflichen Qualifizierung und entsprechend auch den Ausbau öffentlicher Kinderbetreuungsmöglichkeiten. Der Anteil der Un- und Angelernten sank deutlich, die Schicht der Intelligenz (der geistig-schöpferisch oder leitend Tätigen) wuchs kontinuierlich an. Das Anforderungsniveau vieler Arbeitsplätze entsprach jedoch oft nicht dem Qualifikationsniveau der Arbeitskräfte.

Dem eigenen Verständnis nach war die DDR eine „Facharbeitergesellschaft" (Geißler 1992, 148). Hinsichtlich ihrer Lebensführung folgten die Menschen allerdings nicht einem einheitlichen sozialistischen Muster, sondern sie unterschieden sich hinsichtlich ihres Freizeit- und Wohnverhaltens sowie im Bildungsverhalten und in ihrem Verhalten am Arbeitsplatz.

Anhand neuerer Untersuchungen läßt sich eine phasenmäßig verlaufende Mentalitätsentwicklung in der DDR belegen. Dabei lassen sich folgende Phasen unterscheiden (Pollack 1993; Gensicke 1995): In den 50er Jahren – zur Zeit der Etablierung des Sozialismus – dominierte eine kleinbürgerliche Wertesubstanz, also Pflicht- und Akzeptanzwerte. In den 60er und 70er Jahren schloß sich eine Phase an, in der die Idee des Sozialismus von der

Bevölkerung stärker akzeptiert wurde. Gründe dafür lagen in dem u.a. durch den Bau der Mauer bedingten steigenden Wohlstand und eine gesellschaftliche Liberalisierung. Das Niveau der Ungleichheit war in bezug auf den Lebensstandard geringer als im Westen, deutlich wahrnehmbar bei den Arbeitsbedingungen (zum Beispiel zwischen „Hand- und Kopfarbeit"). Sie wurden als unerwünschte, historisch überwindbare soziale Ungleichheiten betrachtet.

2.2 Schichtung: Rangordnung gesellschaftlicher Anerkennung oder vertikale Abstufung von ungleichen Lebenschancen?

Die deutlichen Veränderungen in Wirtschaft, Bildung und Alltag warfen die Frage auf, welche Ressourcen und Lebensbedingungen nun für die soziale Plazierung von Menschen im sozialen Ungleichheitsgefüge bedeutsam werden. Die allgemeine Steigerung des Lebensstandards als Erfahrungshintergrund legte es nahe, Ungleichheit als eine Abstufung im Niveau allgemein verfügbarer Ressourcen zu sehen und zu erklären.
Der Begriff der Schicht ist grundsätzlich quantitativ. Alle unterschiedlichen Schichtbegriffe beziehen sich auf Bevölkerungsgruppen einer Gesellschaft, die sich aufgrund unterschiedlicher quantitativer Ausstattung (mehr oder weniger) mit knappen Ressourcen (Einkommen, Bildung, gesellschaftliche Wertschätzung) in ihren Lebenslagen und Lebenschancen unterscheiden. Entsprechend des Bildes von den Erdschichten gehen sie dabei von einer vertikalen Anordnung der Gesellschaft aus. Am bekanntesten ist die Dreiteilung der Gesellschaft in Ober-, Mittel- und Unterschicht, die in vielen Modellen aber wiederum in sich unterteilt werden (zum Beispiel untere Mittelschicht).
Eine Anknüpfung an das Konzept Geigers, der im Nationalsozialismus nach Skandinavien ins Exil fliehen mußte, fand zunächst nicht statt (siehe 2.4). Helmut Schelsky, einer der wenigen Soziologen, die sich in den 50er Jahren auf Geiger beziehen, tut dies negativ, indem er die „Entschichtung" der deutschen Gesellschaft zu einer „nivellierten Mittelstandsgesellschaft" konstatiert. Die in den 50er und 60er Jahren vorherrschenden Schichtmodelle stehen überwiegend in der Tradition der amerikanischen Forschung zur „stratification", zur „Schichtung" nach sozialem Ansehen. Erst in den 60er Jahren richtete sich mit der öffentlichen Diskussion um ungleiche Bildungschancen das wissenschaftliche Interesse wieder deutlicher auf die

Verteilung und den Einfluß „objektiver" Lebensbedingungen und deren Bedeutung für ein Bewußtsein der gleichen Lage (Bolte u.a. 1966). Die Debatte bewegte sich zwischen der These einer Entschichtung der Gesellschaft (Schelsky) und einer zunehmenden Differenzierung der von mittleren Lagen dominierten Sozialstruktur (Bolte u.a. 1975).
Zu Beginn der 50er Jahre veröffentlichte Helmut Schelsky seine These, daß die Klassenstruktur weitgehend überwunden sei und sich Westdeutschland zu einer „nivellierten Mittelstandsgesellschaft" entwickelt habe. Aus den kollektiven Aufstiegprozessen der Industriearbeiterschaft, den individuellen, aber große Berufsgruppen betreffenden Aufstiegen der technischen und Verwaltungsangestellten und kriegsbedingten Vermögensverlusten einiger Besitzklassen schließt er auf eine einsetzende Angleichung des sozialen Status. Auch die progressive Besteuerung von Einkommen und die Sozialpolitik stabilisieren diesen Trend seiner Meinung nach (1965, 332). Bedeutsamer noch erscheint ihm eine Vereinheitlichung der kulturellen und sozialen Verhaltensformen. Die Teilhabe am Massenkonsum erzeugt eine Uniformität des Lebensstils und der sozialen Bedürfnisse auf einem kleinbürgerlich-mittelständischen Niveau (ebd.). Dies deutet er nicht nur als Umschichtung der deutschen Gesellschaft, sondern als Prozeß der Entschichtung (1965, 333). Man könne zwar noch nach „alten Kriterien", wie sie etwa Geiger entwickelt hatte, Schichten feststellen, doch bezweifelt er, daß diese auch wirklich spezifische einheitliche und gemeinsame Interessen entwickeln. Allerdings stellt er fest, daß sich das „soziale Selbstbewußtsein", das heißt die Selbsteinordnung nach sozialem Ansehen, und die sozialen Leitbilder der Menschen diesem Nivellierungsprozeß entziehen. Rangstufen nach sozialen Prestige werden betont, obwohl dafür seiner Meinung nach keine soziale Basis mehr vorhanden sei. Dies begründet er mit dem Hinweis darauf, daß Menschen in Zeiten sozialen Wandels, in der sich noch keine „neue Ordnung" etablieren konnte, die „alte Ordnung" quasi gegen die soziale Realität aufrechterhalten.
Schelsky registrierte die durchaus vorhandenen Tendenzen der Einschmelzung von früher stark schicht- bzw. klassenabhängigen Formen der Lebensführung auf ein „gehobenes" und relativ gesichertes Niveau der unteren Mittelschichten. Er sah auch bereits die zunehmende Abhängigkeit der Arbeits- und Lebensbedingungen von bürokratischen Großorganisationen (1965, 333f). Er unterschätzte jedoch, wie stark die Nutzung von Lebenschancen, die theoretisch allen offen stehen, durch objektive Lebensbedingungen begrenzt wird.

2.2.1 Ursachen sozialer Schichtung

Schichtmodelle sind (in der Regel) mehrdimensionale Konzepte sozialer Ungleichheit, das heißt nicht ein einzelner Aspekt der sozialen Lage von Menschen, sondern ein Bündel von sozial relevanten Merkmalen (Determinanten) werden empirisch zur Bestimmung der sozialen Rangfolge von Menschen herangezogen. Die verschiedenen Ausprägungen in einzelnen Dimensionen ergeben zusammengefaßt den sozialen Status (den Platz in einer Rangfolge), der dann die Schichtzugehörigkeit von Personen oder Haushalten bestimmt. Die Anzahl der einzelnen Merkmale, die kombiniert werden, variiert in den verschiedenen Modellen, zumeist sind es aber Berufs-, Bildungs- und Einkommensstatus (Bolte u.a. 1975, 12ff.). Damit gehen Schichtmodelle davon aus, daß in modernen, arbeitsteilig differenzierten Gesellschaften weniger die Zugehörigkeit zu einer ökonomischen Klasse, als die individuelle Bündelung spezifischer Statuslagen für die materiellen Lebensbedingungen wichtig werden. Berücksichtigt werden nur *erworbene* Kriterien, das heißt Merkmale, die Individuen durch eigene Anstrengung erreichen bzw. verändern können.
In den ersten empirischen Studien zur „sozialen Schichtung" der Bundesrepublik wird die Schichtzugehörigkeit nicht über die Erhebung „objektiver Daten" zur Ausstattung mit den entsprechenden Ressourcen (Berufsposition, Einkommen, Bildungsniveau) der Bevölkerung ermittelt, sondern über die Fremd- oder Selbsteinschätzung der einzelnen Statuslagen in Beruf, Bildung, Einkommen (Wiehn/Mayer 1975, 19ff.). Aus diesen Zuordnungsprozessen (mit wem fühle ich mich gleich, wem gegenüber besser oder schlechter gestellt?) wurden das Gefüge und die Abstufungen der Schichtung abgeleitet. Der Status bezeichnet hier den Rang gesellschaftlicher Wertschätzung aufgrund beruflicher Position, Qualifikation und Lebensstil. Nicht die materiellen Lebensbedingungen prägen die soziale Situation, sondern v.a. das mit ihnen verbundene gesellschaftliche Ansehen (Prestige). Dahrendorf bezeichnet das Prestige als den vagsten, aber vielleicht doch zutreffendsten aller rangbestimmenden Faktoren, weil er sowohl die Werthaltigkeit dieser Ungleichheit, als auch den Grad der Abstufung der damit verbundenen Rangordnung ausdrückt (zit. nach Wiehn/Meyer, 1975, 72). Prestige mißt also ein vertikales Verhältnis der Schichten zueinander. Es wird häufig als Folge von Einkommens-, Macht- und Bildungsunterschieden angesehen, manchmal aber auch als eigenständiger Faktor sozialer Ungleichheit eingestuft.
In der Schichtungsforschung nach amerikanischem Vorbild wird weniger nach den Ursachen des ungleichen Verteilungsprozesses gefragt, als sein Er-

gebnis betrachtet. Schichtmodelle sind weitgehend deskriptive, das heißt beschreibende Modelle. Soweit theoretische Erklärungen für das Entstehen von Rangordnungen entwickelt werden, lassen sich grob zwei gegensätzliche Positionen erkennen: die funktionalistische und die konflikttheoretische.
Die funktionalistische Schichtungstheorie in Anschluß an Talcott Parsons sieht das Gefüge sozialer Ungleichheit quasi als Ergebnis eines gesellschaftlichen Belohnungsprozesses. Die in modernen Gesellschaften notwendige Arbeitsteilung führt zu verschiedenen (Berufs-)Positionen, die alle für den Bestand der Gesellschaft notwendig, aber unterschiedlich wichtig sind. Die Wichtigkeit von Positionen ergibt sich auf der Basis eines gemeinsam geteilten Wertesystems einer Gesellschaft. Um das geeignete Personal für die wenigeren, aber wichtigeren höheren Positionen zu finden, wird ein Anreiz über eine entsprechend höhere Ausstattung mit Einkommen, Einfluß, Ansehen geschaffen. Aus der Perspektive dieses Erklärungsansatzes hat soziale Ungleichheit eine notwendige, stabilisierende Funktion für die Gesellschaft. Daher firmiert der Ansatz auch unter der „neutralen" Bezeichnung „Schichtung". Kritisiert wurden die problematischen Annahmen, daß Begabungen knapp seien, Positionen im freien Wettbewerb zwischen den Begabtesten besetzt würden und damit tatsächlich eine Entsprechung zwischen Tätigkeiten und Belohnungen bestünde (Bolte u.a. 1975, 20ff.). Diese Argumentation spiegelt eher die Leistungsideologie wider, wonach jeder das bekommen soll, was er aufgrund seiner Beiträge für die Gesellschaft erbringt. Wer allerdings diese Beiträge bewertet, bleibt ungeklärt.
Diesen Punkt betonen eher konflikttheoretische Sichtweisen, die Macht und damit die unterschiedliche Chance, Verhalten zu sanktionieren (zu belohnen oder nicht anzuerkennen), als Ursache sozialer Ungleichheit annehmen (zum Beispiel Dahrendorf, Lenski, siehe dazu ausführlich: Bolte u.a. 1975, 22ff.; Wiehn/Mayer 1975, 42ff.). Sie gehen davon aus, daß es Konflikte um die daraus resultierende Verteilung gibt, insbesondere dort, wo es sich um knappe Güter handelt. Allerdings bleibt auch diese Ursachenerklärung unbefriedigend, solange nicht die Ursache unterschiedlicher Macht geklärt ist.
Doch selbst wenn sie sich auf die Beschreibung sozialer Ungleichheit konzentrieren, stehen Schichtkonzepte vor dem Problem, den Zusammenhang der einzelnen Dimensionen untereinander zu bestimmen. Hier liegt eine entscheidende theoretische Schwäche vieler Schichtkonzepte, denn dieses Verhältnis einzelner Dimensionen wird selten genauer reflektiert. Empirisch hat sich deutlich gezeigt, daß bei Fremd- und Selbsteinschätzungen Menschen sehr häufig den „Beruf" als Kriterium heranziehen (Bolte u.a. 1975). Daher wird der berufliche Status auch dann als dominant berück-

sichtigt, wenn er mit anderen Merkmalen kombiniert wird, also ein komplexer Index gebildet wird, um den gesamten sozialen Status eines Menschen zu bestimmen (vgl. zum Beispiel Wiehn/Meyer 1975,28). Entgegen der ursprünglichen Absicht setzt sich damit auch in den Untersuchungen zum Sozialprestige ein gewisser Ökonomismus durch. Die implizite (versteckte) Annahme vieler Schichtmodelle besagt, daß die Ausprägungen der anderen Dimensionen des gesamten sozialen Status entsprechend der beruflichen Position eher nach oben, zur Mitte oder nach unten tendieren und sich damit gegenseitig verstärken. Diese Annahme der *Statuskonsistenz* läßt sich bis heute auch objektiv nachweisen, jedoch eher für die oberen und unteren Schichten. Doch in der sich ausbreitenden Mitte nehmen *Statusinkonsistenzen* zu: zum Beispiel vergleichsweise niedriges Einkommen trotz hoher Bildung (Taxifahrer Dr. phil.) geringes soziales Ansehen trotz hohen Einkommens: „Neureiche"). Damit wird aber auch die Annahme einer „verbindlichen Prestigeordnung", einer einheitlichen Rangskala von Berufpositionen in Frage gestellt (Bolte u.a. 1975) und somit der besondere nichtökonomische Faktor des Schichtmodells.

2.2.2 Erscheinungsformen sozialer Ungleichheit im Schichtmodell

Schichtspezifische Lebensbedingungen erscheinen als ein Mehr oder Weniger, als quantitativer Unterschied in der Ausstattung. Mit der Schichtzugehörigkeit eines Menschen sind demnach Abstufungen bei der Qualifikation, dem verfügbaren Erwerbseinkommen, beim Lebensstandard insgesamt und daraus folgend sozialer Wertschätzung oder Ablehnung verbunden. Häufig werden Abstufungen einzelner Merkmale differenziert dargestellt, wie etwa Einkommensschichten, Bildungsschichten, Machteliten (Bolte u.a. 1975, 48ff.). Es werden bei den einzelnen Merkmalen unterschiedliche Grade der Abstufung erkennbar, manche sind tatsächlich als soziale Kluft zu bezeichnen: So verfügen 1960 1,7% der Haushalte in der BRD über 35,1% des Gesamtvermögens; während 1961 nur ca. 2,5% der Bevölkerung studierten, betrug der Anteil der Akademikerkinder an allen Studierenden 35%. (Bolte u.a. 1975, 65 und 74). Allerdings sind in vielen Untersuchungen gerade die Grenzziehungen (etwa entlang von Einkommensstufen, Stellung im Beruf) und damit auch die Untergliederung in einzelne Schichten oder Unterschichten wenig überzeugend begründet: Warum beginnt bei einer bestimmten beruflichen Position und Einkommensklasse die untere Mittelschicht?
Bolte u.a. (1975,15) plädieren dafür, erst dann von Schichten zu sprechen, wenn sich nicht nur unterschiedliche Lebenslagen aufweisen lassen, son-

dern diese unterschiedlichen Bedingungen zu klar abgrenzbaren Unterschieden in Verhaltensweisen führen. Wo Geiger noch von „typischen" Werthaltungen sprach, die mit der Zugehörigkeit zu einer bestimmten Schicht verbunden seien (vgl. 1.3), wird jetzt eher von schichtspezifischen Verhaltensweisen gesprochen und damit ein viel engerer Zusammenhang von sozialem Status und Verhaltensweisen angedeutet. Damit wird unterstellt, daß gleiche oder ähnliche Lebensbedingungen für Menschen auch gleiche Verhaltenskonsequenzen nach sich ziehen. Schichtspezifische Verhaltensunterschiede werden in vielen Lebensbereichen untersucht, etwa bei politischen Orientierungen und Bildungsaspirationen. Am bekanntesten sind hier die Untersuchungen zur schichtspezifischen Sozialisation zu nennen. Die unterschiedlichen Bedingungen des Aufwachsens (zum Beispiel der Familienstruktur, der Erziehungsziele und -stile) gelten als wichtigster Mechanismus zur Reproduktion der bestehenden Ungleichheit. Verglichen werden v.a. Unterschiede zwischen Mittel- und Unterschicht. Die Unterschiede werden jedoch entgegen der üblichen Logik der Schichtmodelle nicht als Abstufungen, sondern als Gegensätze (zum Beispiel „elaborierter Sprachcode" der Mittelschicht versus „restringierter Sprachcode" der Unterschicht) abgebildet, wobei die typischen Ausprägungen der Mittelschicht oft auch als Maßstab für gelungene Sozialisation erscheinen. Genauere Überprüfungen und weiterführende Studien haben jedoch ergeben, daß sich Sozialisationsweisen keineswegs eindeutig nach den gängigen Kriterien abgegrenzter Sozialschichten unterscheiden, vielmehr schichtübergreifende Muster und schichtinterne Differenzierungen festzustellen sind (vgl. Hradil 1987, 105ff.).
Bolte u.a. kommen bereits Mitte der 70er Jahre zu dem Schluß, daß es weiterhin Ungleichheit in der Verteilung der sozial relevanten Merkmale wie Einkommen, Bildung Macht und Prestige gibt, daß sich daraus keine klar abgrenzbaren, ausgeprägten Verhaltensunterschiede mehr abbilden lassen (1975,14).

2.2.3 Die „soziale Landkarte"

Bolte u.a. entwickeln Mitte der siebziger Jahre eine Gesamtdarstellung der sozialen Schichtung der Bundesrepublik (West). Dazu verwendeten sie verschiedene Studien, die das soziale Prestige von Gruppen in der Bevölkerung erhoben haben. Dabei berücksichtigen sie nicht nur die Anordnung und Differenzierung der Schichten, sondern auch die Größe der einzelnen Schichten. Als Ergebnis erscheint das Ungleichheitsgefüge der Bundesrepublik Deutschland (West) als „Zwiebel" (Abb. aus: Bolte/Hradil 1984, 220).

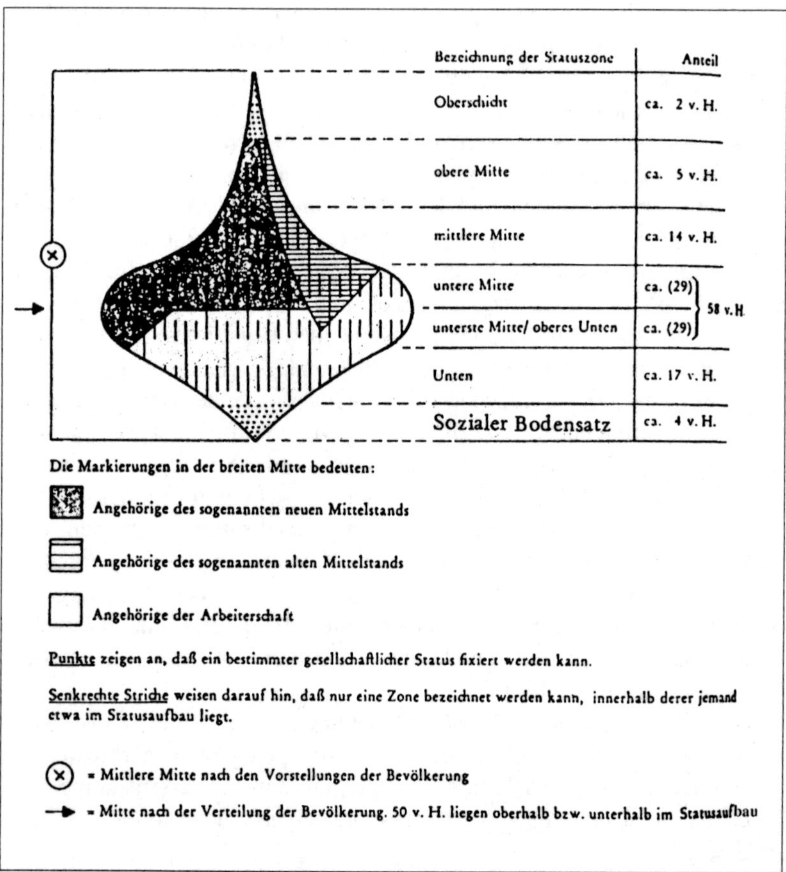

Zur *Oberschicht* zählen danach Großunternehmer, Hochadel, Spitzenpolitiker, Spitzenfinanz. Sie zeichnen sich in ihrer Selbstzuschreibung durch elitäres Selbstbewußtsein, internationale Orientierung, gute Umgangsformen und Konservatismus aus.

Die Mittelschicht wird vertikal dreigeteilt: Die *Obere Mittelschicht* setzt sich aus Leitenden Angestellten (Manager) und Beamten, Professoren, Richtern, den Freien Berufen mit Universitätsausbildung (zum Beispiel Ärzte, Rechtsanwälte) zusammen. Im Selbstbild bescheinigt sich diese Sta-

tusgruppe eine starke Berufs- und Fachorientierung, Erfolgsstreben, Dynamik, Optimismus, Wille zur Gestaltung. Die *Mittlere Mitte* umfaßt mittlere Angestellte und Beamte (zum Beispiel Polizeiinspektoren), Ingenieure mit Fachschulbildung, mittlere Geschäftsinhaber, Lehrer. Sie attestieren sich eine „bürgerliche" Einstellung, das heißt Bindung an Institutionen und Ordnung, betonen Tugenden wie Pünktlichkeit, Zuverlässigkeit, Ehrlichkeit und Treue. In der *Unteren Mittelschicht* werden untere Angestellte (einfache Bankangestellte, Buchhalter) und Beamte, kleine Handwerkmeister, Kleinhändler, Industriemeister, Werkstattleiter und hochqualifizierte Facharbeiter verortet. Ihr Selbstbild differiert bereits nach der Nähe zum industriellen Sektor. Während bei den nicht-technischen Berufen das Mittelstandsbewußtsein bereits durch ein Gefühl von Bedrohung und eine soziale Verteidigungsstellung gegenüber den aufstrebenden Arbeitern geprägt ist, und Unzufriedenheit und Sicherheitsstreben artikuliert wird, herrscht in technisch-industriellen Berufen eher Selbstvertrauen und Optimismus, das Gefühl, „normal" zu sein, als Fachleute zwischen Chef und Arbeitern zu stehen und eine starke Identifikation mit Technik.
Die Unterschicht ist zweigeteilt: In die *Obere Unterschicht* werden unterste Angestellte und Beamte, Handwerksgesellen und qualifizierte (auch betriebliche angelernte) Industriearbeiter eingestuft. Auch hier wird in den Selbstzuschreibungen eine Trennlinie nach industriellem und nicht-industriellem Sektor erkennbar: Während bei den Industriearbeitern das Selbstbild des „einfachen", betont „männlichen" Menschen vorherrscht, die belastende, teils gefährliche Arbeit meistern, realistisch sind, zugleich selbstbewußt an ihre Zukunft glauben, herrscht bei den anderen Berufsgruppen ein unklares Gesellschaftsbild vor, es sind kaum konkrete Selbstzuschreibungen erkennbar. Zur *Unteren Unterschicht* werden alle gezählt, die körperlich harte Arbeit im Freien verrichten, zum Beispiel Landarbeiter, Straßenarbeiter, Hafenarbeiter. Diese schreiben sich Merkmale „robuster, verschlossener Männlichkeit" zu, entwickeln starke Bindungen an einen kleinen Kreis von Kameraden, empfinden sozialen Druck von oben, sich selbst aber als Pioniere. Die *Sozial Verachteten* setzen sich aus Gelegenheitsarbeitern, sog. Handlangern zusammen. Sie zeichnen von sich selbst das Bild des „armen Schluckers", der nicht akzeptiert, sondern herumgestoßen wird und Minderwertigkeitsgefühle entwickelt (Bolte u.a. 1975, 96-101, Wiehn/Mayer 1975, 23ff.).
Obwohl Schichtmodelle den Anspruch haben, alle Gesellschaftsmitglieder oben, in der Mitte oder unten einzuordnen, ergibt sich durch die „Berufsnähe" der Dimensionen ein Problem bei der Erfassung des Gefüges sozialer

Ungleichheit: Personen, die keinen aktuellen Erwerbsstatus haben, wie Studierende, Hausfrauen, RentnerInnen, können nur über „Hilfskonstruktionen" sozial verortet werden. Die Einstufung wird über „plausible Annahmen" möglich: Verheiratete Frauen erhalten zum Beispiel den Status des „Haushaltsvorstandes" (in der Regel des Mannes, auch wenn sie selbst einen Erwerbsstatus haben), da im Schichtmodell keine Haushalte denkbar sind, in denen zwei unterschiedliche Statuslagen zusammentreffen. Andere Personengruppen werden nach ehemaligen Merkmalen verortet (Rentner), andere fallen ganz raus oder werden „Randgruppen" zugeteilt, weil sie nicht *eindeutig* einzuordnen sind: Behinderte, Anstaltsinsassen, Obdachlose und Wohnungslose, Sozialhilfeempfänger.

2.2.4 Fallbeispiel: „Familie Hanftl"

Herr Hanftl ist als Arbeiter bei der Bundesbahn beschäftigt. Er ist auf dem Land aufgewachsen und in die Großstadt gezogen, um Arbeit zu finden. Er hat eine abgeschlossene Berufsausbildung und arbeitet im Außendienst. Seine Frau versorgt den Haushalt und die drei Kinder, stundenweise arbeitet sie als Aushilfe in einem Warenhaus. Auch sie ist auf dem Land aufgewachsen, konnte allerdings keine Berufsausbildung machen, weil sie nach der Schule ihre jüngeren Geschwister betreuen mußte. Mit 17 Jahren ging auch sie in die Stadt und arbeitete in einer Gastwirtschaft. Die Familie verfügt im Sommer 1977 über ca. 2000 DM Nettoeinkommen und wohnt in einer Drei-Zimmer-Dienstwohnung, für die sie etwa 420 DM Miete bezahlt. Es müssen Schulden abgetragen werden: Herr Hanftl hat „aus Gefälligkeit" einem Bekannten ein Dienstfahrzeug der Bundesbahn geliehen. Dieser verursacht damit einen Unfall. Von einer Kündigung wird wegen seiner drei Kinder abgesehen, aber er muß den Schaden begleichen und wird dienstversetzt.

„Bei uns hat es eigentlich nur Höhen und Tiefen gegeben, ein gleichbleibend gutes Familienleben hat es nie gegeben, die ersten Jahre", resümiert Frau Hanftl. Ein solches „gutes Familienleben", und „auf den eigenen Füßen stehen", das waren Wünsche, die die Eheleute mit der Heirat einmal verbunden haben.

Als sich die beiden vor vier Jahren kennenlernten, hatte Frau Hanftl bereits ein uneheliches Kind aus einer unbefriedigenden und kurzen Beziehung. Von ihrer eigenen Mutter wurde sie anfangs aufgenommen, als ihre Ersparnisse aufgebraucht waren, jedoch vor die Tür gesetzt. Anschließend brachte sie ihr Kind bei einer Pflegemutter unter und verdiente den Lebensunterhalt. Alimente für ihr Kind hat sie nicht beantragt. „Ich habe jeden Monat bangen müssen, daß ich die Wohnung verlier' oder daß mir der Pflegeplatz vom Jungen nicht sicher ist", schildert sie ihre damalige Lebenssituation. Als die Pflegemutter den Jungen überraschend zurückgibt, beschließen Herr und Frau Hanftl zu heiraten, obwohl sie dies eigentlich noch nicht vorgehabt hatten. Die Ehe erscheint beiden als notwendige und sinnvolle Lösung, um dem Jungen und der Frau eine gesicherte Zukunft zu erschließen. Fast ein halbes Jahr dauert es, bis sie eine Dienstwohnung bekommen, eine Kellerwohnung ohne Warmwasser. Was als Notlösung gedacht war, wird für zwei Jahre ihr Heim. Das Einkommen von Herrn Hanftl reicht nicht aus, eigentlich will seine Frau dazu verdienen, aber sie findet keinen Krippenplatz für ihren Sohn. Obwohl sie versucht, das Geld durch sparsame Haushaltsführung zusammenzuhalten und darauf achtet, „nicht über die Verhältnisse zu leben", wachsen schnell Schulden an. Herr Hanftl sorgt sich sehr, daß er als „Familienernährer" versagen könnte. Sein Bierkonsum wird zum ständigen Streitpunkt der Eheleute. Als Frau Hanftl endlich einen Krippenplatz und Arbeit findet, entspannt sich die Situation, der Schuldenberg schmilzt. Da wird sie schwanger. Beide freuen sich auf ihr erstes gemeinsames Kind, sie bekommen auch ihre jetzige Wohnung zugesprochen, die Lebensumstände scheinen sich zum Besseren zu wenden. Nur kurz nach der Geburt wird Frau Hanftl erneut schwanger. Ein desinteressierter Arzt hat ihr kein Pillenrezept ausgestellt, sie erwägt eine Abtreibung, hat aber zu wenig Information, um nach Holland in eine Abtreibungsklinik zu gelangen. Die Lebenssituation der Familie Hanftl verengt sich erneut. Der Stolz, es bisher gemeinsam doch irgendwie immer wieder geschafft zu haben, wird zermürbt von der Angst, abzurutschen. Der Wunsch, endlich einmal „Ruhe haben zu können", weniger Anstrengung, um den Alltag auf die Reihe zu kriegen, herrscht vor.

(Zusammengestellt nach: Wahl, Klaus u.a. 1980, 66 ff)

Fragen:

Welcher Schicht würden Sie die Familie Hanftl zuordnen?

Welche Risiken und Handlungsmöglichkeiten dieser Schichtzugehörigkeit erkennen Sie?

Erscheinen Ihnen die Verhaltensweisen der Eheleute als „schichttypisch"?

2.2.5 Die Bedeutung für die Soziale Arbeit

In klassischen Schichtmodellen wird ein Großteil der Personengruppen, mit denen es die Sozialarbeit zu tun hat, nicht angemessen erfaßt (siehe 2.2.3): v.a. diejenigen, die keinen Berufsstatus (mehr) haben. Dennoch sind sie deshalb nicht einfach irrelevant: Sie stellen drei Aspekte in den Mittelpunkt, die nämlich auch die professionelle Wahrnehmung in der sozialen Arbeit wesentlich bestimmen: Die Ausstattung von Individuen oder Haushalten mit materiellen Ressourcen und die gesellschaftliche Wertschätzung oder Mißachtung, die mit dieser Ausstattung verbunden sind und die vertikale Abstufung von Lebensbedingungen in besser oder schlechter. Schichtkonzepte konzentrieren sich auf erworbene Kriterien des Sozialstatus und bieten in ihrer sozialkritischen Variante die Grundlage für Forderungen nach Kompensation von nachteiligen Bedingungen und Prävention (zum Beispiel im Erziehungsbereich), so daß Menschen ungeachtet ihrer sozialen Herkunft die allgemein verfügbaren Lebenschancen erhalten. Allerdings ist die Gefahr erkennbar, daß mittelschichtspezifische Werthaltungen und Zielsetzungen verallgemeinert werden und damit unter der Hand eine weitere Abwertung anderer Verhaltensweisen als defizitär stattfindet. Schichtmodelle bieten ein relativ grobes Raster der sozialen Verortung von Gruppen, das v.a. deshalb noch beachtet werden muß, weil es im Alltagsverständnis auch vieler Klienten Grundlage für die Selbsteinstufung im Sozialgefüge darstellt.

2.3 Ökonomischer und sozialer Wandel der deutschen Gesellschaft bis zur Wiedervereinigung

In den beiden letzten Jahrzehnten der Entwicklung in der Bundesrepublik (West) werden die Widersprüche der Modernisierung deutlich: Die Versorgung der großen Mehrheit der Bevölkerung auf hohem Niveau läßt zunächst Verteilungskonflikte im öffentlichen Bewußtsein zurücktreten hinter Fragen der Lebensführung und des Lebensstils, also der Frage, welche Ziele Menschen mit dem Gegebenen erreichen wollen. Die qualitativen Veränderungen der Zielsetzungen und Werthaltungen der Menschen werden durch die Bildungsexpansion getragen: Die jüngeren Altersjahrgänge haben ein deutlich höheres Bildungsniveau als ihre Eltern und entsprechend veränderte Werthaltungen. Deutlich wird eine enorme Ausdifferenzierung von Lebensverhältnissen und damit die Erfahrung von Wahlmöglichkeiten: Man kann so, aber auch anders leben. Die neuen Handlungsziele

zeigen sich in den Lebensbereichen am deutlichsten, wo Menschen direkten Einfluß auf Handlungen haben: Im Privaten. Sinkenden Heiratszahlen und Geburtenraten stehen steigende Scheidungszahlen und die Zunahme „neuer" Lebensformen (nichteheliche Lebensgemeinschaften, junge Singles, alleinerziehende Eltern) gegenüber. Die neuen Ziele sind stärker auf die Entwicklung der eigenen Persönlichkeit, des individuellen Lebensstils, des eigenen Lebenswegs gerichtet. Fragen der Lebensqualität, der sozialen Lebensformen und der Inhalte und Zielsetzungen von Arbeit und Politik werden zu Kristallisationspunkten sozialer Bewegungen (Ökologie-, Frauen-, Friedensbewegung) (Vgl. Rerrich/Wex 1993).
Immer mehr Menschen werden in ihrer Lebensführung abhängig von Erwerbsarbeit, allerdings arbeiten sie immer weniger lange und kontinuierlich (Voß 1993). Gleichzeitig werden Transferleistungen des Sozialstaates als Einkommensquelle immer bedeutsamer, da die Risiken der sich veränderten Arbeitswelt größer werden. Die strukturellen Veränderungen werden am deutlichsten ablesbar an den wachsenden Arbeitslosenzahlen: Der technologische Wandel schafft teilweise hochqualifizierte neue Arbeitsplätze, jedoch nicht in ausreichender Zahl und nicht in den Berufsfeldern und Qualifikationsbereichen, in denen Menschen „freigesetzt" werden. Das Problem der sozialen Ungleichheit im Erwerbsbereich verlagert sich von den Unterschieden der Berufsposition auf das Problem, ob Menschen überhaupt einen Arbeitsplatz bekommen oder nicht.
Die Arbeitsplätze in der Produktion (und damit der Anteil der Arbeiter an der Bevölkerung) schrumpfen im Zuge der Rationalisierung der Produktion. Der Dienstleistungsbereich und damit der Anteil der Angestellten unter den Arbeitnehmern wächst. Die größten Zuwächse waren im Bereich EDV, bei sozialpflegerischen Berufen, im Bereich von Führung und Organisation zu finden. Durch die Verwissenschaftlichung und Technologisierung der Produktion kommt es zu einer Polarisierung der Arbeitswelt: Auf der einen Seite entstehen qualifizierte Arbeitsplätze, die ein hohes Maß an Wissen bei der Steuerung und Wartung von Maschinen, bei der Planung von Prozessen und des Personalseinsatzes, bei der Qualifizierung (Bildungsbereich) und der professionellen Bearbeitung von Lebensproblemen (Recht, Sozialarbeit, Medizin etc.) voraussetzen, auf der anderen Seite werden durch die Informationstechnologien auch Arbeitverrichtungen ihrer früheren Qualifikationsanforderungen beraubt und hoch routinisiert (Büro, Handel, Banken). Die radikale Zerstückelung von Arbeitsvorgängen (Fließband) wird teilweise zugunsten integrierter Modelle von Arbeitsverrichtung zurückgenommen (zum Beispiel Gruppenarbeit), die auch an bisher

ausführenden Arbeitsplätzen Schlüsselqualifikationen wie Teamfähigkeit, Planungskompetenz, Bereitschaft zu flexiblen Problemlösungsstrategien voraussetzen. Auch die Beschäftigungsformen differenzieren sich aus, wobei jene deutlich zunehmen, die weniger kontinuierliche Beschäftigung und soziale Absicherung bieten: wie geringfügige Beschäftigung oder Scheinselbständigkeit (Voß 1993)

In der Arbeitswelt sind die Menschen also weiterhin zu deutlichen Anpassungsleistungen gezwungen, das heißt sie müssen Mindestanforderungen an Qualifikation und Lebenslaufplanung aufbringen, um über die Erwerbssicherung den Zugang zu den Möglichkeiten einer individuellen Lebensgestaltung zu sichern. Die Ziele der Industriegesellschaft (hoher Lebensstandard im Sinne von Teilhabe an Konsumchancen und soziale Absicherungen gegen Risiken) werden keineswegs aufgegeben. Sie treten in Konkurrenz zu Fragen der Selbstverwirklichung (auch in Bezug auf Berufswahl zum Beispiel), der sozialen Integration in selbstgewählten Beziehungsnetzen, der Freizeit. Bedeutsam werden die sozialpolitischen Regelungen, da subsidiäre Lebensformen (Familie, Netze) nicht ohne Unterstützung leistungsfähig sein können.

Auch in der Sozialstrukturforschung der DDR wird die Differenzierung der Sozialstruktur deutlicher und v.a. auch als notwendig bezeichnet (Lötsch, zit. nach Belwe 1989). Zwar weist die letzte Sozialstrukturanalyse aus dem Jahre 1988 für die DDR noch die dem Schema der befreundeten Klassen folgende Logik auf: 74,7% der Erwerbsbevölkerung lassen sich in dem Begriffsverständnis der DDR-Forschung der Arbeiterklasse zuordnen, 6,8% der Klasse der Genossenschaftsbauern, 15% der Schicht der Intelligenz, 1,8% den genossenschaftlichen Handwerkern und 1,7% den privaten Handwerkern, Kommissions- und Einzelhändlern u.a. (Weidig zit. nach Voigt 1998, 249). Doch innerhalb der großen Klasse der Arbeiter und der wachsenden Schicht der Intelligenz werden qualitative Veränderungen erkennbar: Zum einen entwickelt sich in den großen Industriekombinaten eine „Rationalisierungselite" höchstqualifizierter Facharbeiter, die in ihren Tätigkeiten nicht nur spezialisierte manuelle Fähigkeiten und umfassende technische Kenntnisse besitzen, sondern auch Entscheidungen beeinflussen können und müssen. Deren Verdienst liegt höher, ebenso ihr Ansehen und ihre Möglichkeiten, gehört zu werden. Zum anderen entsteht bei der Bedienung weitgehend automatisierter Produktionsanlagen ein „neues Proletariat" von un- und angelernten oder dequalifizierten Arbeitern (ebd.). Beide Gruppen von Arbeitern haben nur mehr wenig gemeinsam, vielmehr entsteht bei der Arbeiterelite ein neues Sozialprofil, das der Trennung in Hand- und Kopfarbeit nicht mehr entspricht. Auch in der Schicht der Intelligenz

zeigen sich Formen der Elitebildung und -förderung. Die kreative Leistungsspitze soll und darf sich durch Einstellungen, Verhaltensweisen unterscheiden und wird mit Privilegien bei den Arbeitsbedingungen, Wohnverhältnissen, Reisemöglichkeiten belohnt. Auf der anderen Seite wächst auch in dieser Schicht die Gruppe, die sich an ihrem Arbeitsplatz unterfordert fühlt und kaum Entscheidungsspielräume bei der Ausführung hat. Sie geraten in die soziale Nähe der bestqualifizierten Arbeiter.
Hinsichtlich ihrer Lebensführung folgten die Menschen also nicht einem einheitlichen sozialistischen Muster, sondern sie unterscheiden sich hinsichtlich ihres Freizeit- und Wohnverhaltens sowie im Bildungsverhalten und in ihrem Verhalten am Arbeitsplatz. Statt der erhofften Vereinheitlichung wird nun die Ausdifferenzierung auch in den Lebensweisen als Leistungsanreiz positiv gewürdigt. Zwar gilt die „gesellschaftlich nützliche Arbeit" weiterhin als Kernstück eines sinnerfüllten Lebens im Sozialismus, doch wird deutlich, daß die Differenzierungen in der „Nicht-Arbeitssphäre" bedeutsamer werden. Ende der 70er Jahre läßt sich für die jüngere Generation eine Hinwendung zu den Werten einer westlichen Konsumgesellschaft konstatieren. Hedonistisch-materielle Wertorientierungen (hoher Lebensstandard, Lebensgenuß, Macht und Einfluß als Ziele) leiteten die ideologische Abwendung vom Sozialismus ein. Im Vergleich zur westlichen Bundesrepublik setzt dieser Wertewandel 10 bis 15 Jahre, mindestens jedoch um eine Generation später ein.
In der sozialwissenschaftlichen Forschung werden verschiedene Gründe für den Zusammenbruch der DDR angeführt, u.a. die Diskrepanz zwischen der sozialistischen Demokratie als Verfassungsziel und der Wirklichkeit, die den Bürgerinnen und Bürgern so gut wie keine politischen Freiheiten ließ, mangelnde wirtschaftliche Effizienz, die verschiedene Ursachen hatte, Starrheit sowie Personenkult und mangelnder Realitätssinn der politischen Führung (Voigt 1998).
Es kommt augenfällig Bewegung in die Sozialstruktur, es lassen sich widersprüchliche Entwicklungen zu einer größeren Vielfalt an Lebensmöglichkeiten und individueller Entscheidungsfreiheit auf der einen Seite, größeren Risiken aufgrund von diskontinuierlichen Arbeits- und Beziehungsformen auf der anderen Seite erkennen. Seit Beginn der 80er Jahre wird daher in der Ungleichheitsforschung um folgende Fragen heftig gestritten: Bewegen wir uns in Richtung größerer Differenzierung und Abbau überkommener Ungleichheit? Haben wir es mit einem Strukturwandel zu tun? Ändern sich Ursachen von Ungleichheit so tiefgreifend, daß sich die Bevölkerung tatsächlich nach neuen Merkmalen gruppiert? Lassen sich diese

Veränderungen noch in einem Schichtkonzept abbilden oder wird es notwendig, neue Modelle zu entwickeln, um das veränderte Gefüge der Gesellschaft angemessen zu erfassen?

2.4 Kritik an herkömmlichen Schichtmodellen

Mitte der 80er Jahre charakterisieren Bolte und Hradil das Ungleichheitsgefüge der Bundesrepublik folgendermaßen: „eine durch mehrdimensionale Statusabstufungen, milieuspezifische Lebensstile, individualisierte Lebenskarrieren sowie durch spezifische Randgruppenerscheinungen differenzierte, mittelschichtdominante Wohlstandsgesellschaft" (1984, 359, im Org. mit Herv.). Diesem Fazit gehen Überlegungen voraus, daß die rein vertikale Abstufung in Oben, Mitte und Unten durchbrochen wird durch horizontale Differenzierungen („milieuspezifische Lebensstile") und von Statusinkonsistenzen vor allem in der breiten Mitte, die keine eindeutige Zuordnung eines Status mehr erlauben. Insbesondere das gleichzeitige Vorhandensein von Vor- und Nachteilen (wenn etwa hohe Bildung mit Erwerbslosigkeit einhergeht), führt dazu, daß vor allem in der Mittelschicht Lebensrealitäten zusammengefaßt werden, die tatsächlich wenig gemeinsam haben. Dann noch von „schichtspezifischen" Verhaltensweisen zu sprechen, wird als unangemessen empfunden.

Wenn nun die bewährte vertikale Dreiteilung der Gesellschaft zu grob wird, bieten sich diffizilere Abgrenzungen an, wie sie Bolte und Hradil selbst vorgenommen hatten (Siehe 2.2.3). Hier wiederum stellt sich das Problem, daß Grenzziehungen wie zum Beispiel zwischen oberer Unterschicht und unterer Mittelschicht wiederum Gruppen „zerreißen" können, die durchaus soziale Lebenswelten teilen.

Je weniger Kontinuität private Lebensformen, beruflicher Status und Beschäftigungsverhältnisse aufweisen, je häufiger innerhalb eines Lebenslaufs ein Status „transitorisch" wird, das heißt als vorläufig oder vorübergehend erlebt wird, (von der Schülerin zur Studentin zur Erwerbstätigen zur Hausfrau und zur alleinerziehenden Erwerbstätigen in einem anderen Berufsfeld), desto inkonsistenter wird der Status. Damit kann auch immer weniger vom aktuellen Status auf die Mentalität und Identität von Individuen und Gruppen geschlossen werden. Auch die „plausiblen Annahmen", mit denen Menschen ohne eigenen Erwerbsstatus (als Haushaltsmitglieder, als Studierende, als Arbeitslose, als Rentner) in das Schichtmodell integriert wurden, werden dadurch fragwürdig.

Schließlich wird das Leben vieler Menschen immer häufiger (zumindest zeitweise) entscheidend geprägt durch wohlfahrtsstaatliche Interventionen. Dieser Aspekt wird in Schichtmodellen weitgehend vernachlässigt. Hier stellt sich die Frage, ob diese Abhängigkeit von Transferleistungen einen eigenen Status schafft, etwa sog. „Versorgungsklassen" (Lepsius 1979, 179) der von den politisch bestimmten Zugangsbedingungen zu den Versorgungssystemen abhängt. Zumindest sind Wirkungen zu erwarten, die quer zur vertikalen Verteilung anderer Ressourcen verlaufen können.
Viele dieser Probleme werden von den Schichttheoretikern selbst gesehen und es gibt durchaus Versuche, sie innerhalb eines modifizierten Konzepts aufzunehmen. Einen anderen Weg beschreiten Ungleichheitsforscher, die Schichtmodelle in ihrer grundlegenden Konstruktion als nicht mehr angemessen für die Analyse der veränderten Sozialstruktur einschätzen und daher für neue Modelle plädieren.

2.5 Das Modell einer dynamisch pluralisierten Schichtstruktur

Der Wandel der Sozialstruktur und seine Bedeutung für das Schichtmodell sozialer Ungleichheit sind seit den 80er Jahren das Schwerpunktthema von Rainer Geißler. Trotz der Pluralisierung und Differenzierung in vielen Lebensbereichen geht er davon aus, daß sich die grundlegenden Zuweisungskriterien sozialer Ungleichheit nicht soweit verändert haben, als daß das Schichtmodell aufgegeben werden müßte. Ihn interessiert gerade das Fortbestehen der „alten" Ungleichheitsstrukturen im Wandel. Daher bemüht er sich um die Reform und Ergänzung des überkommenen Schichtmodells, wobei er sich theoretisch ausdrücklich an die lange Zeit vernachlässigten Überlegungen Geigers (1.3) anlehnt. Er setzt sich bei der Erneuerung des Schichtmodells v.a. mit folgenden Kritikpunkten auseinander: Mit der Bedeutung der Schichtdeterminanten (Beruf, Bildung und Einkommen) im Vergleich zu anderen Zuweisungskriterien sozialer Ungleichheit, mit der Frage der Schichtgrenzen und mit den angenommenen Auswirkungen von Schichtzugehörigkeit auf Verhaltensweisen und Handlungsziele. Er betont den Modellcharakter von Ungleichheitskonzepten, die nicht einfach die Wirklichkeit abbilden, sondern durch Vereinfachung die wesentlichen Strukturen des Gefüges sozialer Ungleichheit erkennbar machen sollen (1994^2, 73).

2.5.1 Ursachen sozialer Ungleichheit in der dynamisch pluralisierten Schichtstruktur

Die dominanten Zuweisungskriterien sozialer Lebenschancen sind nach Geißler (1992, 69) weiterhin Beruf und Bildung. Andere Kriterien, wie Alter, Geschlecht, Nationalität oder Region spielen eine bedeutsame, im Vergleich zu Beruf und Bildung jedoch untergeordnete Rolle bei der Verteilung von Ressourcen. Diese Dominanz der vertikalen Verteilung gegenüber anderen Kriterien, die „quer" zu Schichtgrenzen verlaufen, begründet er empirisch: In zentralen Lebensbereichen, wie Arbeit, Bildung, Herrschaft, Gesundheit sind Lebenschancen erheblich von der Berufsposition und dem Bildungsniveau abhängig (Geißler 1994², 30/31). Schichtspezifische Ungleichheiten sind seiner Meinung nach weniger leicht abzubauen als andere Ungleichheitsmechanismen. Dies kann er allerdings nur an Einzelbeispielen nachweisen: So sei im allgemeinen Bildungssystem die Geschlechterungleichheit weitgehend beseitigt worden, während die schichtspezifische Ungleichheit der Bildungschancen weiterbesteht (Geißler 1996, 325). Diese Resistenz, das heißt Unveränderbarkeit der vertikalen Struktur führt er auf ihre „meritokratische" Legitimation zurück: Da Unterschiede im Berufsstatus und im Qualifikationsniveau als Ausdruck individueller Leistungsbereitschaft und -fähigkeit gelten, werden sie teilweise sogar gewünscht bzw. weniger kritisiert (Geißler 1994², 21).
Zwischen Berufsposition und Bildung sieht er einen engen Zusammenhang. Er geht davon aus, daß die Bedeutung von Bildung als Zuweisungskriterium größer wird. Das Bildungsniveau ist nicht nur eine wichtige Zugangsvoraussetzung für bestimmte Berufspositionen, sondern auch eine Ressource, die maßgeblich die individuellen Fähigkeiten beeinflußt, mit der eigenen Soziallage umzugehen. Da durch die Veränderungen in der Arbeitswelt langfristig die zeitliche und inhaltliche Bedeutung des Berufs zurückgehen wird, nimmt auch sein Einfluß auf die Mentalität und den Lebensstil ab. Geißler spricht von einer „Entökonomisierung" des Schichtgefüges (a.a.O. 23).
Indem er sich auf die immer noch dominanten Zuweisungskriterien beschränkt, gibt Geißler ausdrücklich den Versuch auf, das komplexe Ungleichheitsgefüge in seinen Ursachenbündel *vollständig* zu analysieren (ebd. 18).

2.5.2 Erscheinungsformen sozialer Ungleichheit im dynamisierten Schichtgefüge

Die Abstufungen der Schichtpositionen zeigt Geißler an zahlreichen empirischen Daten aus dem Bereichen Arbeitsbedingungen, Teilnahme an Poli-

tik, Verwirklichung des Rechts auf Bildung, Krankheit und Gesundheit, Leben im Alter und Kriminalität und Bestrafung. Daß er sich dabei teilweise auf empirische Studien aus den 70er Jahren beziehen muß, führt er auf das mangelnde Interesse deutscher Ungleichheitsforscher an den „alten" Ungleichheitsstrukturen zurück. Ob er damit aber noch die soziale Realität der 90er Jahre erfaßt, bleibt zumindest fraglich.
Die typischen Unterschiede ergeben sich aus einem Zusammenspiel von typischen Soziallagen und typischen Einstellungs- und Verhaltensmustern der Schichtangehörigen, aber auch typischer Reaktionen anderer Gruppen auf bestimmte Schichtangehörige. Mit der Kennzeichnung als „typisch" will er darauf hinweisen, daß soziale Herkunft die Lebenschancen nicht festlegt, sie aber zusammen mit anderen Faktoren entscheidend beeinflußt.

> „Für das Arbeiterkind ist die typische Bildungschance die Hauptschule, für das Akademikerkind der Besuch eines Gymnasiums. Der Ausdruck „typisch" deutet jedoch gleichzeitig darauf hin, daß durchaus ein kleiner Teil der Arbeiterkinder die Realschule oder das Gymnasiums besucht und ein kleiner Teil der Akademikerkinder die Realschule bzw. die Hauptschule" (1994[2], 20).

Damit verbunden ist die Erfahrung, daß Abstufungen nach Schichtzugehörigkeit im Alltagsleben nur mehr relativ selten direkt wahrnehmbar sind. Die Vereinheitlichung der äußeren Lebensbedingungen (zum Beispiel die Ausstattung mit langlebigen Konsumgutern, Autos, Urlaubsmöglichkeiten) führt dazu, daß frühere Statussymbole ihren Wert als Erkennungszeichen verlieren. Häufig erschließt sich die Schichtstruktur erst aufgrund einer empirisch-theoretischen Analyse. So ist zum Beispiel das Fernsehgerät in den Wohnzimmern aller Schichten zu finden, aber der Umgang damit ist weiterhin stark schichtabhängig. Die Schichtstruktur wird zu einer auf den ersten Blick nicht mehr sichtbaren „Tiefenstruktur" der Gesellschaft. Damit verliert der Schichtbegriff zugleich seine empirische Anschaulichkeit und wird immer mehr zu einem „hypothetischen" Konstrukt (Geißler 1996, 333f). Auch werden nicht alle Ressourcen und Lebenschancen schichtspezifisch verteilt. Daraus leitet er folgende These ab: Die Wirkung der Schichtzugehörigkeit ist in verschiedenen Segmenten der Sozialstruktur gestaffelt. Wie in einem Modell konzentrischer Kreise gruppieren sich um stark schichtabhängige Sektoren Zonen mit mittlerer und schließlich schwacher Abhängigkeit oder schichtneutrale Bereiche. Im Bereich der politischen Teilhabe ist zum Beispiel die Teilnahme an der Bundestagswahl nahezu schichtneutral. Mittlere Abhängigkeit von der Schichtzugehörigkeit zeigen Formen wie die Teilnahme an Demonstrationen, Arbeit in einer Bürgerinitiative etc. Stark schichtabhängig ist die Repräsentanz in den politischen Institutionen (zum Beispiel Bundestag) (Geißler 1996, 334).

2.5.3 Die „soziale Landkarte“

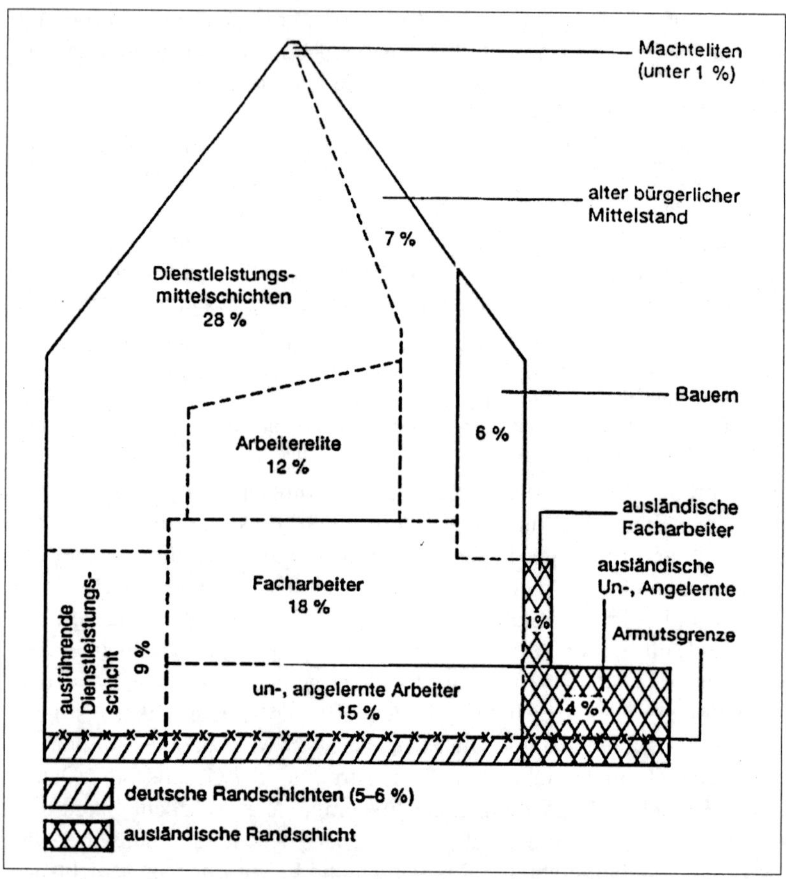

Auf der Grundlage von Daten des sozio-ökonomischen Panels (1984-1986) erstellt Geißler ein Abbild der Sozialstruktur der Bundesrepublik (West). Das wichtigste Kriterium bleibt die Berufsposition. Randschichten werden entlang der Sozialhilfegrenze bzw. aufgrund der nationalen Zugehörigkeit bestimmt (Geißler 1992, 79-196).

Die „soziale Landkarte“ präsentiert sich als ein ansehnliches, mehrstöckiges Haus (vgl. Abb. Geißler 1992, 76), in dem auch das Kellergeschoß nicht mehr so ungemütlich ist. Umschichtungen im Sozialgefüge werden erkennbar, die sich aufgrund quantitativer Verlagerungen (Zu- oder Abnahme) bzw. qualitativer Veränderungen (kollektive Auf-/Abstiege, Mentalitätsverände-

rungen oder Ähnlichkeiten) ergeben haben. Auffallend ist, daß Geißler das vertikale Muster des herkömmlichen Schichtmodells durchbricht und Schichten horizontal nebeneinander anordnet bzw. Schichten, die in sich sehr heterogen sind, über mehre Stockwerke des Hauses anordnet. Die Schichtgrenzen werden also undeutlicher: Die Durchgänge in die einzelnen Stockwerken und die Wände dort sind durchlässiger, was zum einen auf Auf- und Abstiegsbewegungen innerhalb, aber auch zwischen Schichten hindeutet. Die Pluralisierung von Lebenschancen und Handlungszielen führt dazu, daß schichttypische Lebensformen häufiger mit untypischen Lebensformen und Einstellungsmustern durchmischt sind. Die Zusammenhänge zwischen Soziallage und Mentalität und Lebensweise haben sich auch nach Meinung Geißlers gelockert. Daher spricht er von einer Tendenz zur Entschichtung, jedoch keineswegs von einer Auflösung von Schichten (a.a.O. 71).
Unter *Machteliten* werden diejenigen Personen gefaßt, die größten Einfluß auf wichtige gesellschaftliche, ökonomische, politische und kulturelle Entscheidungen haben und damit auch die Lebensmöglichkeiten anderer Gruppen lenken. Sie umfassen ca. 1% der Bevölkerung, und bestehen zu einem Drittel aus Politikeliten, 20% Wirtschaftseliten, 15% Staatsverwaltung, sowie Gewerkschaftsführern, Entscheidungsträgern in den Massenmedien und der Wissenschaft. Sie rekrutieren sich überwiegend aus den benachbarten Ober- und Mittelschichten und sind nach unten weitgehend abgeschlossen. Höchstes Bildungsniveau (Hochschulabschluß) ist kennzeichnend. Frauen haben weiterhin wenig Zugang.
Der *alte Mittelstand* (7%) umfaßt vor allem die Selbständigen, die über eigene Betriebsmittel verfügen und auf eigene Rechnung Waren und Dienstleistungen herstellen. Dazu zählen selbständige Handwerker und Händler, Unternehmer, Ärzte, aber auch der erfolglose freischaffende Künstler, die Änderungsschneiderin, der Besitzer eines unrentablen „Tante-Emma-Ladens". Der alte Mittelstand umfaßt eine sehr heterogene Soziallage, doch jeder zweite Angehörige dieser Schicht zählt zu den Wohlhabenden und Reichen. Diejenigen (7%), die an der Armutsgrenze leben, sind häufig Selbständige aus Not, suchen einen Ausweg aus der Arbeitslosigkeit. Dies vor allem hat dazu geführt, daß die Schrumpfung dieser Schicht zum Stillstand gekommen ist. Dahinter verbirgt sich eine hohe Fluktuation: ca. 300.000 gründen jedes Jahr eine selbständige Existenz, fast ebenso viele geben auf.
Die *Bauern* sind heute auf eine kleine Minderheit von 6% zusammengeschrumpft. Dies geschah zumeist über den Generationswechsel. Gleichzeitig ist auch ihr Sozialprestige stark gesunken. Bauern zählen ebenfalls zu

den Selbständigen, verfügen also über Grund- und Betriebsvermögen. Doch nur ca. die Hälfte von ihnen sind Vollerwerbsbauern. Ihre Einkommensentwicklung hinkt hinter der anderer Selbständiger her; die Einkommenslage ist sehr verschieden, etwa ein Viertel lebt von der Substanz. Insbesondere lange Arbeitszeiten und körperliche anstrengende Arbeit kennzeichnet ihren Arbeitsalltag. Freizeit, insbesondere Urlaubszeiten sind stark begrenzt. Die Subventionsabhängigkeit v.a. vermittelt den Bauern das Bewußtsein einer untergehenden Kultur.

Die *Dienstleistungsmittelschichten* sind durch den Übergang zur industriellen Dienstleistungsgesellschaft und durch die Verwissenschaftlichung und Professionalisierung der Erwerbsarbeit stark angewachsen (28%). Sie umfassen ca. zwei Drittel aller Angestellten (mittlere und leitenden) und die Mehrzahl der Beamten. Auch deren Zahl ist durch die Entwicklung des Wohlfahrtsstaates und die Bildungsexpansion angewachsen. Sie besetzen qualifizierte Arbeitsplätze mit hohen Anforderungen an fachliche Kenntnisse und kommunikative Fähigkeiten. Angestellte arbeiten in den Planungs-, Entwicklungs- und Marketingabteilungen von Industriebetrieben, in den Kunden- und Innendiensten von Banken und Versicherungen, im Erziehungs- und Sozialwesen. Beamte neben den klassischen Einsatzbereichen auch in der Wissenschaft, Bildung, Kultur. Ihre Tätigkeiten ermöglichen einen höheren Grad an Autonomie in der Ausführung und Abwechslung im Vergleich zu Arbeitsplätzen von ausführenden Angestellten und bieten auch die besseren Einkommenschancen. Die Mentalitäten sind eher heterogen: Angestellte zeigen sich individuell-karriereorientiert, Beamte noch eher laufbahn- und sicherheitsorientiert.

Die *ausführende Dienstleistungsschicht* (9%) umfaßt Angestellte mit einfachen Tätigkeiten und Beamte des einfachen Dienstes: zum Beispiel Verkäuferinnen, Schreibkräfte, BriefträgerInnen. Im Handel und im Büro sind sie von der Polarisierung in Dienstleistungssektor betroffen, das heißt durch die Einführung von EDV sind ihre Arbeitsbedingungen verschlechtert, die Qualität der Tätigkeiten verringert worden. Das hat auch zu einer Abnahme des Sozialprestiges unter das von Facharbeiterberufen geführt. Obwohl von den Einkommens- und Arbeitsbedingungen her die Grenzen zu den Arbeitern verschwimmen, rechnen sie sich selbst zur Mittelschicht.

Die Schicht der *Arbeiter* hat sich zahlenmäßig verringert, seit Mitte der 70er Jahre gibt es mehr Angestellte als Arbeiter. Zugleich kam es zu einer Entproletarisierung der Arbeiterschaft: Die *Arbeiterelite* (12%) der Meister und Vorarbeiter profitierte von der Technisierung und Automatisierung der Produktion. Ihre Arbeitsbedingungen ähneln eher denen der Dienstlei-

stungsmittelschichten als denen anderer Arbeiter, sie verdienen auch mehr Geld und haben sicherere Arbeitsplätze. Ihre Mittelschichtorientierung zeigt sich v.a. in den Bildungsaspirationen für ihre Kinder, denen zum größten Teil auch der Wechsel aus der Arbeiterschicht gelingt. Die *Facharbeiter* (18%) sind im Lebensstandard der ausführenden Dienstleistungsschicht vergleichbar und unterscheiden sich darin deutlich von den *un- und angelernten Arbeitern* (15%). Diese bilden die Grundschicht am unteren Rand, unterliegen der Gefahr sozialer Ausgrenzung, da sie nicht nur ein hohes Arbeitsplatzrisiko tragen, sondern auch belastende Arbeitsbedingungen und starke Kontrollen erleben. Ihre Distanz zu höheren Bildungseinrichtungen, in denen ihre Kinder auch größeren Vorurteilen ausgesetzt sind, ist weiterhin stark. Aufgrund mangelnder Aufstiegs- und Bildungschancen kommt es zu einer sozialen „Vererbung" der Benachteiligungen.
Ausländer (rund 8%) stellen aufgrund der nationenspezifischen Unterschiede eine heterogene Gruppe dar: Zu den Dienstleistungsmittelschichten gehören die westeuropäischen und nordamerikanischen Ausländer, doch ca. 60% der Ausländer sind un- und angelernte Arbeiter und damit am untersten Rand der Schichtungshierarchie angesiedelt. Nach Meinung Geißlers kommt es zu einer „Unterschichtung" der deutschen Sozialstruktur, da arbeits- und aufenthaltsrechtliche Einschränkungen zu einer Verunsicherung ihres sozialen Status und ihrer Teilhaberechte führen. Sie sind besonders benachteiligt, was Verdienst, Arbeitsplatzsicherheit, Wohnungsversorgung und Bildungschancen anbelangt und sind sozialer Diskriminierung und der Gefahr der Isolierung ausgesetzt.
Die *deutschen Randschichten* (6%) werden durch die wachsende, von hoher Fluktuation gekennzeichnete Armutspopulation gebildet: zum Beispiel Langzeitarbeitslose, alleinerziehende Frauen, kinderreiche Familien, Obdach- und Wohnungslose. Der Anstieg ist bedingt durch die Arbeitslosigkeit, durch Lücken im Netz der sozialen Sicherung, und durch die Brüchigkeit der Familie. Der Abstand zur Mitte wird größer, dadurch wird die Randständigkeit verschärft. Es häufen sich in dieser Soziallage erhebliche Benachteiligungen: Wirtschaftliche Defizite, soziale Diskriminierung, Isolation, die Teilhaberechte am sozialen und kulturellen Leben sind eingeschränkt. Die Randschichten sind sehr inhomogen, gemeinsam ist allen, daß sie sich außerhalb des Erwerbslebens, dem Kernbereich der Industriegesellschaft befinden. Daher sind sie auch zu schwach, ihre Interessen zu vertreten, weil sie nicht mit Leistungsverweigerung drohen können.

2.5.4 Fallbeispiel: „Horst Schubert, Friseur“

Horst Schubert wurde als fünftes Kind in eine Familie hineingeboren, die seit Generationen Geflügelaufzucht und -handel betreibt. Seit dem 5. Lebensjahr arbeitete er als Stalljunge in einem Gutshof und lernte dort auch das Reiten. Hier knüpfte er als zehnjähriger bereits Kontakt zu seiner späteren Chefin, einer Friseurmeisterin. Er besuchte die Hauptschule und beendete sie mit dem qualifizierenden Abschluß. Er absolvierte eine Friseurlehre, bildete sich weiter zum Meister und machte auch den betriebswirtschaftlichen Abschluß des Handels. Heute arbeitet er als Trainer in einer privaten Friseurschule. Hier bildet er Friseurinnen und Friseure fort bzw. qualifiziert sie für den Wiedereinsteig in den Beruf.

Zwei Tage in der Woche arbeitet er in einem Salon in einem Stadtteil, in dem vergleichsweise hoch qualifizierte und begüterte Kundinnen und Kunden sich frisieren lassen.

Seine Stellung als Mann in einem ‚Frauenberuf‘ hat Herr Schubert persönlich immer als positiv erlebt: Seiner Ansicht nach war er als Ausnahmepersönlichkeit eher anerkannt.

In seiner Fort- und Weiterbildungstätigkeit ist er im Prinzip als Meister anweisungsberechtigt, pflegt jedoch einen kollegialen Führungsstil, der die Mitarbeiterinnen und Mitarbeiter sich entwickeln läßt. Allerdings legt er Wert darauf, daß die handwerkliche Kunst nicht in der reinen Schnitttechnik aufgeht, sondern der Persönlichkeit der jeweiligen Kundin angemessen ist. Für ihn steht die Beschäftigung mit der Persönlichkeit des Kunden im Mittelpunkt.

In seiner Freizeit reitet Herr Schubert, schwimmt und treibt Krankengymnastik.

Er ordnet sich selbst im gesellschaftlichen Oben an; der Umgang mit hochqualifizierten Kunden, die ihn privat einladen oder ihm Premierenkarten zukommen lassen, führt er im Gespräch als Begründung an.

Für seine berufliche Zukunft plant Herr Schubert eine Tätigkeit als Stilist in der Filmbranche und einen Salon, den er in einer großen Altbauwohnung zusätzlich betreibt. Dort möchte er dann für seine Stammkunden weiterhin arbeiten.

Fragen:

Wie würden Sie Herrn Schubert in das Hausmodell von Rainer Geißler einorden?

Was ist das Charakteristische an seinem Beruf?

Wenn Herr Schubert seine Zukunftspläne verwirklichen kann, mit welchen wesentlichen Änderungen in seinen Lebensbedingungen muß er sich dann auseinandersetzen?

2.5.5 Die Bedeutung für die Soziale Arbeit

Das Konzept der dynamisierten Schichtstruktur ermöglicht v.a. den Blick für die Beharrlichkeit „alter" Ungleichheitsformen und damit eine sozialkritische Einschätzung der oberflächlich beeindruckenden Vielfalt von Lebensmöglichkeiten. Es macht darauf aufmerksam, daß der äußere Augenschein alleine nicht mehr genügt, um auf die Ressourcenlage und die Mentalität von Betroffenen zu schließen. Dies ist nur mehr an den oberen und unteren Rändern der Sozialstruktur möglich. Geißlers Konzept der Staffelung von Schichteinflüssen auf die Lebensbedingungen und das soziale Handeln könnte die Basis für eine differenzierte Erfassung der Lebenssituation von Klientinnen und Klienten bieten und vorschnelle schichtspezifische Zuschreibungen verhindern. Zum ersten Mal werden ausländische Gesellschaftsmitglieder in ein Schichtungsgefüge eingetragen. Ihre Positionierung macht zumindest aufmerksam auf ihre spezifische Randlage in der deutschen Gesellschaft (vgl. dazu Kap. 5).

2.6 Das Konzept der „sozialen Lage"

Anfang der 80er Jahre entwickelte Stefan Hradil ausdrücklich eine „Alternative" zu schichtungssoziologischen Ungleichheitsmodellen (1983, 103), die seiner Meinung nach Veränderungen sowohl der Ursachen wie der Erscheinungsformen sozialer Ungleichheit nicht mehr angemessen erfassen: das Konzept der *sozialen Lage*. Darunter versteht er die „gruppenspezifische Bündelung von strukturellen Lebensbedingungen", das heißt „die spezifische Kombination jeweils vorteilhafter und nachteiliger Lebensbedingungen" (Hradil 1983, 112). In diesem Konzept geht es nicht mehr darum, zu klären, wie sich bestimmte Ressourcen (zum Beispiel Einkommen, Bildung) über die Bevölkerung verteilen. Hradil analysiert statt dessen, wie sich für verschiedene Gruppen unterschiedliche Vor- und Nachteile einer Lebenslage zu einer besonderen Gestalt verbinden. Diese „Konfiguration" ist das kennzeichnende einer sozialen Lage. Damit will er das Problem der

Statusinkonsistenz (siehe 2.4), das viele Mittellagen kennzeichnet, als empirisch reale Erfahrung vieler Menschen angemessen berücksichtigen. Während es in Schichtmodellen eine eindeutige Zuordnung zu Schicht erschwerte, kann das jeweilige Zusammentreffen von Vor- und Nachteilen nun gerade als typisch für eine „soziale Lage" begriffen werden. Zusätzlich berücksichtigt er „neue" Determinanten von Ungleichheit, die bisher vernachlässigt wurden.

2.6.1 Ursachen sozialer Ungleichheit

Hradil definiert soziale Ungleichheit als „gesellschaftlich hervorgebrachte, relativ dauerhafte Lebensbedingungen, die es bestimmten Menschen besser und anderen schlechter erlauben, so zu handeln, daß allgemein anerkannte Lebensziele für sie in Erfüllung gehen" (1987, 9, i. O. mit Herv.) Diese Vorstellungen eines „guten Lebens" haben sich in den letzten Jahrzehnten erweitert. Sie beziehen sich nicht mehr nur auf die Befriedigung der Bedürfnisse nach Wohlstand, Erfolg und Macht, die in den Schichtmodellen mit den Dimensionen Geld, Bildung, Prestige, Einfluß berücksichtigt werden. Sie gehen weit darüber hinaus. Es entwickelten sich neue Vorstellungen von Wünschenswertem (Werte) und damit auch von der Nutzung der verfügbaren materiellen Ressourcen (Lebensstile) (Hradil 1992). Das Verlangen nach Sicherheit, Entlastung, Gesundheit und Partizipation hat einerseits zugenommen, wird andererseits immer mehr durch staatliches Handeln gestaltet.

Ein Teil der Lebensbedingungen von Menschen wird nicht mehr nur durch die Position im Erwerbsbereich geprägt, sondern durch wohlfahrtsstaatliches Handeln. Soziale Sicherung (bei Arbeitslosigkeit, Invalidität, Krankheit, Alter) und der Zugang zu gesellschaftlicher Infrastruktur (Bildungs-, Verkehrs-, Kultureinrichtungen) werden politisch gestaltet. Dies gilt nicht nur für die Art und die Höhe der Absicherung (Transferzahlungen, Einrichtungen), sondern auch für die Zugangsregelungen. Dadurch kann der Staat selbst zur „Erzeugung" benachteiligter Lebenslagen beitragen: Zahlreiche Frauen sind zum Beispiel in ihrem Lebensabend armutsgefährdet, weil die Rente nach den meist niedrigeren Einkommen berechnet werden. Diese „neuen" Dimensionen wirken beständig auf die Lebensverhältnisse ein, ohne daß der einzelne sie tiefgreifend verändern könnte.

Neben wohlfahrtsstaatlichen Dimensionen entwickelten sich im Zuge der Modernisierung neue soziale Ursachen von Ungleichheit, weil Bedürfnisse nach Kommunikation, Integration, Selbstverwirklichung und Emanzipation immer größere Bedeutung für bestimmte Gruppen erhalten. Freizeitbedingungen, soziale Beziehungen (zum Beispiel mit Verwandten, Kollegen, Nachbarn) und Ungleichbehandlung (Diskriminierung und Stigmatisierung) bestimmen zunehmend in vorteilhafter oder nachteiliger Weise die Lebensbedingungen von Menschen. Dabei geht es weniger um Quantitäten, sondern um die ungleiche Qualität von Bedingungen. Zu beachten ist auch, daß zugeschriebene Merkmale wie Alter, Geschlecht, Nationalität ihre Ungleichheit erzeugende Wirkkraft behalten haben. Vor allem im Nahbereich sind zugeschriebene Merkmale heute oft deutlicher spürbar als Schichtgrenzen. Hier handelt es sich nicht um „neue", aber mit den veränderten Ansprüchen neu entdeckte Ursachen sozialer Ungleichheit.

Auch in einem weiteren Punkt bricht Hradil mit den Prinzipien von Schichtmodellen: Die verschiedenen Dimensionen sozialer Ungleichheit (ob alt oder neu) sind nicht für alle Gesellschaftsmitglieder gleich wichtig, zum Beispiel ist soziale Sicherheit für Bedürftige wichtiger als für Reiche. Manche wirken nicht in allen Lebensbereichen und mit dem gleichen Gewicht. Er unterstellt daher auch nicht mehr, daß gleiche Bedingungen für alle Betroffenen gleiche Bedeutungen haben müssen: Der schmale Geldbeutel spielt zum Beispiel eine weniger wichtige Rolle, wenn er als vorübergehend angesehen werden kann (etwa für Studierende), dagegen hat diese finanzielle Minderausstattung für eine junge Familie ein viel stärkeres Gewicht bei der Bestimmung ihrer sozialen Lage.

Eine soziale Lage ist also durch eine größere Vielfalt der Dimensionen sozialer Ungleichheit bestimmt, die nicht nur Ressourcen (Einkommen, Wissen, Macht) berücksichtigt, sondern auch äußere Lebensumstände, die passiv auf die Erreichung allgemeiner Lebensziele einwirken (Hradil 1987, 151ff.).

Mit dieser Erweiterung und Gewichtung der Dimensionen sozialer Ungleichheit will Hradil die Differenzierung im sozialen Gefüge erfassen. Sie zeigt sich in den relativ gut gestellten Mittellagen als unterschiedliches Nebeneinander von Vor- und Nachteilen (zum Beispiel Facharbeiter mit relativ hoher Arbeitsplatzsicherheit aber Schichtarbeit; Akademiker mit hohem Bildungsabschluß, aber Zeitverträgen). Doch auch in den sog. Randgruppen, in denen es zu einer Anhäufung von Nachteilen kommt, lassen sich die unterschiedlichen Kombinationen von Problemaspekten deutlicher erfassen (zum Beispiel Einkommensarmut im Verbund mit Obdachlosigkeit; schlechte Wohnversorgung trotz ausreichendem Einkommen aufgrund von Diskriminierung bei Ausländern). Welche Wirkungen eine Unterversorgung oder ein Mangel hat, entscheidet sich erst im Kontext der zusätzlichen

Bedingungen der Lage. Damit ermöglicht das Konzept eine viel umfassendere und realitätsnahe Information über die relevanten objektiven Handlungsbedingungen bestimmter Gruppen. Objektive Faktoren sind solche, die unabhängig davon, ob wir sie wahrnehmen und nutzen, unsere Handlungsmöglichkeiten beeinflussen.
Allerdings kann die Wahrnehmung sozialer Lagen durch die Betroffenen in diesem Konzept, das nur die objektiven Lebensbedingungen erfaßt, nicht erschlossen werden. In diesem Zusammenhang verweist Hradil auf das Konzept der „sozialen Milieus" (vgl. Kap. 3.), worunter er Gruppierungen versteht, die nicht nur Lebensbedingungen teilen, sondern auch innere Haltungen gegenüber diesen Bedingungen, so daß gemeinsame Lebensstile entstehen (Hradil 1987, 11f).

2.6.2 Erscheinungsformen sozialer Ungleichheit

Jede soziale Lage ist gekennzeichnet durch eine spezifische Konfiguration (Anordnung) objektiver Faktoren, die auf die Verwirklichung von Lebenschancen einwirken. Für die Bestimmung ungleicher Lebensbedingungen berücksichtigt Hradil Faktoren aus dem Erwerbsbereich, dem staatlichen und dem sozio-kulturellen Bereich. Dabei handelt es sich sowohl um sog. „alte" (zum Beispiel Berufsposition, Bildung) als auch „neue" Dimensionen (soziale Sicherheit, Freizeitbedingungen), materielle wie immaterielle Faktoren. Doch eine ‚soziale Lage' stellt keine bloße Addition dieser Faktoren dar, sondern sie wird durch das unterschiedliche Gewicht und die Beziehungen der einzelnen Lebensbedingungen untereinander geprägt und unterscheidet sich gerade darin von anderen Lagen.
Gekennzeichnet wird die Lage durch einen dominanten Faktor, der in besonders starker Ausprägung vorhanden ist. Das kann die besondere Ressource sein oder das primäre Risiko, die bedeutendste Belastung. Dieser primäre Faktor bestimmt auch die Einflußstärke anderer, sekundärer Faktoren (Hradil 1987, 152). Daraus läßt sich ermessen, welche Faktoren zur Kennzeichnung einer Lage eher unwichtig sind.
Für einen sehr reichen Menschen sind zum Beispiel weder Arbeitsbedingungen, Leistungen des sozialen Netzes, Wohnbedingungen oder staatliche Infrastrukturleistungen besonders wichtig, um seinen Handlungsspielraum zu kennzeichnen: Wohlstands- und Sicherheitsziele kann er mit Geld befriedigen, Wohnumwelt kann er auch per Kauf gestalten etc. Allerdings ist es nicht unerheblich, ob er als anerkanntes Mitglied der Gesellschaft lebt oder als „Mafioso" gemieden wird.

Die jeweils dominierenden Lebensbedingungen bilden den Ausgangspunkt für die Unterscheidung einzelner sozialer Lagen. Die Kombinationen von primären Dimensionen der sozialen Lage und sekundären Dimensionen treten typischerweise in einer gewissen Bandbreite auf: Ein hoch qualifizierter Arbeitnehmer wird zum Beispiel selten in einem abbruchreifen Haus leben. Daher bestimmen sie, welche Kompensationsmöglichkeiten oder auch Kumulationseffekte in einer bestimmten sozialen Lage gegeben sind.

2.6.3 Die „soziale Landkarte"

Das Konzept der Sozialen Lage läßt zwei Perspektiven zu: Einmal quasi eine Weitwinkel-Perspektive auf das Gesamtgefüge der Gesellschaft, zum anderen kann man wie durch ein Teleobjektiv spezielle Lagen auch ganz „nahe" heranholen.

„Soziale Lagen in der Bundesrepublik Deutschland (West)*

Name der Lage	*Primäre Dimensionen der Lage und ihre Ausprägung*	*Sekundäre Dimensionen der Lage und ihre Asuprägung*
Macht-Elite	Formale Macht 1	Geld 1-2 Formale Bildung 1-2 Prestige 1-2
Reiche	Geld 1	Formale Bildung 1-3 Prestige 1-2 Formale Macht 1-3
Bildungselite	Formale Bildung 1	Geld 2-3 Prestige 1-2 Formale Macht 2-3
Manager	Formale Macht 1	Geld 1-2 Formale Bildung 1-2 Prestige 2 Arbeitsbedingungen 2-4 Freizeitbedingungen 2-4
Experten	Formale Bildung 2	Geld 1-3 Prestige 2-3 Formale Macht 2-4 Arbeitsbedingungen 2-4 Freizeitbedingungen 2-4

Name der Lage	*Primäre Dimensionen der Lage und ihre Ausprägung*	*Sekundäre Dimensionen der Lage und ihre Asuprägung*
Studenten	Formale Bildung 3	Geld 3-5 Arbeitsbedingungen 1-3 Freizeitbedingungen 1-3
„Normalverdiener" mit geringen Risiken	Geld 3-4 Risiken 1-2	Formale Bildung 3-4 Prestige 3-4 Formale Macht 3-4 Arbeitsbedingungen 1-3 Freizeitbedingungen 1-2 Wohnbedingungen 2-3
„Normalverdiener" mit mittleren Risiken	Geld 3-4 Risiken 3-4	Formale Bildung 3-4 Prestige 3-4 Formale Macht 3-4 Arbeitsbedingungen 2-4 Freizeitbedingungen 2-4 Wohnbedingungen 2-4 Soziale Absicherung 2-4
„Normalverdiener" mit hohen Risiken	Geld 3-4 Risiken 5-6	Formale Bildung 4-5 Prestige 4-5 Formale Macht 4-5 Arbeitsbedingungen 3-5 Freizeitbedingungen 2-4 Wohnbedingungen 3-4 Soziale Absicherung 3-5
Rentner	Geld 2-4 Soziale Rollen 4-5	Prestige 4 Soziale Absicherung 3-5 Wohnbedingungen 2-5 Demokratische Institutionen 4-5 Soziale Beziehungen 3-5
Arbeitslose (langfristig)	Geld 4-5 Risiken 5-6	Formale Bildung 4-5 Prestige 4-5 Soziale Absicherung 4 Wohnbedingungen 2-5 Demokratische Institutionen 4-5 Soziale Beziehungen 3-5 Soziale Rollen 4-5

Name der Lage	*Primäre Dimensionen der Lage und ihre Ausprägung*	*Sekundäre Dimensionen der Lage und ihre Asuprägung*
Arme (keine Erwerbspersonen)	Geld 6	Prestige 5 Soziale Absicherung 4-5 Freizeitbedingungen 3-5 Wohnbedingungen 4-5 Demokratische Institutionen 4-5 Soziale Beziehungen 3-5
Randgruppen	Diskriminierung 5-6	Geld 3-5 Formale Bildung 4-5 Soziale Absicherung 3-5 Wohnbedingungen 3-6 Demokratische Institutionen 4-6 Soziale Rollen 4-6

* nach Hradil 1987, S. 154ff.

Auf Grundlage von Umfragedaten aus den Jahren 1978, 1980 und 1982 entwickelt Hradil eine Typologie von 13 sozialen Lagen. (Abb. nach Hradil 1987, 154ff.): Machtelite, Reiche, Bildungselite, Manager, Experten, Studenten, Normalverdiener mit geringen, mittleren und hohen Risiken (der Arbeitslosigkeit und Armut), Rentner, (langfristig) Arbeitslose, Arme (ohne Erwerbsposition), Randgruppen. Die positive oder negative Ausprägung der Lebensbedingungen wird durch die Skala 1 (= sehr gut) bis 6 (= sehr schlecht) bezeichnet. Die Übersicht zeigt, daß sich mit dem Modell auch Gruppen erfassen lassen, die (noch) keinen bzw. keinen Erwerbsstatus (mehr) haben. Deren Kombinationen von Lebensbedingungen werden v.a. durch die Bedingungen sozialer Sicherung, des Wohnens, der sozialen Integration gekennzeichnet. Sie prägen ihre Lage viel eindeutiger als die der Lage von Erwerbstätigen. Diese wiederum werden primär noch durch (verschiedene) „alte" Dimensionen bestimmt, wie sie auch Schichtkonzepte verwenden.

Hradil erstellt kein Lagebild aus dem ersichtlich wird, wie groß diese 13 Lagen sind und wie sie einander zugeordnet sind. Er betont jedoch ausdrücklich, daß Soziale Lagen nicht in jedem Fall einander über- bzw. untergeordnet sein müssen und sich dennoch ungleiche, das heißt bessere oder schlechtere Lebensbedingungen aufzeigen lassen. Der „Überblick" zeigt, daß es Gruppierungen von Menschen gibt, die typische soziale Handlungskontexte miteinander teilen. Diese jeweils typischen Kombinationen von Lebensbedingun-

gen werden erkennbar, nicht mehr einfach nur die graduell unterschiedliche Ausstattung von Gruppen mit einzelnen wichtigen Ressourcen. Das Bild der Differenzierung, das heißt der Vielfalt ist jedoch durchaus strukturiert, wird als Gefüge von ungleichen Lebensmöglichkeiten erkennbar, die es Menschen besser oder schlechter erlauben, ein „gutes Leben" zu führen. Es bildet sich eine neue Gesamtstruktur ab: Strukturtypisch ist das Gegenüber einer Mittelzone, die die große Bevölkerungsmehrheit umfaßt, relativ gutgestellte, in sich jedoch sehr differenzierte Lebenslagen (mit Vor- und Nachteilen) umfaßt und von Problemgruppen, deren Lebensbedingungen jedoch ebenfalls unterschiedliche Anhäufungen und Kombinationen von Nachteilen aufweisen. Der Strukturbruch erfolgt entlang der Zugehörigkeit zum Kernbereich der „Arbeitsgesellschaft", dem Erwerbsbereich. Lebensbedingungen all jener Gruppen, die nicht mehr, noch nicht oder nicht dauerhaft im Erwerbsleben integriert sind, werden sehr viel stärker durch wohlfahrtsstaatliche Regelungen und durch Einflüsse aus sozialen Handlungsbezügen (Integration, Partizipation, Diskriminierung) geprägt.
Das Konzept der Sozialen Lage läßt sich auch flexibel auf ganz spezielle Gruppierungen beziehen (a.a.O., 153), zum Beispiel alleinerziehende Mütter, ostdeutsche Landarbeiterinnen. Dies ermöglicht v.a. dort genaueren Aufschluß über unterschiedliche Lebensbedingungen, wo eine Schichtperspektive nur Statusgleichheit (der Berufsposition, des Einkommens, der Bildung) erkennen läßt (Hradil 1990, 90f).

2.6.4 Fallbeispiel: „Frau Zürich, alleinerziehende Mutter"

Frau Zürich lebt 1989 in einer norddeutschen Großstadt. Sie ist 38 Jahre alt und seit 10 Jahren geschieden. Sie hat zwei Kinder, eine Tochter im Alter von 14 Jahren und einen Sohn mit 11 Jahren. Als ihre Tochter geboren wurde, unterbrach Frau Zürich ihre Erwerbstätigkeit. Ihr Sohn kam behindert zur Welt (Spastiker). Er besucht zur Zeit eine Ganztagsschule für körperbehinderte Kinder, ihre Tochter geht in die Orientierungsstufe einer Gesamtschule. Scheidungsgrund war die Behinderung des Sohnes; der Vater konnte diese Behinderung nicht verkraften, nach der Scheidung war er in psychiatrischer Behandlung und lebt heute als Frührentner. Seit Jahren besteht kein Kontakt mehr zu ihm.
Die Familie wohnt nach langer aufreibender Suche in einer geräumigen Parterrewohnung, was Frau Zürich als eine große Erleichterung empfindet. Allerdings ist das Viertel nicht ihren Bedürfnissen entsprechend an den öffentlichen Verkehr angeschlossen.

Frau Zürich ist gelernte Verkäuferin, lebt zur Zeit von Sozialhilfe und bessert ihr Einkommen durch gelegentliche Putzarbeiten und den Einsatz als Tagesmutter (in den Ferien) auf. Dieses zusätzliche Einkommen benutzt sie v.a., um ihren Kindern ab und zu kleine Extras finanzieren zu können. Als regelmäßige Summe für die alltägliche Lebensführung kann sie mit 900.– Mark rechnen. Die reichen nie aus, um den Mehrbedarf ihres behinderten Sohnes zu decken. Zwar hat sie das Gefühl, daß ihre zuständige Sozialarbeiterin viel Verständnis und Engagement für sie aufbringt, dennoch muß sie zusätzliche Zeit und Energie aufwenden, um ihre „Sonderwünsche" (zum Beispiel einen bestimmten Sturzhelm für ihren Sohn) durchsetzen zu können. Sie zeigt dabei ein großes Maß an Zähigkeit, beklagt allerdings, daß die vielen Behördengänge und Eingaben ihre an sich schon knappe Freizeit weiter einschränken. Neben der Haushaltsführung und ihren Jobs macht sie nämlich auch die tägliche Gymnastik mit ihrem Sohn. Außer einer Mutter-Kind-Kur hat sie in den letzten Jahren keine Ferien gehabt, der monatliche Kino-Besuch mit der Tochter ist eine der wenigen Abwechslungen in ihrem Alltag.

Das soziale Netz von Frau Zürich ist nicht besonders groß, aber doch stabil. Sie hat Freunde, mit denen sie ihre Probleme besprechen kann; Bekannte, die ihr Zugang zum Großmarkt und damit zu günstigen Einkaufsquellen verschaffen usw. Sie hat selbst den Eindruck, daß sie mit ihrer Situation zurechtkommt, vermittelt einen gewissen Stolz, diese Lebensumstände alleine zu bewältigen. Was sie bedrückt, ist die Aussicht, daß sie diese Lebenssituation in absehbarer Zeit nicht verändern kann (zusammengestellt nach: Martiny 1995, 170ff.).

Fragen:

Kennzeichnen Sie die Lage dieser alleinerziehenden Frau analog des Modells von Hradil: Welches sind die primären, welches die sekundären Dimensionen dieser Lage?

Stellt sie eine (unausgeglichene) Mischung aus Vor- und Nachteilen dar oder eher eine Kumulation von Nachteilen?

2.6.5 Die Bedeutung für die Soziale Arbeit

Die Bedeutung des Konzepts für die Soziale Arbeit ist groß, es wurde bereits (wenn auch nicht mit Bezug auf Hradil) adaptiert (Wendt 1988). Die

Qualität der jeweiligen Lebenslage für sich (und weniger der Abstand zu anderen Gruppen) kommt in den Blick. Es ermöglicht den Blick auf die Gesamtkonstellation der Lebensbedingungen der Betroffenen, zugleich können bestimmende Faktoren „besonderer Lebenslagen" identifiziert werden (zum Beispiel Pflegebedürftige, Kinderreiche, Wohnungslose). Im Nahbereich können Soziale Lagen nicht nur in ihren typischen, sondern jeweils spezifischen Kombinationen von Vor- und Nachteilen erfaßt werden. Damit kommt man nahe an die empirische Lebensrealität von speziellen (Problem)-Gruppen heran. Es wird möglich, gerade die widersprüchlichen Aspekte einer Lage zu erfassen. Die Orientierung an Soziallagen kann die Handlungsmöglichkeiten, die sich aus der Kombination von primären und sekundären Faktoren ergeben, verdeutlichen: Verstärken sie nachteilige Lebensbedingungen, enthalten sie Kompensationsmöglichkeiten, stellen sie andere Wege zu einem besseren Leben dar? Fehlschlüsse über die konkreten „Bedarfslagen" können dadurch vermieden werden, daß zum Beispiel alters- und geschlechtsspezifische (Böhnisch 1997), aber auch regionale Differenzierungen im Zusammenwirken der einzelnen Lebensbedingungen berücksichtigt werden.
Diese Analyse geht weit über eine bloße Gegenüberstellung von Ressourcen und Mangellagen hinaus. Mit dem Blick auf die Soziale Lage werden objektive Handlungsmöglichkeiten und -beschränkungen erfaßt, unabhängig davon, ob die Betroffenen sie selbst wahrnehmen. Insbesondere dann, wenn solche Wahrnehmungsverzerrungen vorliegen, kann eine entscheidende Voraussetzung zur Hilfe zur Selbsthilfe in der Veränderung der Situationsdeutung liegen. Dies läßt sich jedoch nur erkennen, wenn zunächst die eher „unpersönliche", gruppenspezifischen Konstellation von Handlungsbedingungen berücksichtigt wird.

2.7 Individualisierte Ungleichheit

Die von Ulrich Beck erstmals 1983 veröffentlichte These, Ungleichheit werde heute „jenseits von Klasse und Schicht" in „individualisierten Existenzlagen" (Beck, 1986,116) erzeugt und erlebt, stellt die seither umstrittenste Herausforderung an überkommene Klassen- und Schichttheorien dar. Beck begreift Individualisierungsprozesse nicht als etwas „Neues", sondern (in Übereinstimmung mit vielen soziologischen Klassikern) als ein Kennzeichen der Moderne. Doch haben sie sich seit Mitte unseres Jahrhunderts enorm beschleunigt und auch eine neue Qualität erreicht.

Jeder Individualisierungsprozeß ist durch drei Aspekte gekennzeichnet: durch die „Herauslösung aus historisch vorgegebenen Sozialformen und -bindungen", durch den „Verlust von traditionalen Sicherheiten im Hinblick auf Handlungswissen, Glauben und leitenden Normen" und durch eine neue „Art der sozialen Einbindung" (a.a.O., 206, im. O. mit Herv.). Für den aktuellen Individualisierungsschub stellt sich dies folgendermaßen dar: Die lebensweltlichen, klassen- und schichttypischen Gruppenzusammenhänge in unserem Nahbereich, die bisher die Versorgung von Menschen (auf einem bestimmten Niveau) sichern (Familie, Nachbarschaft) und ihnen soziale Zugehörigkeit und normative Gewißheiten vermitteln (religiöse, landmannschaftliche und berufsspezifische Milieus), verlieren an Bedeutung für die Lebensmöglichkeiten und die Entscheidungen von Individuen. Mit dieser Freisetzung ist ein Gewinn an Handlungsspielraum verbunden: Nicht mehr das, was die soziale Herkunft als Möglichkeiten oder Restriktionen vermittelt, bestimmt maßgeblich das Handeln der einzelnen, sondern immer mehr die Orientierung an allgemein verfügbaren Optionen (Wahlmöglichkeiten), wie etwa Bildungschancen oder die Vielfalt von Lebensformen und die darauf bezogenen individuellen Zielsetzungen. Zugleich aber bedeutet eine solche Freisetzung auch den Verlust von Gewißheiten, denn das, was die Eltern, die Nachbarn, die Kollegenschaft als „richtiges Leben", als „normale Ansprüche", als „wichtiges Lebensziel" oder als „sinnvolle Verwendung" des Erreichten ansehen, kann bei den nun notwendigen Entscheidungen nicht mehr unhinterfragt richtungsweisend sein. Hier nun wirkt sich die neue Art der Einbindung unmittelbar auf den Lebenslauf der einzelnen aus: Je unabhängiger Menschen von überkommenen Beziehungen des Nahbereichs werden, desto stärker werden sie auf ihre individuellen Ressourcen verwiesen. Damit werden sie in ihren persönlichen Spielräumen und Entscheidungen zugleich abhängiger von gesellschaftlichen Institutionen, die solche Ressourcen verteilen, wie das Bildungssystem, der Arbeitsmarkt, das soziale Sicherungssystem (a.a.O., 116ff.). Hierin sieht Beck den entscheidenden strukturellen Wandel im Vergleich zu früheren Freisetzungsprozessen, die zum Beispiel zur Entstehung der Arbeiterklasse des 19. Jahrhunderts führten: Es entstehen nicht neue soziale Großgruppen, sondern kollektive „institutionenabhängige Individuallagen" (a.a.O., 119). Der oder die einzelne wird unmittelbar den Anforderungen gesellschaftlicher Institutionen gegenübergestellt. In ihren Lebensmöglichkeiten sind sie vom möglichst erfolgreichen Umgang mit den für alle gleich geltenden institutionellen Anforderungen abhängig, wie etwa Qualifikations- und Leistungskriterien, Altersgrenzen, Verfügbar-

keitsmustern. Jeder einzelne muß lernen, „bei Strafe seiner permanenten Benachteiligung (...) sich selbst als Handlungszentrum, als Planungsbüro in Bezug auf seinen eigenen Lebenslauf, seine Fähigkeiten, Orientierungen, Partnerschaften usw. zu begreifen" (a.a.O., 217).
Was bis dahin nur das Muster der Lebensführung privilegierter oder gesicherter Soziallagen war, wird nun zu einer allgemeinen Lebensbedingung oder -möglichkeit für alle gesellschaftlichen Gruppen. Bestimmte Soziallagen werden zwar zuerst und durchgreifender von diesen Prozessen erfaßt, jedoch bleibt keine Gruppe (auch nicht die Frauen, vgl. 4.6) verschont. Dennoch, und hier wirkt Beck sehr unbestimmt, sieht er soziale und kulturelle Klassenbindungen „nicht wirklich außer Kraft gesetzt": Sie treten lediglich zurück (a.a.O., 208).

2.7.1 Ursachen von „institutionenabhängigen Individuallagen"

Der aktuelle Individualisierungsschub hat nach Beck viele Ursachen. Er betont besonders zwei historische Bedingungen: Durch die einmalig weitreichende und schnelle Steigerung von Wohlstand und Wohlfahrt nach dem 2. Weltkrieg entsteht ein „Fahrstuhleffekt": Zwar bleiben die Abstände in der Ausstattung mit Ressourcen zwischen den Klassen gleich, doch auch bisher benachteiligte Gruppen erleben eine Anhebung ihres Lebensstandards und der sozialen Sicherheit, die über das Maß der bloßen Lebenssicherung hinausführt. Diese Veränderung der konkreten Lebensbedingungen eröffnet den Spielraum „zur freien Verfügung" von Zeit und Geld (a.a.O., 123ff.). Zum anderen setzt sich in der zweiten Hälfte des 20. Jahrhunderts endgültig die Erwerbsarbeit als allgemeine Form der Existenzsicherung durch, die Haushalte werden immer mehr von Einkommen (oder Transferleistungen) abhängig, die außerhalb des Haushalts erzielt werden. Auch den sozialstaatlichen Regelungen gegen die nun allgemeinen Arbeitsmarkt-Risiken (Kranken-, Arbeitslosen-, Rentenversicherung) billigt Beck eine hohen Individualisierungskraft zu, denn sie gründen wiederum auf Individualrechten. Erst diese Sicherung bietet die Grundlage dafür, sich eröffnende Handlungsspielräume auch nach eigenen Präferenzen nutzen zu können. Weitere Freiräume ergeben sich durch den Zuwachs an arbeitsfreier Lebenszeit (höhere Lebenserwartung bei sinkender Wochen- und Lebensarbeitszeit). Auch Mobilitätseffekte durch Bildungs- und Berufslaufbahnen führen dazu, daß sich die Formen der Lebensführung und des Lebensstils allmählich von klassen- und schichtspezifischen Mustern lösen (a.a.O., 121ff.). Die Konkurrenz auf dem Arbeitsmarkt verdeutlicht der einzelnen Person nicht

nur ihre Austauschbarkeit, sondern sie zwingt sie auch dazu, ihre persönliche Besonderheit zu betonen.
In diesem Bündel von Ursachen wirkt für Beck jedoch eine entscheidend: „Die entstehenden Individuallagen sind durch und durch *arbeitmarktabhängig*" (a.a.O., 210 Herv. i.O.). Folgerichtig spricht Beck auch von „Arbeitsmarkt-Individualisierung". Damit werden aber auch die Risiken und Widersprüche der Arbeitsmarktlage zu den bestimmenden Merkmalen der Individuallage. Ob diese eher Vor- oder Nachteile bietet, wird v.a. von einer gelungenen biographischen Anpassung an die Erfordernisse des Bildungs- und Erwerbssystems bestimmt. Individuelles Handeln wird immer mehr von den konkreten aktuellen Lebensumständen und Einbindungen in gesellschaftliche Institutionen bestimmt. Im Zweifelsfall entsteht der Druck, sich auch gegen die Verbindlichkeiten von Beziehungen, die eingelebten Gewohnheiten des Nahbereichs entscheiden zu müssen. Die Lebenswege von Menschen verselbständigen sich damit gegenüber den Bedingungen ihrer Herkunft, sie gewinnen eine Eigenrealität. Milieuspezifische Traditionen werden dagegen „geschleift".

2.7.2 Erscheinungsformen individualisierter Ungleichheit

Ursache individualisierter Ungleichheit sind „gesellschaftlich-institutionell erzeugte Risiken und Widersprüche"; sie erscheinen jedoch nicht mehr primär als kollektiv geteilte Risiken (zum Beispiel aufgrund sozialer Herkunft oder von Berufswegen), sondern „mindestens auch" als Konsequenzen selbst getroffener Entscheidungen (a.a.O.,218). Beck beschreibt nur auf einer sehr allgemeinen Ebene die Folgen von Individualisierung für das vereinzelte, den institutionellen Anforderungen unmittelbar ausgesetzten Individuen. Individualisierung erzeugt ein Mehr an Chancen, aber es sind „riskante Chancen" (Beck/Beck-Gernsheim 1990). Die einzelnen müssen und können die eigene Lebensführung im Privaten deutlicher selbst gestalten, jedoch um den Preis der Anpassung an Vorgaben, auf die sie noch weniger Einfluß nehmen können als auf die gelebten Beziehungen in Nahbereich (Beck 1986, 214). Individualisierung bedeutet einen Zuwachs von Wahlmöglichkeiten, jedoch keine „Wahlbiographie". Sie erfordert, sich – durch allerdings individuelle Entscheidungen – den Zwängen des Bildungssystems, des Arbeitsmarktes und des Konsummarktes soweit anzupassen, daß möglichst „paßgenaue" Entscheidungen stattfinden können. Lebensläufe werden daher „vielfältiger, gegensätzlicher, brüchiger, unsicherer, auch für katastrophale Einbrüche anfälliger, aber auch bunter ..." (a.a.O., 149).

Daher vermutet Beck keineswegs eine Einebnung sozialer Ungleichheit. Auch eine Verschärfung kann durchaus mit Individualisierung einhergehen. Mit der Institutionenabhängigkeit sieht Beck die Krisenanfälligkeit von Individuallagen eher wachsen. Denn Institutionen orientieren sich an „Normalbiographien", was die Abfolge (zum Beispiel Bildung vor Erwerbstätigkeit), die Kontinuität (dauerhafte Erwerbstätigkeit), die Intensität (Vollzeiterwerbstätigkeit) etc. anbelangt. In Form von Altersregelungen, Kindergartenöffnungszeiten, Laufbahnbestimmungen beeinflussen solche Regelungen direkt die Handlungsmöglichkeiten und Lebensläufen von Menschen. Risiken ergeben sich für diejenigen, die den vielfältigen und teilweise widersprüchlichen Anforderungen nicht „paßgenau" entsprechen, ihre Biographieplanung nicht nach Prioritäten der Arbeitsmarkt-Individualisierung richten (können). Soziale Ungleichheit kann daher zu einer lebensphasenspezifischen Erfahrungen werden, in Übergangssituationen zwischen Institutionen (zum Beispiel Bildungs- und Beschäftigungssystem, Familie und Arbeitsmarkt) auftreten.
Für Beck sind also gruppenspezifische Risiken und Chancen nicht mehr das Spezifische der aktuellen Ungleichheitserfahrungen (Beck 1986,116). Zum einen gibt es soziale Risiken, die nicht mehr nur bestimmte Gesellschaftsgruppen treffen und damit ihre nachteiligen Lage gegenüber anderen Gruppen bestimmen. So sind auch Angehörige von Bildungs- und Berufsgruppen von Erwerbslosigkeit bedroht, die noch vor zwei Jahrzehnten davon verschont blieben, zum Beispiel Akademiker. Beck spricht in diesem Zusammenhang von der „Klassenlosigkeit sozialer Ungleichheit" (a.a.O., 117). Zum anderen münden die Erfahrungen solcher sozialer Risiken seiner Meinung nach ebenfalls nicht in gemeinsamen, gruppenspezifischen Reaktionen und Verhaltensweisen: Das Problem der Massenarbeitslosigkeit wird weitgehend als Einzelschicksal erlebt und als Bruch in einem individuellen Lebenslauf erfahren, schafft damit keine geteilte, kollektive Erfahrungsbasis. Die Wahrnehmung individualisierter Ungleichheit erfolgt daher „personalisiert": Die eigene Lage erscheint dabei als Folge von richtigen oder falschen Entscheidungen: Außenursachen verwandeln sich in eigene Schuld oder eigenes Versagen.
Beck selbst geht nur an wenigen Stellen darauf ein, ob sich im Individualisierungsprozeß nicht doch für verschiedene gesellschaftliche Gruppen unterschiedliche Folgen ergeben (zu geschlechtsspezifischen Unterschieden siehe 4.6). Solche Differenzierungen lassen sich deutlicher aus empirischen Forschungen entnehmen, die in Anlehnung an Becks Konzept durchgeführt wurden (zum Beispiel für Jugendliche Heitmeyer/Olk 1990). Dabei zeigt

sich, daß Vor- und Nachteile, Chancen und Risiken nicht ausgewogen verteilt sind, sondern manche Gruppen eher als Verlierer dieser Entwicklung zu betrachten sind: Wo ein gewisses Maß an Sicherheit über die Verfügung von Kompetenzen und Handlungsgrundlagen fehlt, zum Beispiel bei Mädchen und Jungen, die von der Bildungsexpansion nicht profitierten, wird eher das Gefühl der Überforderung erkennbar. Mögen sich auch die Anforderungen der Individualisierung auf alle Gruppen ausdehnen, so gilt dies noch keineswegs für die Ressourcen, die jemand für eine individuell befriedigende Auseinandersetzung damit braucht. Es wird aber auch erkennbar, daß sich Menschen mit gleicher Ressourcenausstattung für unterschiedliche Strategien entscheiden und zwar nach ihren individuellen Zielsetzungen und Präferenzen.

2.7.3 Die „soziale Landkarte“

Beck kann vom Anspruch seines Konzepts her keine Landkarte entwerfen, in der die Lage, Verteilung und Größe von Gruppen der Gesellschaft nach vorteilhaften und nachteiligen Lebensbedingungen erkennbar sind. Dennoch kann man sich als Leserin durchaus eine Landkarte vorstellen; man erhält aber weniger ein Lage-, als ein Bewegungsbild: Es enthält Hinweise auf die Haupt- und Nebenstraßen, die durch das Gebirge institutioneller Anforderungen führen. Berger und Sopp (1992) haben die „dynamische" Struktur sozialer Ungleichheit mit einer „Auto-Gesellschaft" verglichen. Im Gegensatz zu einer „Eisenbahngesellschaft" gibt es keine starren Fahrpläne, Haltepunkte und Umsteigemöglichkeiten. Man kann die Abfahrtszeiten, die Zwischenstopps, die Fahrdauer selbst festlegen. Doch wenn man dieses Bild weiter ausführt, so muß man hinzufügen: Jeder ist auch auf die vorhandenen Straßen angewiesen, muß an den wichtigen Kreuzungen den richtigen Weg wählen, kann in einen Stau geraten und vor allem: man braucht ein Auto und genug Benzin.
Die empirischen Ergebnisse der zumeist qualitativen Studien zu Individualisierungsprozessen machen deutlich, daß sich die soziale Lage von Menschen nicht mehr ausschließlich aufgrund objektiver Faktoren bestimmen lassen, sondern daß gerade die Frage der Wahl und der Entscheidung, das heißt des Umgangs mit den äußeren Bedingungen die oft entscheidenden Unterschiede schafft. Dies gilt zum Beispiel auch für den Umgang mit Arbeitslosigkeit (Diezinger u.a. 1983; Mutz 1997) oder für sog. Sozialhilfekarrieren (Buhr 1995). Viele Einzelergebnisse lassen sich dahingehend zusammenfassen, daß sich Individualisierung eher als Ausdifferenzierung in-

nerhalb sozialer Lagen durchsetzt und dort, wo wenig Handlungsressourcen und -wissen vorhanden sind, auch als Überforderung erfahren werden kann. Individualisierung „unabhängig vom Arbeitsmarkt" ist nicht auszuschließen. Dies gilt v.a. für Heranwachsende, für die eher Bildungserfahrungen und die Informationen der Medien wichtige Bezugspunkte darstellen, bevor die Erwerbsarbeit zum Erfahrungsfeld werden kann. Doch für all jene Gruppen, die dem Modell der „Arbeitsmarkt-Individualisierung" nicht entsprechen können oder gerade darin den Anspruch auf individuelle Lebensgestaltung geltend machen wollen („alternativ leben"), bedeutet dies anstrengende und riskante Innovationsleistung. Die „riskanten Chancen" (Beck/Beck-Gernsheim) können sich also auflösen in Lebensverläufe, in denen die Öffnung neuer Handlungschancen überwiegen und solchen, in denen Risiken zur Überlastung der individuellen Handlungsfähigkeit führen.

2.7.4 Fallbeispiel: „Der junge Henry K."

Henry K. ist Fußball-Hooligan. Jedes Wochenende ist der 23jährige unterwegs in den großen Stadien. Fußball ist der rote Faden durch sein bisheriges Leben, färbt ab auf alle anderen Aktivitäten, Familie, Freundschaft, Beziehung, Beruf und Arbeit. Als Schüler hat er selbst gespielt, jetzt ist das andere Spiel wichtiger, der Kampf der Hooligans „am Rande des Spielfeldes". Was von außen wie stumpfsinnige Randale und brutale Gewalt erscheint, schildert Henry als ein „faires Match", das nach eigenen Regeln läuft, die mit den Gegnern abgesprochen werden. Eskalation entsteht seiner Meinung nach nur, wenn Polizei und Ordnungskräfte eingreifen und zu Gegnern werden, mit denen keine Regeln ausgehandelt wurden.

Zum Fußball gebracht hat ihn sein Vater, der jedoch bereits mit 50 Jahren stirbt. Henry ist zu diesem Zeitpunkt 15 Jahre alt. Fragen über Ausbildung und Beruf stehen an, doch Henry schließt sich gerade damals den Hooligans an. Über seinen Vater sagt Henry: „Der war einer vom alten Schlag, immer nur arbeiten, arbeiten, arbeiten ...". Er ist jedoch auch der Meinung, daß der Vater ihn wohl von dieser Szene hätte fernhalten können, zumindest es hätte hinausschieben können.

Die Arbeitsorientierung des Vaters findet Henry veraltet, doch um eine Auseinandersetzung mit Ausbildung und Beruf kommt er nicht herum. Dies fällt ihm schwer, denn anders als in der Schulklasse, der Fußballmannschaft und der Hooligangruppe spielt er hier alleine. Zunächst wirken noch die familialen Regeln, vermittelt von Mutter und Brüdern, die alle einen

Beruf erlernt haben. Doch bricht er die erste Lehre als Dreher schon nach drei Wochen ab – trotz des Widerstandes seiner Familie. Eine zweite Ausbildung als Handelsfachpacker beendet er wohl nur, weil er nach einer kurzen Anlernzeit weitgehend seine „eigene Arbeit" machen kann. Er wird vom Betrieb übernommen, jedoch in der niedrigsten Tarifgruppe. Als er von besseren Verdienstmöglichkeiten in anderen Betrieben erfährt, kündigt er sofort: „Schluß, aus, vorbei". Nun folgt eine Phase beruflicher Unstetigkeit: Gelegenheitsarbeit, kurze Wiedereinstiege in den gelernten Beruf, immer durchbrochen von Phasen kürzerer oder längerer Erwerbslosigkeit. Doch Henry schildert sich nicht als Opfer einer Entwicklung, sondern als Handelnder, der seine Grenzen und Möglichkeiten ausreizt: Wenn er den täglichen Arbeitszwang wieder als unzumutbar erfährt, dann ist eben „Schluß, aus, vorbei". Er will selbst bestimmen, wo die Grenze ist, will selbst Regie führen. So hält er es auch im Privaten. Er findet eine Freundin, die seine Fußballleidenschaft und seine Hooliganclique hinnimmt, und lebt schließlich sogar zwei Jahre mit ihr zusammen. Doch nach insgesamt vier Jahren bricht er die Beziehung ab. Warum, weiß er nicht mehr genau, doch wünscht er sich heute wieder, mit ihr zusammen zu sein. Sie wäre die richtige für eine dauerhafte Beziehung, weil sie ihn forderte. Allmählich wird ihm auch bewußt, daß er eine längerfristige Perspektive in der Lohnarbeit aufbauen muß und riskante Beschäftigungsformen dazu kein Mittel darstellen: „Man muß es machen, man kommt da nicht drum rum, und wenn man einen gewissen Standard haben will, wenn man ein Wochenende weggehen will, wenn man wegfahren will, vielleicht als Hooligan, dann braucht man eben Geld dazu und Geld kriegt man nur durch Arbeit ... oder man wird kriminell, aber das muß ja nicht sein".

(Nach: Jugendwerk der Deutschen Shell (Hrsg.): Jugend '92, Gesamtdarstellung und biographische Portraits, Bd. 1, S. 184ff.)

Fragen:

Läßt sich die bisherige Lebensgeschichte von Henry als „individualisierte Jugendbiographie" begreifen?

Welche Risiken und Chancen sehen sie in der Arbeitsmarktsituation von Henry?

2.7.5 Die Bedeutung für die Soziale Arbeit

Auffällig ist zunächst die Übereinstimmung des Konzepts der Individualisierung mit dem professionellen Ideal der „Hilfe zur Selbsthilfe", das wiederum die Achtung der Interessen und Bedürfnisse von Adressaten als eigenverantwortlich Handelnde betont. Hier sensibilisiert der Ansatz dafür, daß sich auch in „benachteiligten Gruppen" Wahrnehmungen und Bewertungen der eigenen Lage ausdifferenzieren und entsprechend unterschiedliche Umgangsformen hervorrufen. Zugleich macht er deutlich, wie unmittelbar die individuelle Lebensgestaltung von institutionellen Voraussetzungen abhängig geworden ist. Diese anonymen Zwänge, die keiner direkten individuellen Veränderung zugänglich sind, bestimmen zunehmend die Wahlmöglichkeiten von Menschen. Die „Einpassung" der eigenen Lebensgeschichte und des eigenen Alltags in solche „Standards" wird zur Voraussetzung dafür, daß überhaupt Spielräume des Handelns nach eigenen Vorstellungen erschlossen werden. Erkennbar wird ein ganz spezifisches Menschenbild, das sich auf einen vernünftig handelnden Menschen reduziert, der sich an der Maximierung seiner Handlungsfreiheit und seiner individuellen Lebensbedingungen orientiert. Andere Bedürfnisse (nach Verantwortung für andere und deren Interessen, nach Geborgenheit in Beziehungen etc.) erscheinen dann als irrational. Wer diesen Kriterien der Entscheidung folgt, wird quasi bestraft. Dennoch erwarten wir gerade von denjenigen enormen subjektiven Gegenzug, die nicht in die „standardisierten" Bilder von „Normalbiographien" passen, auf die sich unsere gesellschaftlichen Institutionen (auch die des Sozialstaates) immer noch gründen.
Daher ist es zu erwarten, daß Unterschiede zwischen vorteilhaften und nachteiligen Lebensbedingungen auch innerhalb einer Biographie häufiger werden und hier wiederum in spezifischen Übergangssituationen (Bildung – Ausbildung – Beruf, Familie – Scheidung) auftreten, in denen Menschen besonders nachdrücklich mit widersprüchlichen Anforderungen verschiedener Gesellschaftsbereiche konfrontiert werden.
Das Konzept bietet die Grundlage, im Einzelfall zwischen gesellschaftlichen Anforderungen und individuellen Handlungsressourcen und -zielen zu unterscheiden. Die Lebensführung und -lage von Menschen werden als Versuche verstehbar, die teilweise widersprüchlichen Anforderungen verschiedener gesellschaftlicher Teilbereiche „auf die Reihe" zu kriegen. Dabei wird der enorme Anpassungsdruck deutlich, der vom Erwerbsbereich als großem Verteilerschlüssel von Lebenschancen ausgeht. Wird auf die „Institutionenabhängigkeit" geachtet, dann werden die Probleme erkenn-

bar, die nicht allein durch die Verbesserung der Kompetenzen individueller Selbststeuerung überwunden werden können. Die Notwendigkeit der Veränderung oder Verbesserung institutioneller Arrangements (zum Beispiel von Arbeits- und Betreuungszeiten, Betreuungsformen, Umschulungen, flexible Übergänge in die Rente etc.) lassen sich dann erkennen. Wird die Seite der subjektiven Deutungs- und Handlungsmuster berücksichtigt, werden Probleme erkennbar, die durch verzerrte Wahrnehmungsmuster der Individuen erzeugt werden: Ist der Horizont zu eng, werden objektive Handlungsmöglichkeiten übersehen, ist er zu weit, dann fehlt eine realistische Einschätzung von konkreten Handlungsspielräumen, die letztlich zu persönlicher Überforderung führt. Die Auseinandersetzung mit diesem Konzept sensibilisiert dafür, daß Modernisierungsverlierer „traditionslos" werden, weder auf Bewährtes zurückgreifen, noch sich lustvoll auf das Neue einlassen können.

2.8 Wandel der sozialen Lagen in Ostdeutschland nach 1989

Mit dem Einigungsvertrag zwischen der Bundesrepublik und der DDR im Jahre 1990 ist ein politisch bedingter umfassender sozialer Wandel in der ostdeutschen Gesellschaft angestoßen worden, der historisch einmalig ist und der natürlich auch seine deutlichen Spuren im Gefüge der sozialen Ungleichheit hinterlassen hat.

Dieser Wandel wurde in verschiedene Begriffe gefaßt und in unterschiedlichen theoretischen Konzepten zu erklären versucht, denen eine Vielfalt an empirischen Studien folgten. Geläufig sind Begriffe „Transformation", „nachholende Modernisierung", aber auch die „funktionale Differenzierung" der entdifferenzierten DDR-Gesellschaft (Kühnel 1997). Weniger bekannt ist die Sichtweise der Migrationsforschung: Danach befinden sich Menschen in der DDR seit den 90er Jahren in einer Art importierten Einwanderersituation, in der nicht die Menschen in die Fremde gingen, sondern die eigene Umwelt zur Fremde wurde (Bade 1994, 58).

Der Umbau der ostdeutschen Wirtschaft verlief weitgehend asymmetrisch und war bestimmt durch äußere Einflüsse: der Zusammenbruch der Exportmärkte, die Konkurrenz mit westlichen Unternehmen, denen die Betriebe nicht gewachsen waren, Reprivatisierung der volkseigenen Betriebe durch die staatliche Treuhandgesellschaft. Im Zeitraum zwischen 1990 und 1992 gab es den stärksten Abbau von Arbeitsplätzen in den Kernbereichen der Industrie, also Maschinenbau, Feinmechanik, Optik, Büromaschinen und

Textilindustrie. Dieser Prozeß ist zurecht als Deindustrialisierung bezeichnet worden (Kühnel 1997, 593). Auch in der Landwirtschaft ist die Beschäftigtenzahl zurückgegangen. Im Dienstleistungsbereich wuchs die Zahl der Beschäftigten dagegen fast explosionsartig an (Geißler 1996, 160). Im Durchschnitt konnten nur 31% der Beschäftigten ihre Tätigkeit in ihrem früheren Unternehmen fortsetzen. Günstiger war die Situation nur für die Beschäftigten bei den Verkehrsbetrieben, Bahn und Post, sowie bei Banken und Versicherungen bzw. im Baugewerbe. Hier mußte nur rund die Hälfte der Beschäftigten ihren Arbeitsplatz räumen. Besonders gravierend hat sich der Beschäftigungsabbau für Frauen, ältere und niedrig qualifizierte Arbeitnehmer ausgewirkt.

Da die Erwerbsarbeit für die Menschen in der DDR einen zentralen Stellenwert besaß und sie auch den Zugang zu vielfältigen sozialen Beziehungen und zu knappen Dienstleistungen und Versorgungsgütern ermöglichte, war der Verlust des Arbeitsplatzes besonders gravierend.

Dieser „Sturzflug in die Modernisierung", wie der soziale Wandel der DDR-Gesellschaft vereinzelt auch genannt wurde, ist von einer Vielzahl an sozialpolitischen Transferleistungen begleitet gewesen, zum Beispiel Sozialversicherungen und Arbeitsbeschaffungsmaßnahmen. Der Gesamttransfer öffentlicher Haushalte in die neuen Bundesländer erreichte 1994 eine Höhe von 168 Milliarden DM bzw. knapp 10% aller öffentlichen Ausgaben der Bundesrepublik (Alber/Nübel/Schöpf 1998).

2.8.1 Soziale Ungleichheit in Ostdeutschland als „soziale Lagen und subjektive Wohlfahrt"

Eines der ersten Modelle, die das neu entstandene soziale Ungleichheitsgefüge in Ostdeutschland erfaßt, ist das Modell sozialer Lagen, wie es im Rahmen der westdeutschen Wohlfahrtsforschung entwickelt worden ist. Ziel dieser Forschung ist es, den sozialen Wandel in Gestalt einer dauerhaften Sozialberichterstattung empirisch zu analysieren. Wesentliche Elemente dabei sind die Analysen der objektiven Lebensbedingungen der Bevölkerung und die subjektiven Wahrnehmungen und Bewertungen dieser Lebensbedingungen, begrifflich gefaßt als objektive *und* subjektive Wohlfahrt. Darin unterscheidet es sich vom Konzept der „sozialen Lage" von Hradil (vergleiche 2.6). Die seit 1978 durchgeführten Wohlfahrtssurveys gelten mittlerweile als institutionalisierte Sozialberichterstattung der westdeutschen Bundesrepublik, auch andere Studien widmen sich dieser Aufgabe (Schupp/Habich/Zapf 1996, 14).

2.8.2 Ursachen sozialer Ungleichheit

Grundgedanken der Wohlfahrtsforschung sind folgende: Objektive Lebensbedingungen bieten unterschiedliche Chancen der Lebensgestaltung; sie stecken praktisch den Rahmen für menschliche Handlungen ab. Sie lassen sich als objektive Wohlfahrt bezeichnen. Gleichzeitig beeinflussen subjektive Wahrnehmungen und Bewertungen der Lebensbedingungen die Lebensgestaltung. Erst beide Komponenten zusammen münden in der Zielgröße der „individuellen Wohlfahrt" als Indikator der Lebensqualität. Über die Auswahl zentraler Lebensbereiche und zentraler Bereiche des positiven und negativen Befindens werden bedeutungsvolle Ursachen sozialer Ungleichheit angenommen. Dazu gehören „Elemente der Sozialstruktur" (zum Beispiel vollzeitliche bzw. teilzeitliche Erwerbsbeteiligung, Gesundheit (zum Beispiel andauernde Behinderung), soziale Lage im Haushalt (zum Beispiel Sozialhilfebezug, Vermögen, Kinder im Alter unter 16 Jahre), Wohnungsversorgung (zum Beispiel Wohneigentum, Wohnungsgröße). Zu den Bereichen des Wohlbefindens gehören u.a. die Zufriedenheit mit dem Arbeitsplatz, dem Haushaltseinkommen und Wohnen und zu den Bereichen des negativen Befindens gehören die Sorgen u.a. über die Sicherheit des Arbeitsplatzes, die eigene wirtschaftliche Situation, über den Frieden und die Umwelt (Habich 1996, 51ff.). Empirisch zeigt sich, daß die subjektiven Bewertungen der Lebensbedingungen die allgemeine Lebenszufriedenheit im höheren Maß bestimmen als die objektive soziale Lage allein.
Im Verlauf der 80er hatte sich für die westliche Bundesrepublik gezeigt, daß sich die objektive Lage und das Wohlbefinden nicht gleichförmig entwickeln. Während sich die Lebensbedingungen der Gesamtbevölkerungen stetig verbessern, allerdings nicht für alle Gruppen, u.a. nicht für Frauen, schwankt das Niveau des Wohlbefindens und fällt im Jahre 1988 sogar leicht unter das Ausgangsniveau von 1984 zurück. Seit der Wiedervereinigung ist dieser Untersuchungsansatz auf die neuen Länder übertragen worden. Daher liegen hier auch bereits empirische Informationen aus den 90er Jahren zur objektiven und subjektiven Wohlfahrt der ostdeutschen Bevölkerung in ihrer Entwicklung vor.

2.8.3 Erscheinungsformen sozialer Ungleichheit

Der ungewöhnlich schnelle soziale Wandel in Ostdeutschland zeigt sich in Gestalt eines neuen Ungleichheitsgefüges.

> „Aus einer ursprünglich vollbeschäftigten Arbeitsgesellschaft ist eine zerklüftete Beschäftigungsstruktur geworden, die sich im Zeitverlauf rasch gewandelt hat. Arbeitslosigkeit, Arbeitsbeschaffung und Weiterbildungsmaßnahmen, Vorruhestand und Hausfrauenrolle sind für einen erheblichen Teil der ehemals Erwerbstätigen in der DDR zumeist ungewollte und neue Lebensformen geworden" (Statistisches Bundesamt 1997, 591).

Im Vergleich zum Anfang der 90er Jahre verlaufen die Veränderungen 1995 in etwas ruhigeren Bahnen. Zur Charakterisierung des Ungleichheitsgefüges der neuen Länder greifen wir auf das Lagemodell der Wohlfahrtsforschung zurück, das die objektiven Lebensbedingungen der Bevölkerung in 17 unterschiedliche soziale Lagen konkretisiert. Positionen im Erwerbsleben, Geschlecht und Alter der Befragten sind die Zuweisungskriterien.

In dem Lagemodell der Wohlfahrtsforschung aus dem Jahre 1995 zeigt sich folgende Erscheinungsbild sozialer Ungleichheit (Statistisches Bundesamt a.a.O., 590ff.): Die kleine Anzahl der Leitenden Angestellten als oberste soziale Lage beziehen in der Altersgruppe unter 60 Jahren das höchste Haushaltsnettoeinkommen pro Kopf, ihnen folgen die hochqualifizierten Angestellten und Beamten, circa 4% der Bevölkerung; sie erzielen knapp 1800.– DM. Ihre Zufriedenheit mit dem Leben insgesamt, ihrem Einkommen und ihrem Lebensstandard ist von allen sozialen Lagen am höchsten. Nur 10% von ihnen empfinden über die eigene wirtschaftliche Lage große Sorgen. Dieser sozialen Lage lassen sich weniger Frauen als Männer zuordnen und auch weniger Erwerbstätige als im Westen Deutschlands. Die Arbeiterelite ist dagegen in Ostdeutschland etwas größer, ihr gehören nur wenige Frauen an. Das Durchschnittshaushaltseinkommen ist 1430.– DM. Ihre Äußerungen von Zufriedenheit sind deutlich verhaltener als die der hochqualifizierten Angestellten und Beamten, die Gruppe der Besorgten ist doppelt so groß, also 20%. Qualifizierte Angestellte und Beamte bilden eine kleinere Gruppierung als im Westen, das durchschnittliche Haushaltsnettoeinkommen beläuft sich auf 1530.– DM; sie sind zufriedener mit ihrem Einkommen und ihrem Lebensstandard als die Arbeiterelite, allerdings ist der Anteil derjenigen, die über ihre wirtschaftliche Lage besorgt ist, etwas größer. Die Anzahl der männlichen und weiblichen Facharbeiter ist in den neuen Ländern zwar kleiner geworden, aber immer noch doppelt so groß wie die Westdeutschen in der vergleichbaren sozialen Lage. Ihr Nettohaushaltseinkommen beträgt im Durchschnitt pro Kopf 1310.– DM. Die Zufriedenheit mit ihrem Lebensstandard, Einkommen und dem Leben insgesamt ist interessanterweise etwas größer als die der Arbeiterelite.

Die Zahl der un- und angelernten Arbeiter ist zwischen 1990 und 1995 angewachsen und übertrifft die Zahl derjenigen, die in Westdeutschland in

der vergleichbaren sozialen Lage sind. Viele Facharbeiterinnen und -arbeiter konnten keinen ihrer beruflichen Qualifikation entsprechenden Arbeitsplatz mehr finden; 14% der ostdeutschen un- und angelernten Arbeiter war 1990 noch als Facharbeiter beschäftigt. Besonders auffallend ist hier, daß der Anteil derjenigen, die große Sorge über ihre wirtschaftliche Situation empfinden, mit 35% sehr groß ist; nur noch die Arbeitslosen teilen zu einem noch größeren Anteil (56%) diese belastenden Empfindungen. Auch die Zahl der Arbeitslosen ist deutlich größer als im Westen Deutschlands, und unter ihnen ist die Zahl der arbeitslosen Frauen wiederum größer als die der Männer. Ihr durchschnittliches Haushaltsnettoeinkommen ist das niedrigste von allen, 1010.– DM und ihre Unzufriedenheit am größten. Die Rentner im Alter von über 60 Jahren verfügen aufgrund der sozialstaatlichen Transferleistungen über ein vergleichsweise hohes Haushaltsnettoeinkommen von 1480.– DM; das findet seine Entsprechung in der recht großen Zufriedenheit in den verschiedenen Lebensbereichen.
Trotz der hohen Arbeitslosigkeit von Frauen ist die Gruppe der nichterwerbstätigen unter 60 Jahre nicht so groß wie die Gruppe der Hausfrauen in Westdeutschland. Hierin zeigen sich noch die Spuren der sehr hohen weiblichen Erwerbsquote der DDR.
Die soziale Mobilität innerhalb des Ungleichheitsgefüges, also die Auf- und Abstiege, zeigen in der ersten Hälfte der 90er Jahre ein sehr bewegtes Bild bei fast allen sozialen Lagen. Im Vergleich zur westlichen Bundesrepublik konnten nur wenige Menschen ihre Position halten. Die Abstiege aus höheren in untere Lagen überwiegen. Es fanden in Ostdeutschland aber auch Aufstiege aus unteren und mittleren Lagen in obere Lagen statt.
Als Gesamttendenz der Erscheinungsformen sozialer Ungleichheit als soziale Lagen und subjektiv empfundene Zufriedenheit zeigt sich ein deutlicher Zusammenhang zwischen objektiven Lebensbedingungen und subjektiven Reaktionen. Je höher das Einkommen, je qualifizierter die berufliche Position, desto höher ist die Zufriedenheit. In der ersten Hälfte der 90er Jahre sind die Einkommen in Ostdeutschland gestiegen, fast jeder Zweite konstatiert auch diesbezügliche Verbesserungen in seinem Leben und blickt optimistisch in die Zukunft. Der Kontrast zur Stimmung in Westdeutschland ist nach wie vor groß: In jeder sozialen Lage äußern sich die Betreffenden deutlich unzufriedener als die Westdeutschen. Selbst die zufriedensten Ostdeutschen, nämlich die hochqualifizierten Angestellten und Beamten werden in dem Grad ihrer Zufriedenheit von den meisten Westdeutschen übertroffen. Die Bilanz des sozialen Wandels in Ostdeutschland verweist auf ein großes Wohlfahrtsgefälle zwischen den beiden Teilen

Deutschlands, hinsichtlich der objektiven Lebensbedingungen wie auch der subjektiv empfundenen Lebensqualität.
Die Wohlfahrtsforschung rundet ihre Analyse des Ungleichheitsgefüges mit den Angaben von Menschen darüber ab, in welche soziale Schicht sie sich selbst einordnen. Die Unterschiede sind zwischen Ost- und Westdeutschland groß. In Ostdeutschland betrachten sich 36% als Angehörige der Unter- und Arbeiterschicht, 55% als Angehörige der Mittelschicht und 9% rechnen sich der oberen Mittelschicht und Oberschicht zu. Die entsprechenden Angaben der Westdeutschen sind 30%, 58% und 13%. Dabei zeigte sich 1996 ein deutlicher Zusammenhang zwischen sozialer Lage und der subjektiven Schichteinordnung. In früheren Erhebungen hatten sich noch Ostdeutsche über alle sozialen Lagen hinweg zu größeren Anteilen zur Arbeiter- bzw. Unterschicht und zu geringeren Anteilen zur Mittel- und Oberschicht gezählt. Der bisherige Transformationsprozeß und die Zufriedenheitseinschätzungen einzelner Lebensbereiche variiert auch in den unterschiedlichen sozialen Schichten, die über die Selbsteinordnungen der Befragten entstehen. Die Zufriedenheit mit verschiedenen Lebensbereichen u.a. Lebensstandard, Wohnung, politische Partizipation, Netz der sozialen Sicherheit steigt an, je höher sich die Menschen einordnen.

2.8.4 Die „soziale Landkarte"

In die „soziale Landkarte" Ostdeutschlands sind 17 Lagen vertikal eingetragen; ihnen sind die Frauen und Männer im Alter unter 60 Jahren anteilig zugeordnet. Unterhalb dieser vertikalen Anordnung sind die über sechzigjährigen Gesellschaftsmitglieder eingetragen: Sie werden drei unterschiedlichen sozialen Lagen zugeordnet: Nichterwerbstätige, noch Erwerbstätige und Rentner (vgl. Abbildung nächste Seite).

2.8.5 Die Bedeutung für die Soziale Arbeit

Der von der Wiedervereinigung eingeleitete soziale Wandel besitzt Dynamik und Dramatik für viele Bevölkerungsgruppen, deren Zeugin auch die Soziale Arbeit ist. Arbeitsplatzverluste, soziale Abstiege vielfältiger Art, Entwertung vieler beruflicher, sozialer und kultureller Qualifikationen, enttäuschte Hoffnungen waren Begleiterscheinungen des Transformationsprozesses. Einige Gruppierungen waren besonders schwer davon betroffen, andere dagegen konnten durchaus profitieren. Das waren häufig diejenigen, die bereits vor dem Umbruch über günstige Ausgangsbedingungen verfügten (Vester 1993; Kühnel 1997). Soziale Ungleichheit als Folge der westlichen Marktwirtschaft wurde größer, Nachteile und Vorteile in den Lebensbedingungen von Menschen kumulierten; die Eintrittsschwellen für Armut waren besonders niedrig. Viele Menschen siedelten auch in die westlichen Bundesländer über und integrierten sich im Vergleich zu anderen Zuwanderergruppen gut in den Arbeitsmarkt (vgl. 5.2).

Soziale Lagen in West- und Ostdeutschland (Datenbasis SOEP 1990/1995, zit. nach: Statistisches Bundesamt 1997, 591)

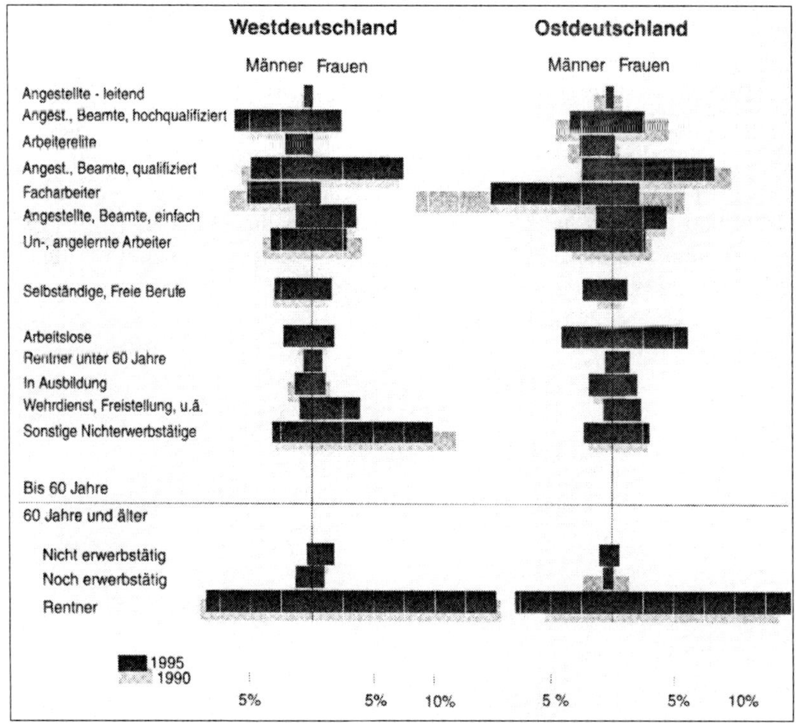

Die Soziale Arbeit in den neuen Ländern war also mit völlig neuen Aufgaben konfrontiert und dafür schlecht vorbereitet.

Die Soziale Arbeit in der DDR hatte sich ganz anders als in der Bundesrepublik entwickelt (Seidenstücker 1996, 514ff.): Einerseits wurde hier der historisch überkommene Fürsorgebegriff zur zentralen Leitidee eines sich als allzuständig-fürsorglich definierenden Staates lange beibehalten. Ande-

rerseits wurde die unterstützende Zuwendung zu schwachen, behinderten und kranken Menschen sehr lange als Aufgabe aller Bürger betrachtet. Mit der Überwindung des Klassengegensatzes und den daraus folgenden Bewußtseinsänderungen galt das moralisch Gute als massenhaft durchgesetzt. Die Aufgabe des Staates war es daher lediglich, geeignete Rahmenbedingungen und die infrastrukturelle Grundversorgung zu garantieren. Freie Träger der Sozialen Arbeit existierten nicht, die Handlungsfelder der Kirchen und ihrer Verbände Caritas und Diakonie waren eng gesteckt. Für die neuen und vielfältigen Bedürfnisse der Bevölkerung nach der Wiedervereinigung wurde die Soziale Arbeit nach westlichem Vorbild verändert und neu aufgebaut, ebenso die Ausbildung.
Je nach regionaler Nähe zu den neuen Ländern sind in Westdeutschland Umbau bzw. Neuaufbau der dortigen Sozialen Arbeit mehr oder weniger diskutiert und Anregungen übernommen worden. Das ist zunächst plausibel, weil sich die Lebensverhältnisse in den alten Bundesländern nicht in demselben Maß verändert haben. Die Zusammenhänge zwischen gesamtgesellschaftlichem Wandel dieser Größenordnung, die Kumulation von Benachteiligung und die Folgen für die Soziale Arbeit erscheinen uns allerdings auch im Westen des Nachdenkens würdig.

3. Milieu- und Lebensweltmodelle

In diesem Kapitel geben wir einen Überblick über aktuelle Milieu- und Lebensweltmodelle sozialer Ungleichheit. Zunächst stellen wir die kommerziellen Milieustudien des Sinus- Institutes vor. Ergebnisse liegen hier für West- und Ostdeutschland vor. Daran schließt sich ein Blick auf die kultursoziologische Facette der Ungleichheitsforschung an, nämlich auf die Studie von Gerhard Schulze, zusammengefaßt als „Erlebnisgesellschaft". Den Abschluß des Kapitels bilden aktuelle Klassenmodelle, die gleichfalls den Milieu- bzw. Lebensstilbegriff verwenden. Pierre Bourdieu und Michael Vester setzten jeder für sich die marxistische Tradition in veränderter Form fort.

3.1 Milieu- und Lebensweltmodelle für Westdeutschland

Auch die Milieu- und Lebensweltmodelle sozialer Ungleichheit sind entstanden, weil das Schichtkonzept das veränderte Ungleichheitsgefüge der deutschen Gesellschaft nicht mehr differenziert genug erfassen konnte. Seit den 80er Jahren erleben sie eine Hochkonjunktur (vgl. Hradil 1992, 15).
Diese Konzepte sozialer Ungleichheit leiten eine Kehrtwende ein, denn sie halten berufliche Position, Einkommen und Bildungsabschluß von Menschen nicht mehr für zentral, um ihre Position im Ungleichheitsgefüge zu bestimmen. Sie nehmen an, daß sich in der Gegenwart die Lebensweisen der Menschen zumindest teilweise in freien Entscheidungs-, Wahl- und Routinisierungsprozessen von den finanziellen und beruflichen Möglichkeiten und Grenzen gelöst haben (vgl. Hradil a.a.O., 18ff.). Um die Sozialstruktur erklären und genau beschreiben zu können, müssen also auch handlungsleitende Werte und Normen, die tatsächlichen Lebensweisen im Alltag von Menschen untersucht werden, wie sie sich als Lebensstil bzw. Muster der Lebensführung zeigen.
Die einzelnen Modelle und Studien definieren ihre zentralen Begriffe Lebenswelt, Lebensstil und Milieu unterschiedlich und weisen ihnen auch einen jeweils anderen theoretischen und empirischen Stellenwert zu (vgl. den Überblick von Müller/Weihrich 1991; Hradil 1992).
Auf einen ersten allgemeinen Nenner gebracht, läßt sich folgendes sagen: Im Milieubegriff drückt sich zunächst eine einfache Grundvorstellung aus, nämlich daß Menschen inmitten von („au milieu de") ihrer unmittelbaren

sozialen Umwelt leben und von ihr geprägt sind (vgl. Hradil 1987, 165; vgl. 1.3.2).
Der Lebensstilbegriff zielt dagegen in einer seiner vielen Deutungsvarianten auf das kulturelle und symbolische Verhalten von Menschen ab, etwa das Freizeitverhalten und den kulturellen Geschmack (vgl. Spellerberg 1994, 4; s. a. Lüdtke 1991).
Verschiedene Forscher setzen dabei objektive soziale Bedingungen, respektive Milieubedingungen mit den individuellen Verhaltensweisen, also auch den Lebensstilen in Beziehung (vgl. Müller 1989).
Theoriegeschichtlich knüpfen Lebensstil- und Milieumodelle jedoch alle gleichermaßen an Max Weber an, der mit seiner Aufmerksamkeit für die Lebensführung von Menschen in ihrem Alltag eine eigenständige soziale Sphäre herausgearbeitet hatte, die die Menschen sozial ungleich werden läßt (vgl. 1.2.2).

3.1.1 Ursachen sozialer Ungleichheit

Die ersten Lebenswelt- bzw. Milieustudien größeren Ausmaßes sind in der westlichen Bundesrepublik vom Sinus-Institut seit Ende der 70er Jahre durchgeführt worden.
Die empirisch begründete Vorstellung der Sinus-Studien seit Ende der 70er Jahre ist, daß die Ungleichheitsforschung vielfältigere Ursachen berücksichtigen muß als den sozialen Status, das Gesamt von Beruf, Bildungsabschluß, Einkommen und Sozialprestige. Denn Untersuchungen, die lediglich die klassischen Schichtungsmerkmale benutzt hatten, konnten das Konsumverhalten, aber auch die politischen Wahlentscheidungen der bundesdeutschen Bevölkerung nicht mehr genau genug bestimmen. Daher erweiterte sich der Untersuchungskanon auf die Wertorientierungen, das Alltagsbewußtsein und auf die Lebensstile von Menschen.
Wertorientierungen, Alltagsbewußtsein sind also ebenso wie die Schulbildung, das Einkommen und die berufliche Stellung zu berücksichtigen, um das Ungleichheitsgefüge der Gesellschaft abbilden zu können. Zusammen ergeben sich daraus soziale Milieus.

> „Soziale Milieus ... fassen Menschen zusammen, die sich in Lebensauffassung und Lebensweisen ähneln, also subkulturelle Einheiten innerhalb der Gesellschaft bilden" (Nowak/Becker 1985, zit. nach Geißler, 1996, 82).

Milieus sind also in diesem Verständnis nicht tatsächliche soziale Umwelten oder Gemeinschaften von Menschen, sondern statistische Größen (vgl. Mogge-Grotjahn 1996, 60ff.), die in ihrer Gesamtheit das Ungleichheitsge-

füge der Bundesrepublik abbilden, empirisch gefaßt als Konglomerate von ähnlichen Lebensweisen.
Die Bedeutung und Originalität der Sinus-Forschungen liegt allerdings nicht primär in ihrem theoretischen Gedankenreichtum, der das Verständnis der Ursachen von sozialer Ungleichheit vorantreiben könnte, sondern in der Güte ihrer empirischen Studien. Sie sind in der Ungleichheitsforschung aus mehreren Gründen ohne Beispiel. Sie sind replikative Studien im Rahmen kommerzieller Marktforschung, das heißt seit 1982 untersuchen sie jährlich die Ungleichheitsstruktur der Bundesrepublik als Milieustruktur (vgl. Becker u.a. 1992, 85ff.). Daher läßt sich auch sozialer Wandel empirisch rekonstruieren: Soziale Milieus werden größer oder kleiner, neue soziale Milieus entstehen. Die Sinus-Studien verwenden in besonderer Weise entwickelte Erhebungsinstrumente und haben sie in ungewöhnlich großen Stichproben eingesetzt: Die Ergebnisse gründen sich in einzelnen Jahren auf Anworten von über 30 000 Befragten.

3.1.2 Erscheinungsformen sozialer Ungleichheit

Bemerkenswert ist die nun sichtbare Vielfalt der Erscheinungsformen von sozialer Ungleichheit. Die auch in den Sinus-Studien verwendete Klassifikation von Oberschicht bis Unterschicht hat sich mit Hilfe der Milieuanalyse aufgefächert (zit. nach Hradil 1987 sowie Becker a.a.O, 85ff.):
Beispielsweise lassen sich in der Oberschicht und oberen Mittelschicht nunmehr vier unterschiedliche soziale Milieus feststellen, nämlich das „Gehobene konservative Milieu", das „Technokratisch-liberale Milieu", das „Alternative/linke Milieu" und ein kleiner Teil des „Aufstiegsorientierten Milieus".
Im „Gehobenen konservativen Milieu" dominieren u.a. ein konservativer Humanismus und soziales Engagement. Dieses paart sich mit einem hohen Pflichtbewußtsein, Leistungsbejahung und Selbstverwirklichung im Beruf. Ein geordnetes Familienleben gilt in diesem Milieu als zentraler Lebensinhalt; man klagt über Sittenverfall und Werteverlust. Angehörige dieses Milieus verfügen über eine hohe Formalbildung und ein hohes Einkommen.
Für das „Technokratisch-liberale Milieu" lassen sich als Wertorientierungen Sachlichkeit, Vernunft und Fortschrittsdenken sowie berufliche Leistungsbereitschaft und Erfolgsorientierung, aber auch Toleranz und Liberalität und Kritik an der mangelnden Mitmenschlichkeit in der Gesellschaft feststellen. Zukunftsoptimismus, die Vorstellung, das Familienleben solle reibungslos funktionieren und das Streben nach Sozialprestige regieren das

Alltagsbewußtsein. In solchen Milieus leben höhere Angestellte, Beamte und Selbständige.
Ein Milieu, das sich als Folge der neuen sozialen Bewegungen (wie die Studentenbewegung, Ökologiebewegung und Frauenbewegung) auf Dauer gebildet hat, ist das „Alternative/linke Milieu" Auch hier klassifiziert die hohe formale Bildung die Angehörigen dieses Milieus als Teil der oberen Mittelschicht; hier überwiegen die immateriellen Wertorientierungen, Zivilisationskritik, Mitmenschlichkeit, Plädoyers für Freiheit und Gerechtigkeit und ein hohes politisches und soziales Engagement.
Im Alltagsbewußtsein läßt sich ein ausgeprägtes linkes politisches Bewußtsein und die Nähe zu Bürgerinitiativen und der Friedensbewegung registrieren. Zum Alternativmilieu gehören Menschen mit hoher Bildung, Schüler, Schülerinnen und Studierende; die Einkommen variieren.
Betrachten wir nun das Bild der Unterschicht aus der Perspektive dieser Milieustudien, so lassen sich auch hier vier Milieus unterscheiden: Das „Traditionelle Arbeitermilieu", das „Traditionslose Arbeitermilieu", das „Hedonistische Milieu" und auch das „Aufstiegsorientierte Milieu".
Im „Traditionellen Arbeitermilieu" regieren als Wertorientierungen u.a. Gerechtigkeit, Solidarität, Geselligkeit, Arbeitsplatzsicherheit, Sparsamkeit und Fleiß. Die eigene soziale Lage wird pragmatisch-resigniert akzeptiert. Im Alltagsbewußtsein zeigt sich die Nähe zu den Gewerkschaften und ein Streben nach materieller Sicherheit; die Familie wird als Solidargemeinschaft angesehen, man ist stolz auf das Erreichte. Hier befinden sich ein Teil der Facharbeiter, aber auch un- und angelernte Arbeiter und Rentner.
Im „Traditionslosen Arbeitermilieu" dagegen herrscht ein Gefühl der Norm- und Machtlosigkeit vor, das heißt allgemeinverbindliche Normen und Werte als Verhaltensmaßstab existieren nicht mehr. Im Alltagsbewußtsein lassen sich Offenheit und Direktheit, Konsumneigungen, Unzufriedenheit und ein fehlender Klassenzusammenhang feststellen. In diesem Milieu befinden sich viele Arbeitslose.
Im „Aufstiegsorientierten Milieu", in dem sich ein kleiner Teil der Unterschicht befindet, bewerten die Menschen Sozialprestige, berufliche Leistung und Erfolg, einen hohen Lebensstandard, Anpassung und Aufstieg als positiv. Im Alltagsbewußtsein orientieren sie sich an der Vorstellung einer intakten Familie, an Konventionalität und an Statussymbolen. Ein Teil der Facharbeiter und Angestellten, sowie ein hoher Anteil erwerbstätiger Frauen lassen sich diesem Milieu zuordnen.
In der Unterschicht existiert noch eine vierte Milieufacette, nämlich das „Hedonististische Milieu". Hier dominieren als Wertorientierungen Selbst-

verwirklichung, Freiheit, Kreativität, Konsum, Genuß und Sozialprestige, während im Bereich des Lebenssinns eher Orientierungslosigkeit vorherrscht. Arbeit wird im Alltagsbewußtsein als notwendiges Übel betrachtet, man leidet regelrecht an der Arbeitswelt, Individualität und Echtheit werden betont. Gegen Konventionen und „Spießer" grenzen sich die Angehörigen des „Hedonistischen Milieus" ab.
Hier in diesem Milieu befindet sich ein hoher Anteil von jungen Menschen und Empfänger von mittleren und kleinen Einkommen.
Für die Mitte der 90er Jahre konstatiert diese Milieuforschung neben der wachsenden sozialen Mobilität und gleichzeitig größer werdenden Entfaltungsspielräumen wachsende soziale Deklassierungsprozesse, die begleitet sind von Sinn- und Werteverlust vieler Menschen. Die sozialen Milieus schotten sich stärker voneinander ab. Das führt auch teilweise zu neuen Milieuklassifikationen: Im gesellschaftlichen Oben lassen sich nun das „Konservativ-Technokratische Milieu", das „liberal-intellektuelle Milieu" sowie das „postmoderne Milieu" unterscheiden. Neu kristallisiert sich auch das „moderne bürgerliche Milieu" heraus (Spiegel-Verlag 1996).

3.1.3 Die „soziale Landkarte“

In der sozialen Landkarte des Sinus-Instituts für die 80er Jahre sind insgesamt acht verschiedene Milieus eingetragen entlang der Einteilung der Bevölkerung in fünf bzw. sechs soziale Schichten; später kommt ein neuntes Milieu, das sogenannte „Neue Arbeitnehmermilieu" hinzu. Die Grenzen zwischen den Milieus sind fließend. Die „soziale Landkarte“ ist vertikal und horizontal gegliedert. Auf der vertikalen Achse sind fünf soziale Schichten eingetragen, das heißt je höher ein Milieu auf der vertikalen Achse positioniert ist, desto gehobener sind Bildung, Einkommen und die berufliche Stellung. Auf der horizontalen Achse sind die unterschiedlichen Grundeinstellungen der Befragten eingetragen, sie reichen von traditionellen, materiellen bis zu modernen Einstellungen, das heißt Orientierungen am Genuß und Selbstverwirklichung. Je weiter rechts in der sozialen Landkarte ein Milieu eingezeichnet ist, desto weniger traditionell, desto moderner ist es.
Die Milieulandkarte zeigt ein Bild, daß sich Menschen mit ähnlichen Lebensweisen in verschiedenen sozialen Schichten finden lassen. Allerdings zeigt sich das nur für die gesellschaftliche Mitte. Besonders einprägsam läßt sich das am Beispiel des „Hedonistischen Milieus" mit seiner Wertschätzung für die eigene Freiheit, Selbstverwirklichung und Genuß bele-

gen. In diesem Milieu befinden sich Angehörige der Unterschicht, der unteren sowie der mittleren Mittelschicht.
Die „soziale Landkarte“ zeigt eine nach wie vor große Entfernung zwischen „oben” und „unten”: Von der oberen Mittelschicht zur Unterschicht führt als einzige „Lebensstil- bzw. Milieubrücke” das „hedonistische Milieu“.
Bleiben zwei Milieus der oberen Mittelschicht, das „Gehobene konservative Milieu” und das „Technokratisch-Liberale Milieu” im Verlauf der letzten zehn Jahre annähernd gleich groß, werden das „Alternative Milieu”, und das „Traditionelle Arbeitermilieu” kleiner, das „Traditionslose Arbeitermilieu” dagegen wächst von 9% auf 12% der Bevölkerung an (Becker u.a. 1992, 86).
Anfang der 90er Jahre ist ein neues Milieu innerhalb der Unterschicht entstanden, das „Neue Arbeitnehmermilieu”; hier verbinden sich hedonistische mit realitätsbezogenen Lebenszielen und Aufgeschlossenheit für Neues; ihm gehören hauptsächlich junge Leute an.
Aus dem Blickwinkel des Sinus-Instituts selbst zeigt sich als zentrale Veränderung der sozialen Landkarte Westdeutschlands der Substanzverlust der traditionellen Milieus, insbesondere des „Kleinbürgerlichen Milieus”, das an traditionellen Werten wie Ordnung und Disziplin, Pflichterfüllung und Verläßlichkeit festhält. Gleichzeitig wachsen die modernen Milieus an (vgl. Becker u.a. 1992, 85). Die vier neuen Milieuklassifikationen seit der Mitte der 90er Jahre sind im oberen Teil der sozialen Landkarte eingetragen; das konservativ-technokratische Milieu im linken Raum der traditionellen Grundeinstellungen (10% der Bevölkerung), das liberal-intellektuelle Milieu (10% der Befragten) in der Mitte und das postmoderne Milieu (5% der Befragten) weit rechts. Das moderne bürgerliche Milieu (8% der Befragten) ist in Teilen etwas unterhalb dieser drei Milieus und befindet sich in der Mitte der horizontalen Achse der sozialen Landkarte (Spiegel-Verlag 1996, 33ff.).

3.1.4 Die Bedeutung der Sinus-Milieustudien für die Soziale Arbeit

Diese Studien weisen empirisch nach, daß die objektiven, „klassischen” Merkmale sozialer Ungleichheit die Vielfalt der aktuellen Gesellschaft nicht mehr abbilden. Es reicht also nicht mehr aus, Klienten und Klientinnen der Sozialen Arbeit lediglich als Unterschichtsangehörige beziehungsweise Mittelschichtsangehörige zu bezeichnen. In einer Anamnese müssen milieuspezifische Informationen gesammelt werden, denn zum Beispiel Angehörige der Unterschicht unterscheiden sich sehr stark voneinander in ihren Wertorientierungen und in ihrem Alltagsbewußtsein. Die begriffliche Trennung zwischen sozialer Lage und Mentalität, die Theodor Geiger zu seiner Zeit (vgl. 1.3) vorschlug, ist mit diesen aktuellen Forschungsergebnissen konkret zu belegen.

Abbildung: Die Sinus-Milieus für Westdeutschland 1992[4]

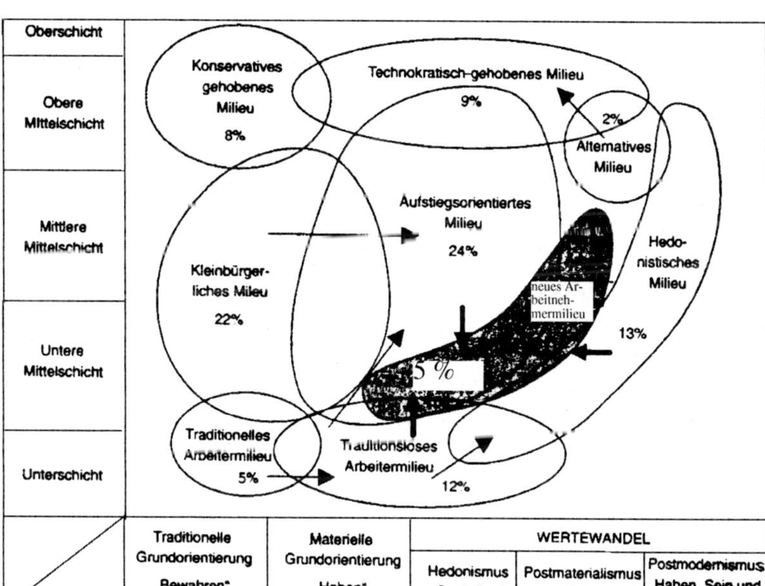

Die Vielfalt der sozialen Milieus in der Bundesrepublik bedeutet für Theorie und Praxis der Sozialen Arbeit, daß sie in vielen Arbeitsfeldern mit sehr heterogenen Adressaten rechnen und sich darauf in unterschiedlichen Zugangsstrategien und Methoden einstellen muß.
Denn es ist unwahrscheinlich, daß sich beispielsweise Angehörige des „Hedonistischen Milieus" mit demselben Angebot und Methodik ansprechen lassen wie Angehörige des „Traditionellen Arbeitermilieus".
Vor dem Hintergrund dieser Studien läßt sich die Problematik heterogener Zusammensetzung von Teilnehmergruppen systematisch diskutieren: So-

[4] Die Pfeile zeigen quantitative Veränderungen des Milieuumfanges seit den 80er Jahren an.

ziale Heterogenität in der Zusammensetzung von Kleingruppen ist eher die Regel und nicht nur persönliches Pech im berufspraktischen Alltag, sondern Ausdruck der differenzierten Sozialstruktur unserer Gesellschaft. Besondere Aufmerksamkeit verlangt das Anwachsen des „Traditionslosen Arbeitermilieus"; Klientinnen und Klienten dieses Milieus verfügen mit großer Wahrscheinlichkeit kaum noch über materielle, soziale und ideelle Ressourcen, die in anderen Milieus existieren. Soziale Arbeit ist bei dieser Gruppe von Klienten mit einem komplexen Unterstützungsbedarf konfrontiert und in die Ausfallbürgschaft für eine kaum noch funktionierende Lebenswelt gezwungen. Was das traditionelle Arbeitermilieu an sozialer Integration in Gestalt von persönlichen Netzwerken (vgl. Keupp/Röhrle 1987) und Selbsthilfepotential noch besitzen mag, existiert im „Traditionslosen Arbeitermilieu" nicht mehr in vergleichbarem Ausmaß.

3.2 Milieu- und Lebensweltmodelle für die neuen Bundesländer

Für die neuen Bundesländer hat das Sinus-Institut – nach ihren eigenen Worten – ein neues, eigenständiges Milieukonzept entwickelt, um Ost- und Westdeutschland vergleichen zu können. Die alltagskulturellen Besonderheiten, die die Menschen in Folge der vier Jahrzehnte lang geltenden ‚realsozialistischen' Rahmenbedingungen herausgebildet haben, sollen in einer entsprechenden Milieutypologie angemessen erfaßt werden. Ergebnisse der Milieu- und Lebensweltforschung in Ostdeutschland zeigen, daß hier zwar auch neun verschiedene soziale Milieus existieren, die Unterschiede zu den westdeutschen Lebensweisen allerdings groß sind. Selbst diejenigen ostdeutschen Milieus, die von der Forschung mit einem ähnlich klingenden Namen wie die westdeutschen Milieus versehen werden, weisen nur oberflächliche Gemeinsamkeiten zu ihnen auf (Becker u.a. 1992, 81ff.).

3.2.1 Ursachen sozialer Ungleichheit

Als grobe Ursachen sozialer Ungleichheit läßt sich die spezifische Sozialstruktur der DDR annehmen, die auch noch bis in die Zeit nach der Wiedervereinigung existiert; damit im Zusammenhang zu sehen sind Lebensziele und Lebensstile eigenen Gepräges, die sich auch in der DDR sehr unterschiedlich herausgebildet hatten. Anders als für die DDR-Sozialforschung (vgl. 2.3) zeigt sich für die westdeutschen Milieuforscher ein Ungleichheitsgefüge, das nicht egalitär, sondern stark polarisiert war. Das gesellschaftliche Oben war mit 32% der Bevölkerung bedeutend größer als in Westdeutschland; nach Michael Vester waren das die Macht-, Funktions- und Oppositionseliten. Die gesellschaftliche Mitte war dagegen nur halb so groß, die Arbeitermilieus waren dagegen doppelt so groß wie in Westdeutschland (vgl. Vester u.a. 1993, 61ff.). Das gesamte Ungleichheitsgefüge der DDR erscheint nachträglich als starr. Der soziale Wandel nach der Wiedervereinigung ist eine Ursache weiterer sozialer Ungleichheit; er läßt bereits bestehende soziale Milieus anwachsen, zum Beispiel das „Traditionslose Arbeitermilieu".

3.2.2 Erscheinungsformen sozialer Ungleichheit

Die ostdeutschen sozialen Milieus haben einige Besonderheiten (Becker u.a. 1992; Spiegel-Verlag 1996): 1. Das Übergewicht der „klassischen" Arbeitermilieus; es läßt sich auch noch Mitte der 90er Jahre nachweisen. 2. Die Existenz einer häufig naturwissenschaftlich gebildeten Elite; sie wird von der Milieuforschung anhand ihrer Grundeinstellungen und Lebensstile als das „Rationalistisch-Technokratische Milieu" bezeichnet. 3. Auch das „Status- und Karriereorientierte Milieu" existiert in dieser Form nicht in Westdeutschland. Ihm gehören Menschen an, die sich um der in der DDR zugänglichen Privilegien willen anpaßten und einen Teil derjenigen bildeten, die den gesellschaftlichen Umbruch gut überstanden haben.
Wir wollen im folgenden aus dem spezifischen, ostdeutschen Milieutableau einige Milieus herausgreifen, um die Erscheinungsformen sozialer Ungleichheit in den neuen Ländern aus der Sichtweise der Sinus-Milieuforschung herauszuarbeiten. Die beiden größten sozialen Milieus, im Jahre 1995 gehören ihm jeweils 23% der Bevölkerung an, sind das „Traditionsverwurzelte Arbeiter- und Bauernmilieu" und das „Kleinbürgerlich-materialistische Milieu".
Zum „Traditionsverwurzelten Arbeiter- und Bauernmilieu" gehörten Arbeiter, Genossenschaftsbauern, traditionelle Handwerksberufe, einfache bis mittlere Angestellte; die Hälfte des gesamten Milieus bilden Menschen, die von Arbeitslosigkeit bedroht sind oder aber nicht mehr erwerbstätig sind: Arbeitslose, Rentner, Vorruheständler. Die Bildung ist einfach, die Einkommen sind niedrig. Die Lebensziele gelten einem sicheren Arbeitsplatz als Grundlage für einen befriedigenden Lebensstandard, der sozialen Absicherung im Alter, sowie einem Leben in intakten Gemeinschaften, Familie, Arbeitskollektiv bzw. Dorfgemeinschaft. Ihr soziales Umfeld begann sich in Folge des Transformationsprozesses aufzulösen. Viele Jüngere dieses Mi-

lieus sind in den Westen umgesiedelt. Das „Traditionsverwurzelte Arbeiter- und Bauernmilieu" neigt zu einer kämpferischen Bereitschaft, kollektiv seine Interessen zu vertreten und sich für den Erhalt des Betriebes zu engagieren. Arbeit und Beruf bilden einen wesentlichen Lebensinhalt, die eigenen Leistungen sind etwas, worauf die Milieuangehörigen stolz sind. Im Lebensstil zeigt sich das „Traditionsverwurzelte Arbeiter- und Bauernmilieu" als sparsam und einfach, es zeigt Naturverbundenheit und Bodenständigkeit, teilweise wird die DDR-Vergangenheit in der Rückschau verklärt.

Angehörige des „Kleinbürgerlich-materialistischen Milieus" haben überwiegend die 8- bis 10-klassige Schule besucht. Sie sind entweder Arbeiter, Facharbeiter, dabei häufig Meister und Poliere oder einfache und mittlere Angestellte u.a. in der staatlichen Verwaltung und in Banken; das Einkommen liegt in der Mitte. Die Lebensziele kreisen um den Ausbau und die Sicherung des Lebensstandards: Eine anerkannte Stellung im Beruf zu erreichen, zuverlässige und gute Arbeit zu leisten, sich nichts zu schulden kommen zu lassen ist den Milieuangehörigen wichtig. Erstrebenswert ist ebenso die Geborgenheit in der Familie sowie Zufriedenheit als Lebensprinzip: Man klagt daher in diesem sozialen Milieu nicht über die Verhältnisse. Im Lebensstil des „Kleinbürgerlich-materialistischen Milieus" werden Konventionalismus und Anpassungsstreben sichtbar: Nicht aufzufallen, ist die Devise; die eigene soziale Position als „mittelständisch" wird demonstriert. Auf der Grundlage gesicherter materieller Verhältnisse ist die Konsumbereitschaft ausgeprägt.

Das „Rationalistisch-Technokratische Milieu" (7% der Befragten) versammelt überwiegend Menschen mit höheren Bildungsabschlüssen. Zu ihm zählen qualifizierte und leitende Angestellte, Beamte und Selbständige mit mittleren und höheren Einkommen. Sie besitzen ein technokratisches Weltbild: Zukunftsoptimismus, Vertrauen auf Vernunft und wissenschaftliche Rationalität. Dem paßt sich auch die rationale und effektive Lebensgestaltung an, die alles unter Kontrolle zu halten bestrebt ist. Ein Elitedenken herrscht vor. Die Angehörigen des „Rationalistisch-Technokratischen Milieus" verleihen ihren beruflichen Interessen hohe Priorität, die Selbstbestätigung erleben sie in ihrer Arbeit, indem sie gern etwas besonderes leisten. In diesem Milieu ist der Optimismus verbreitet, in Zukunft (noch) besser gestellt zu sein. Schon zu Zeiten der DDR hatten Angehörige dieses Milieus Zugang zu knappen Konsumgütern und Dienstleistungen. In ihrem Lebensstil herrscht ein Perfektionsstreben vor, Pragmatismus paart sich mit Konventionalismus. Als typische Devise dieses Milieus läßt sich formulieren: Wenn es notwendig ist, sollte man sich anpassen, vorhandene Spielräume sind nicht durch falsch verstandene Prinzipientreue einzuengen. Freude an der Technik zeigt sich im

Beruf und in der Freizeit, das Konsumverhalten verfolgt einen gehobenen Anspruch.
Ebenfalls hohe und höhere Bildungsabschlüsse besitzen Angehörige des „Bürgerlich-Humanistischen Milieus" (11% der Befragten); qualifizierte und leitende Angestellte, Beamte und Selbständige finden sich hier, ihre beruflichen Tätigkeitsfelder sind Wissenschaft, Verwaltung, Ausbildung und Information, aber auch häufig die helfenden Berufe (Ärzte, Rechtsanwälte, Pädagogen). Der Beruf gilt als eine Sphäre der Selbstverwirklichung und Selbstbestätigung, in der ein hoher Leistungswille und ausgeprägtes Verantwortungsbewußtsein zu verzeichnen sind. Zu DDR-Zeiten erfuhren die Milieuangehörigen besondere Defizite, weil intellektuelle Arbeit weniger hoch bewertet wurde als sie es in der Vergangenheit gewohnt waren. Die Einkommen liegen in der Mitte oder lassen sich als gehoben bezeichnen. Ein Drittel der Milieuangehörigen lebt bereits im Ruhestand. Das „Bürgerlich-Humanistische Milieu" verfolgt christlich geprägte Wertvorstellungen, protestantische Tugenden wie Pflichterfüllung, Disziplin, soziales Engagement. Humanistische Werte und Traditionen werden bewahrt: Achtung der Würde des Menschen, Toleranz, Solidarität mit den Mitmenschen, Wertschätzung von Kultur und Kunst. Der Lebensstil des „Bürgerlich-Humanistischen Milieus" ist diszipliniert, vorausschauend, gleichzeitig geprägt von einem starken Harmoniestreben. Der Lebensstil verkörpert eine enge Beziehung zu Traditionen; Antiquitäten, geerbte Möbel, Bilder und Bücher werden geschätzt. Zu materiellen Dingen wird bewußt Distanz gehalten; sie gelten als Surrogate für die eigentlichen Lebenswerte. Der Konsum ist wohlüberlegt, langlebige Qualitätsprodukte werden bevorzugt.
Zum „Traditionslosen Arbeitermilieu" ostdeutscher Prägung (9% der Bevölkerung) gehören Arbeiter und Facharbeiter in der Produktion, dabei nicht selten in Problemindustrien wie der Chemie- und Textilbranche. Häufig lassen sich auch einfache Angestellte in dem Dienstleistungssektor Post, Bahn, Gastronomie zum „Traditionslosen Arbeitermilieu" zählen. Sie besitzen eine geringe Bindung an die Arbeit, sie wird eher als Last, als bloßes Mittel zum Gelderwerb gesehen („Hauptsache, das Geld stimmt"). Dem „Traditionslosen Arbeitermilieu" gehören allerdings auch eine hohe Zahl von Arbeitslosen und in Kurzarbeit Beschäftigte an. Die Milieuangehörigen verfügen über das niedrigste Einkommen von allen ostdeutschen Milieus. Bereits in der DDR verfügte dieses Milieu über kein intaktes soziales Umfeld.
Die Lebensziele kreisen um ein Leben in geordneten Verhältnissen, in denen man seine Ruhe hat und von Problemen verschont bleibt. Materielle Sicherheit, sich auch einmal etwas leisten, im Konsum mit anderen mithalten

zu können, gelten viel. Dieses soziale Milieu sieht sich selbst als „Underdog" der Gesellschaft, der die Schmutzarbeit für andere erledigt. Sie sehen sich als „Verlierer der Einheit". Feststellbar ist auch eine Versorgungsmentalität, die auf die spezifische Situation in der DDR zurückverweist: Der Staat wird als für seine Bürger verantwortlich angesehen. Im Lebensstil zeigen sich wenig ausgeprägte Stilpräferenzen, die Milieuangehörigen sind leicht beeinflußbar von neuen Moden und Trends. Die vielfältigen Konsumwünsche bleiben häufig unerfüllt aufgrund der beschränkten finanziellen Möglichkeiten. Die Selbstdarstellung als bedürfnislos ist eine kompensierende Reaktion dafür. Zukünftige Entwicklungen werden verdrängt, man läßt alles auf sich zukommen.
Als letztes portraitieren wir ein soziales Milieu, zu dem 5% der ostdeutschen Bevölkerung gehören, nämlich das „Subkulturelle Milieu". Hierzu gehören vor allem junge Leute. Sie standen früher in Opposition zur „muffigen und spießigen" DDR-Gesellschaft, heute zur „Ellbogengesellschaft" westlicher Prägung, die man sich so nicht erträumt hatte. Allerdings läßt diese sich nicht mehr mit grüngefärbten Haaren provozieren wie früher die DDR, so daß Milieuangehörige nostalgische Erinnerungen an den realsozialistischen Mief vergangener Tage pflegen, der als Gegenbild zum eigenen Lebensstil so treffliche Dienste leistete (Becker u.a. 1992, 101). Im „Subkulturellen Milieu" gibt es keine deutlichen Bildungsschwerpunkte, allerdings fallen viele Abbrecher auf. Ihm gehören junge Arbeiter, Hilfskräfte, ausführende Angestellte an, aber auch viele Schüler und Auszubildende. Mehr als in anderen Milieus ist das „Subkulturelle Milieu" in einer Beschäftigungsgesellschaft oder Kurzarbeit bzw. in einer Arbeitsbeschaffungsmaßnahme beschäftigt. Karrierestreben und Aufsteigertum werden abgelehnt und Tätigkeiten favorisiert, die möglichst viele Freiräume bieten, abwechslungsreich und kommunikativ sind. Die Einkommen sind niedrig. Als Lebensziele des „Subkulturellen Milieus" stechen Eigenständigkeit und Individualität hervor; sich nicht in vorgefertigte Schablonen pressen zu lassen, ist die Devise. Das Leben soll Spaß und Freude bereiten, Spontaneität möchte man ausleben. Der Lebensstil demonstriert die Geringschätzung materieller Güter und den Protest gegen vorgefertigte Stilangebote. Man konzentriert sich auf das „Hier und Jetzt", lebt in der „Scene" und grenzt sich ostentativ vom Rest der Gesellschaft ab.

3.2.3 Die „soziale Landkarte"

Die neun verschiedenen ostdeutschen sozialen Milieus sind analog zur westdeutschen sozialen Landkarte entlang der zwei Koordinaten eingezeichnet, den sozialen Schichten, als der vertikalen und den Grundeinstellungen (traditionell-modern) als der horizontalen Koordinate. Traditionelle Einstellungen als Basis verbindet das „Traditionsverwurzelte Arbeiter- und Bauernmilieu" mit dem „Bürgerlich-Humanistischen Milieu"; beide sind links außen positioniert. Etwas weiter rechts befinden sich von unten nach oben das „Traditionslose Arbeitermilieu", das „Kleinbürgerlich-materialistische" sowie das „Rationalistisch-Technokratische Milieu". Das „Hedonistische Arbeitermilieu" und das „Status- und Karriereorientierte Milieu" mit ihren modernen Grundeinstellungen befinden sich vertikal zwischen der Unteren Mittelschicht bis hin zur oberen Mittelschicht. Rechts außen mit postmaterialistischen und postmodernen Grundeinstellungen befindet sich unten das „Subkulturelle Milieu" und von der unteren Mitte bis zur oberen Mitte das „Linksintellektuell-alternative Milieu". Die Abbildung der sozialen Landkarte unten weist die Größen der sozialen Milieus aus dem Jahre 1992 auf.

Abbildung: Die Sinus-Milieus für Ostdeutschland 1992

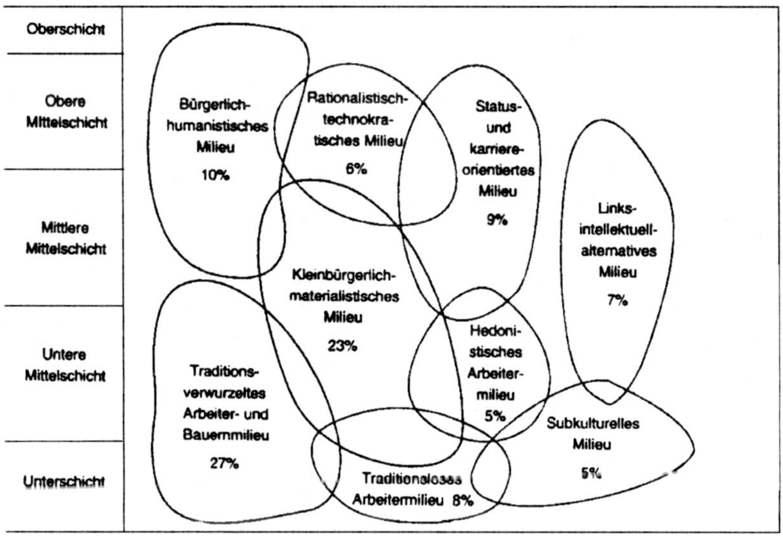

3.2.4 Fallbeispiel: „Otto F., Umschüler“[5]

Otto F. ist 35 Jahre alt. Er ist gelernter Schlosser, verheiratet und Vater eines Kindes. Er war nicht Mitglied der SED. Von 1986-1991 hat er nach verschiedenen anderen Arbeitsstätten zum Beispiel im Plattenwerk eines Wohnungsbaukombinats, in einer Werft als Schichtleiter gearbeitet, im Bereich Lagerwirtschaft. Seit der Wende wurden in seiner Werft nach Phasen der Kurzarbeit, von 7000 Arbeitern 5000 entlassen, auch Otto F. Seit dem 1. Juni 1991 wird er im Rahmen einer Beschäftigungsgesellschaft zum Landschaftsgärtner umgeschult. Otto F. sieht sich selbst als Verlierer der Einheit: Er hat seine Arbeit verloren, die ihn befriedigt hatte, u.a. deshalb, weil sie vielfältig war, er selbständig arbeiten konnte und die Verantwortung für fünf Mitarbeiter hatte. Außerdem hatte er gute Kontakte zu den Kollegen. In seinen Worten hatte er „praktisch den Hut aufgehabt". Bei den gestiegenen Lebenshaltungskosten erhält er nun weniger Geld als zuletzt in der DDR. Als Umschüler saß Otto F. von einem Tag zum anderen wieder auf der Schulbank, zum größten Teil zwischen Frauen. Die Landschaftsgärtnerei als neuen Beruf hatte er sich nicht selbst ausgesucht; viele Lehrgänge waren schon besetzt, und da Otto F. nur die 8. Klasse der EOS (Erweiterte Oberschule) absolviert hat, blieben ihm nur die unteren Bereiche. Da die Umschulung seiner Ansicht nach sehr „theorielastig" ist, fällt ihm der Unterricht nicht so leicht wie er es vorher gedacht hatte. Er muß praktisch wieder von unten auf anfangen, er hat in seinen Worten ganz „schön daran zu kauen, um das erst mal alles in die olle Birne reinzukriegen". Der praktische Teil des Umschulungslehrgangs ist die „Grundreinigung von Parks". Das ist für ihn in dem verwilderten Zustand der Grünanlagen eine reine Dreckarbeit von geringem Lernwert. Otto F. möchte die Umschulung zum Landschaftsgärtner nur zu Ende machen, wenn sich ihm nichts Lukrativeres bietet. Er liebäugelt mit einem viel besser bezahlten Job in der Gebäudereinigung.

Die Frau von Otto F. arbeitet als Altenpflegerin. Daher kommt die Familie finanziell über die Runden. Aber auch Frau F. muß bis zum Ende des Jahres mit ihrer Kündigung rechnen. Sie ist gelernte Krankenschwester und daher wurde ihr von der Leitung des Pflegeheims zu verstehen gegeben, sie mit ihrem zweiten „beruflichen Standbein" hätte auch nach einer Kündigung anderweitig Chancen auf dem Arbeitsmarkt. Ihre alte Klinik würde sie

[5] Dieses Fallbeispiel haben wir aus den Milieustudien von Becker u.a. 1992, S. 132ff. entnommen und geringfügig gekürzt.

zwar wieder nehmen, Frau F. verspürt aber kein großes Interesse, dorthin zurückzukehren.
In seiner Bilanzierung der Veränderungen Ostdeutschlands neigt sich für Otto F. die Waage zum Negativen: Natürlich hat sich der ganze Lebensstandard verbessert, aber nur diejenigen, die Geld haben, können sich alles kaufen. Immerhin hat Familie F. sich eine neue Wohnungseinrichtung leisten können.
Im Ausland war Otto F. seit der Wende überhaupt noch nicht. Im sozialen Bereich sieht er eher Verschlechterungen. Jetzt stimmt für ihn das ganze soziale Umfeld nicht mehr. Heute müsse man sehen, daß man nicht krank wird und seinen Arbeitsplatz nicht verliert. Er sieht daher auch der Zukunft mit Angst entgegen. Als Gründe für die Verschlechterung seines Lebens sieht er die Verschwörungen zwischen den „Wessis", dem Menschenschlag anderer Rasse und den alten „SED-Seilschaften". Er kommt sich als armer Bittsteller vor, dem die „Wessis" Kultur beibringen wollen. Der Westen werde dafür sorgen, daß von der DDR, wie sie einmal war, nichts mehr übrig bleiben wird. Die ganzen sozialistischen Errungenschaften, Recht auf Arbeit, Recht auf Bildung, Recht auf Urlaub, Recht auf soziale Absicherung im Alter, auf Rente oder Kur sind für Otto F. alle weg. „Jetzt kann ich mir nicht einmal mehr eine Kur leisten, während damals eine Kur noch Pflicht war."
Seit der Wende ist das Selbstbewußtsein von Otto F. gesunken, er ist vorsichtiger, skeptischer und mißtrauischer geworden. Trotz aller Unzufriedenheit und Angst lehnt Otto F. die „rechte Szene" ab. Für ihn sind das Krawallmacher, die faschistische Parolen nachkrähen, selbst aber kein richtiges Programm machen. Allerdings möchte er selbst manchmal regelrecht ausrasten, und da stellt er bei sich selbst mehr oder weniger rechtes Gedankengut fest. So richtig auf die Verhältnisse eindreschen möchte er dann, aus Wut auf die Regierung, den Bundestag, auf die großen Reden, die dort geschwungen werden und zu keiner Verbesserung führen.

Fragen:

1. Läßt sich Otto F. eindeutig in ein ostdeutsches Milieu einordnen oder hat der Transformationsprozeß ihn zum „Milieuwanderer" werden lassen? Wenn ja, um welche Milieus handelt es sich?

2. Halten Sie die Kritik von Otto F. am Transformationsprozeß für berechtigt?

3. Welche Kritikpunkte können Sie persönlich nachempfinden, welche nicht?

4. Stellen Sie sich das Leben von Otto F. heute vor: Hat es sich verbessert oder verschlechtert?

3.2.5 Die Bedeutung für die Soziale Arbeit

Den Milieu- und Lebensweltstudien des Sinus-Instituts läßt sich entnehmen, daß das Ungleichheitsgefüge in der DDR als Milieuensemble in seiner Besonderheit auch Jahre nach der Wiedervereinigung existiert. Es war und ist vielfarbiger als man gemeinhin annimmt. Diese Studien zeigen der Sozialen Arbeit, welche sozialen Milieus in besonderer Weise von dem gesellschaftlichen Umbruch belastet worden sind. Das „Traditionslose Arbeitermilieu" und das „Traditionsverwurzelte Arbeiter- und Bauernmilieu" sind hier zu nennen. Allerdings läßt die Geschlechtsblindheit dieser Forschung hier eine große Lücke.
Die Soziale Arbeit muß sich in ihrer Unterstützung nicht nur auf die materiellen Lebensbedingungen, sondern auch auf die Lebensziele und die Lebensstile beziehen, damit Menschen die angebotene Hilfe in ihren Denk- und Verhaltenshorizont einordnen können. Gerade die Kenntnisse der in einigen Teilen schlechteren Lebensbedingungen des „Traditionslosen Arbeitermilieus" und des „Traditionsverwurzelten Arbeiter- und Bauernmilieus" läßt verstehen, warum gerade die älteren Menschen Halt in der verklärenden Rückschau auf die vergangenen DDR-Zeiten finden. Diejenigen, die an die DDR kaum mehr Erinnerungen besitzen sind mittlerweile bereits 20 Jahre alt, daher lassen sich Verständigungsbarrieren zwischen den Generationen vermuten, die es in Westdeutschland in dieser Art nicht gibt; auch das kann zu Problemen in Familien führen.
Diese Milieustudien sind unzureichend, um den geschichtlichen Prozeß der Transformation und die Umgestaltung der politischen Rahmenbedingungen und der vielen sozialen Institutionen in den neuen Ländern nachzuvollziehen. Hier muß man andere Informationsquellen zu Rate ziehen.

3.3 Soziale Milieus als „Erlebnisgemeinschaften"

Gerhard Schulzes Beitrag zur Ungleichheitsforschung ist besonders prominent; der zusammenfassende Titel seiner Forschungen „Die Erlebnisgesellschaft", eine aktuelle Zeit- und Gesellschaftsdiagnose, ist bereits zu einem geflügelten Wort avanciert. Schulze konstatiert eine grundlegende Veränderung des Ungleichheitsgefüges als Folge der veränderten Lebensumstände. Die meisten Menschen verfügen heute über mehr Geld und Freizeit als früher in der Armutsgesellschaft der vorigen Jahrhunderte, in der Geld, Nahrung und Wohnraum knapp waren, Krankheit und Tod zum alltäglichen Erfahrungshorizont gehörten (vgl. Schulze 1992, 54ff.). Die Angebote auf dem Konsumgütermarkt haben explosionsartig zugenommen, zum Beispiel Hygiene- und Kosmetikartikel und gerade diejenigen, deren Gebrauchswert gering, deren Erlebniswert aber groß ist, zum Beispiel Kinofilme, Illustrierte, Musik (vgl. Schulze a.a.O., 56ff.). Abstrakt ausgedrückt: Unser Alltag wird immer weniger von Mangel und von Handlungszwängen, sondern von der Vielfalt an Möglichkeiten bestimmt, die Entscheidungen verlangen. Konkret ausgedrückt: Die Erfahrung des Hungers ist selten geworden, typischerweise stehen Menschen heute vor dem vielfältigen Angebot an Speisen und an Restaurants. Heute regiert also nicht mehr die Not, sondern die Qual der Wahl: Deutsche Gaststätte, griechisches, italienisches, türkisches oder japanisches Restaurant? Durch diesen Entscheidungssog werden Menschen immer mehr auf ihren persönlichen Geschmack verwiesen: Was gefällt mir? Was verspreche ich mir davon, in diesen Film zu gehen? Dieser Lebensmodus, der früher einer kleinen, exklusiven Anzahl von wohlhabenden Menschen vorbehalten war, hat sich heute verbreitert.

> „Die Ungleichheit von Konsumchancen besteht zwar weiter, doch hat sich die Skala mehr und mehr vom Bereich des Lebensnotwendigen in den Bereich des Entbehrlichen verschoben" (Schulze a.a.O, 57).

Der reine materielle Nutzen eines Marktangebotes, sein purer Gebrauchswert spielt eine immer geringere Rolle, der Erlebniswert, den es verspricht, dagegen eine immer größere.

> „'Erlebe Dein Leben'! ist der kategorische Imperativ unserer Zeit" (Schulze a.a.O., 59).

3.3.1 Die Ursachen sozialer Ungleichheit

Da Güter des Marktes in Überfülle vorhanden sind und für alle leicht zugänglich sind, werden nach der Ansicht Schulzes die klassischen Erklärungskonzepte sozialer Ungleichheit untauglich, die die Frage nach der Verteilung knapper Güter stellen. Die Ursachen sozialer Ungleichheit liegen heute vor allem im Innenleben der Menschen, das heißt wie sie angesichts der Fülle der Angebote auf dem Erlebnismarkt ihre Geschmacksentscheidungen treffen.

> „In einer Umwelt der ungezählten kleinen Möglichkeiten, der aufgehäuften Erlebnisangebote und der immer neu auftauchenden geschmacklichen Weggabelungen, hat Identität eine zentrale ästhetische Komponente. Ich erkenne mich in dem wider, was mir gefällt" (Schulze a.a.O., 102).

Der heutige Imperativ „Erlebe Dein Leben!" enthält dabei einige Fallstrikke: Schöne Erlebnisse stellen sich nicht mit derselben Sicherheit ein, wie die Sättigung nach dem gestillten Hunger. Denn Menschen sind in ihren Stimmungen schwankend, die Fülle der Angebote ist verwirrend und verlangt ständige Interpretationsleistungen: Das neue Computerspiel von X, wird es mir die erwünschte Ablenkung und Entspannung vom Prüfungsstress bringen? Das schnelle Verfallsdatum von Waren, der immer schnellere Wechsel der Moden verlangen schließlich eine hohe innerliche Flexibilität des Eingewöhnens und des schnellen Abschiednehmens der Konsumenten (vgl. Schulze a.a.O., 63). Die Erlebnisorientierung der Menschen birgt daher zweierlei Gefahren: Unsicherheit angesichts der Fülle einerseits, Enttäuschung über nicht genossene Erlebnisse andererseits: „Dieser Film war aber öde".

Menschen müssen sich also gegen diese Gefahren wappnen und das tun sie, indem sie ästhetische Routinen entwickeln, das heißt einen eigenen Stil, der ihnen diese Qual der Wahl erleichtert und sie vor Enttäuschungen bewahrt, etwa sich zu langweilen. Erlebnisorientiertes Handeln gerinnt im Stil zu einem stabilen, situationsübergreifenden Muster (vgl. Schulze a.a.O., 103). Im jeweiligen Stil drücken sich die typischen Wahlentscheidungen aus dem Erlebnisangebot aus, die dem einzelnen Individuum in der Regel einen Genuß bereiten, mit denen er sich bewußt von anderen unterscheidet (Distinktion) und in denen sich eine bestimmte Lebensphilosophie, etwa grundlegende Wertorientierungen, Wissen über Natur und Jenseits, Mensch und Gesellschaft ausdrückt. Dieses Verhalten der Gesellschaftsmitglieder nennt Gerhard Schulze „Erlebnisrationalität"; sie bestimmt seiner Ansicht nach die Existenzformen der Menschen.

Eine weitere Folge dieser Erlebnisrationalität ist es, daß Menschen hauptsächlich zu denjenigen Menschen näheren Kontakt aufnehmen, bei denen sie einen ähnlichen Stil wahrnehmen. Über diese Ähnlichkeit des Stiles können sie sich ihrer eigenen ästhetischen Routinen vergewissern und sich zu gemeinsam genossenen schönen Erlebnissen verhelfen.

Aus dieser Erklärungslogik ergibt sich, daß sich soziale Milieus aus Personengruppen zusammensetzen, die sich durch gruppenspezifische Stiltypen und erhöhte Binnenkommunikation voneinander abheben (vgl. Schulze a.a. O., 174). Sie bilden die Einheiten des Ungleichheitsgefüges.

Soziale Milieus entstehen also durch freie Wahlen von Menschen ähnlichen Geschmacks. Versteht sich dieser Milieubegriff einerseits als Kennzeichnung von tatsächlichen Gemeinschaften, formuliert er auf der Ebene der gesamten Gesellschaft, die hohe Wahrscheinlichkeit, daß Angehörige desselben Milieus aufeinandertreffen, insbesondere in Partner- und Freundschaftsbeziehungen, Bekanntenkreisen und in Vereinen und Szenen.

3.3.2 Erscheinungsformen sozialer Ungleichheit

Menschen sind nach dem Gesellschaftsmodell von Gerhard Schulze aufgrund ihres Stiles sozial ungleich. In ihren ästhetischen Routinen lehnen sie sich dabei an kollektive ästhetische Schemata an, die bereits in der Gesellschaft existieren, etwa an das Hochkultur- oder Trivialkulturschema.
Diese alltagsästhetischen Schemata leisten eine wichtige Orientierungshilfe, denn sie bündeln bestimmte Angebote des Erlebnismarktes (Ansammlung ästhetischer Zeichen) als zusammengehörig und sprechen ihnen erwartbare schöne Erlebnisse zu.

> „Das Hochzeitbild vor der Schloßkulisse paßt nach unserer Einschätzung besser zu Volksliedern als zur 'Todesfuge' von Paul Celan. Dieser gehört in dieselbe Kategorie wie Schillers Ode an die Freude. Der Killer im Action-Film hat größere Verwandschaft mit Donald Duck als beispielsweise mit den Helden der griechischen Mythologie, so killerhaft sie in den alten Texten auch dargestellt werden mögen“ (Schulze a.a.O., 127).

Die Mitglieder der Erlebnismilieus kombinieren aus diesen Schemata, zu denen sich seit den 60er Jahren noch das Spannungsschema dazugesellt hat, einen eigenen Stil.
Auf der Basis einer repräsentativen Befragung in Nürnberg aus dem Jahr 1985 lassen sich fünf verschiedene Milieus unterscheiden, die nach dem Prinzip „Stilgleich und Stilgleich gesellt sich gern" zustande kommen: Das „Niveaumilieu", das „Harmoniemilieu", das „Integrationsmilieu", das „Selbstverwirklichungsmilieu" und das „Unterhaltungsmilieu" (vgl. Schulze a.a.O., 283ff.).
Im „Niveaumilieu" befinden sich ältere Personen, jenseits der 40 Jahre mit höherer Bildung in gehobenen Berufspositionen bei beiden Partnern, wenige Hausfrauen. Der Stil dieses Milieus ist ausschließlich auf das Hochkulturschema ausgerichtet mit gleichzeitiger Distanz zu den anderen beiden Schemata, Trivial- und Spannungsschema.
Die hochkulturelle Ästhetik ist geprägt von einer Zurückhaltung des Körpers: Konzentriertes Zuhören, stilles Betrachten; der Genuß läßt sich als

Versenkung, Betroffenheit bzw. meditative Ruhe charakterisieren. Allgemein regiert ein Anspruch auf Vergeistigung, der sich stark auf die komplexe formale Struktur von Kunstwerken bezieht. Angehörige des Niveaumilieus lesen überregionale Zeitungen und Belletristik; musikalisch dominiert die klassische Musik, aus der Populären Musik wird allenfalls Jazz gehört. Angehörige des Niveaumilieus gehen in Museen und Ausstellungen, ins Konzert, in die Oper, zu Dichterlesungen. Aus dem Fernsehprogramm werden u.a. Kulturmagazine, Dokumentationen ausgewählt.
Obwohl das Hochkulturschema mittlerweile seine Exklusivität verloren hat, grenzen sich Angehörige des Niveaumilieus von weniger Gebildeten ab; als plastische Feindbilder dienen „Bildzeitungsleser", „biertrinkende Vielfernseher." Die Lebensphilosophie des Niveaumilieus ist die Vorstellung von der Welt als Hierarchie, in der es einen Rang zu erreichen gilt und die Philosophie der Perfektion; hierin sind die Vorstellung früherer Epochen von dem absolut Schönen verschmolzen mit der Vorstellung vom Problematischen und Kaputten, einer Vorstellung also, die die Moderne hervorgebracht hat.
Das „Harmoniemilieu" besteht ebenfalls aus älteren Leuten, jenseits der 40 Jahre, allerdings mit niedriger Schulbildung, meistens unterhalb der mittleren Reife. Hier dominiert der niedrige berufliche Status, die Mehrheit ist verheiratet oder verwitwet: Zu diesem Milieu zählen viele Rentnerinnen und Rentner, auch viele Hausfrauen. Das „Harmoniemilieu" hält in seinem Stil Distanz zum Hochkulturschema und lehnt sich an das Trivialschema an: Im Trivialschema spielt der Körper beim Genuß eine aktivere Rolle, ihm ist eine ruhige, gleichmäßige Bewegung zugestanden. Dem entspricht die meist etwas behäbige, gleichförmige Rhythmik der musikalischen Formen Blasmusik, Volksmusik, deutsche Schlager, Operettenmelodien. Statt der ruhigen, konzentrierten Versenkung im Erleben nach dem Hochkulturschema gestattet das Trivialschema eine moderate Dynamik synchronisierter kollektiver Bewegungen: Schunkeln, Stampfen, Mitklatschen, Zuprosten. Der Gegenstand des Erlebens ist einfach, das Schlichte wird wiederholt. Die Quintessenz des schönen Erlebnisses im Rahmen des Trivialschemas drückt sich im Wort „Gemütlichkeit" aus, die die Abschirmung der häuslichen Welt des Vertrauten gegenüber der fremden Außenwelt beinhaltet.
Im „Harmoniemilieu" wird viel ferngesehen: Die schönen Erlebnisse holt man sich nach Haus und dabei werden u.a. lokale Sendungen, Volkstheater, Fernsehshows, Quiz und Heimatfilme bevorzugt. Die musikalische Geschmackspalette enthält u.a. Volksmusik und deutsche Schlager, zur Lek-

türe die Bildzeitung und Illustrierte wie das „Goldene Blatt". Angehörige des „Harmoniemilieus" grenzen sich von Fremden und Individualisten ab, sie sehnen sich nach Harmonie und versuchen den Zwängen des Alltags und dem Neuen, Unbekannten und Konflikthaften zu entfliehen.

Im „Integrationsmilieu" lehnen sich die Milieuinsider in ihrem Stil gleichermaßen an Hochkultur- und Trivialschema an; zum Spannungsschema halten sie Distanz. Dieses Milieu charakterisiert sich nicht durch einen eigenen typischen Stil, sondern dadurch, daß es die Stilelemente anderer Milieus kombiniert. Von den vielen erfragten Präferenzen ist für die Angehörigen des Integrationsmilieus nur die Beschäftigung mit Gartenarbeit typisch. Im Genuß verbinden sie die kontemplative Haltung des „Niveaumilieus" mit der Gemütlichkeit des „Harmoniemilieus". Die Angehörigen dieses Milieus sind auch ältere Leute, überwiegend Angestellte und Beamte in mittleren Positionen, mit mittleren Bildungsabschlüssen; auch viele Hausfrauen gehören dazu. Die Milieuangehörigen sind verheiratet oder verwitwet.

Das „Integrationsmilieu" geht auch in die Oper oder ins Theater, hört dann aber lieber zum Beispiel Mozart oder Beethoven als zeitgenössische Komponisten wie H. W. Henze. Gleichzeitig hört man auch gerne leichte Unterhaltungsmusik.

„Solange Trivialkultur sich nicht allzu sehr decouvriert, darf sie auch das Leben verschönern" (Schulze a.a.O., 302), läßt sich leitmotivisch für dieses Milieu sagen. Milieuzugehörige wählen aus dem Fernsehprogramm auch Kulturmagazine und Dokumentationen aus, lesen das empfohlene Buch des Buchclubs, aber auch die Illustrierten des Genres „Das Goldene Blatt".

Im „Integrationsmilieu" grenzt man sich von ungebildeten Leuten ebenso ab wie die Vertreter des „Niveaumilieus", mit dem Harmoniemilieu teilen sie die Feindbilder: Fremde, exzentrische Individualisten und andere.

In der Lebensphilosophie verbindet sich das Bedürfnis nach Perfektion und nach Harmonie.

Zum „Selbstverwirklichungsmilieu" gehören die Jüngeren bis zum Alter von 40 Jahren, dabei viele, die noch in der Ausbildung sind; im „Selbstverwirklichungsmilieu", das in sich viele verschiedene Untergruppen aufweist, bewegen sich viele ledige Personen, deren Bildungsabschlüsse die mittlere Reife bis Hochschulabschluß umfassen, die beruflichen Positionen liegen in der Mitte, viele Angehörige sozialer Berufe zählen hierzu, aber auch überdurchschnittlich viele Selbständige.

In ihrem Stil lehnen sich die Milieuangehörigen an das Hochkulturschema und gleichzeitig an das Spannungsschema an, bei Distanz zum Trivialschema. Dieser Stil zitiert also einerseits das traditionelle Bildungsbürgertum, an-

dererseits ein dazu stark kontrastierendes Stilkonglomerat, das Gerhard Schulze als Spannungsschema in folgenderweise charakterisiert (vgl. Schulze a.a.O., 153): Das Spannungsschema, ursprünglich der Stil „halbstarker" Subkulturen Ende der 50er Jahre, gestattet dem Körper beim Genuß eine zentrale Rolle; er darf sich enthemmt ausleben und wird als Teil der Selbstinszenierung modisch geschmückt der Außenwelt gezeigt. In den lauten und rhythmischen Musikstilen der populären Musikstile Rock 'n' Roll, House, Techno, Rap wird die körperliche Freiheit beim Tanz, aber auch die Konfrontation des Körpers mit starken akustischen und beim Tanzen in den Clubs mit visuellen Reizen ausgelebt.
Die Spannung als Charakteristikum des genießerischen Erlebens hat sich zu früher verändert; Spannung besteht heute nicht mehr aus dem allmählichen Aufbau eines Gefühlszustands und seiner Auflösung, sondern wird als Dauerzustand angestrebt.

> „Man setzt sich unter Strom, läßt sich durchschütteln und hört auf, wenn es keinen Spaß mehr macht" (Schulze a.a.O., 155).

Spannung als Dauergenuß führt zu einem starken Bedürfnis nach Abwechslung, nach immer neuen Reizen. Zu Feindbildern verkommen hier: Spießer, Dicke, Hausfrauen, alte Leute.
Die Lebensphilosophie ist auf die Entfaltung des eigenen Selbst gerichtet. Angehörige des „Selbstverwirklichungmilieus" sind Trendsetter: Neue Moden, neue Sportarten, neue Musikstile werden schnell aufgenommen. Dieses Milieu wurde seit Ende der 60er Jahre zum Ausgangspunkt vieler sozialer Bewegungen (Ökologiebewegung, Frauenbewegung u.a.); die Skepsis gegenüber hierarchischen Strukturen und Autoritäten ist groß. Die ichbezogene Lebensphilosophie führt zum Interesse an Selbstdeutungsliteratur. Gleichzeitig gehorchen Lektüre und Fernsehgenuß einer intellektuellen Orientierung: „Die Zeit" wird gelesen, Fernsehsendungen über Wissenschaft und Technik bzw. über Zeitgeschichte angeschaut. Gegen „konventionelle" Angebote dieses Mediums grenzt man sich ab: Naturfilme, Volkstheater.
Im Schnittbereich von Hochkultur- und Spannungsschema hat sich dieses Milieu eine eigene Bühne geschaffen, nämlich die neue Kulturszene mit freien Theatergruppen, Filmkunst, Kabarett und ähnlichem. Hier in diesen Angeboten verbindet sich das kulturelle Anspruchsdenken mit dem Spannungsschema.
Angehörige des Selbstverwirklichungsmilieus sind im Vergleich zu den anderen Milieus die mobilsten; sie gehen viel aus und haben viele Freundinnen und Freunde.

Das „Unterhaltungsmilieu" schließlich setzt sich auch aus jungen Leuten zusammen, die aber eine niedrige Schulausbildung besitzen; ein Teil verfügt noch nicht einmal über einen Hauptschulabschluß, andere haben die mittlere Reife. Angehörige des „Unterhaltungsmilieus" sind überwiegend verheiratet oder leben in einer festen Partnerschaft. Viele Arbeiterinnen und Arbeiter, Verkäuferinnen und Verkäufer gehören dazu. Angehörige dieses Milieus entwickeln ihre ästhetischen Routinen im Alltag, indem sie sich ausschließlich an das oben charakterisierte Spannungsschema anlehnen; von den beiden anderen Schemata distanzieren sie sich. Gefragt sind starke Erlebnisreize, die das Ich stimulieren, ohne daß es sich selbst anstrengen muß: Automatensalon, Videosehen, Autorennen, Diskotheken. Science Fiction, amerikanische Krimis und Zeichentrickfilme sind interessante Angebote im Fernsehen. Pop- und Rockmusik werden ebenso gehört wie deutsche Schlager. Zur Lektüre gehören die „Bildzeitung" und „Frau im Spiegel".
Milieuangehörige grenzen sich gegenüber den Anhängern der Hochkultur ab, die als konventionell gelten.
Im Kontrast zum „Harmoniemilieu", häufig die eigene Elterngeneration, beteiligen sich Mitglieder des „Unterhaltungsmilieus" aktiv an lokalen Szenen, insbesondere an der Sportszene und der Volksfestszene.
Abschließend läßt sich sagen, daß sich das „Unterhaltungsmilieu" weder mit dem „Selbstverwirklichungsmilieu" zu einer Jugendkultur zusammenfassen läßt, denn dafür sind die Bildungsunterschiede und die Stilpräferenzen zu unterschiedlich, noch mit dem älteren „Harmoniemilieu" zu einem einheitlichen „Arbeitermilieu". Auffällig und damit Thema öffentlicher Diskussionen werden folgende Untergruppen des Milieus: Fußballfans, Skinheads, junge Arbeitslose.

3.3.3 Die „soziale Landkarte"

Das Milieugefüge, die „soziale Landkarte" der Erlebnisgesellschaft zeigt in den Worten von Gerhard Schulze eine „gespaltene Vertikalität" (vgl. Schulze a.a.O., 399ff.), denn sie wird nicht durch eine dominierende vertikale Achse geprägt (vgl. Schulze a.a.O., 399ff.). Die Milieus als Erlebnisgemeinschaften entstehen entlang der Bildungsniveaus und – historisch neuartig – entlang der Altersunterschiede. Sie existieren dabei als deutlich abgegrenzte Großgruppen nebeneinander. In Schulzes Worten: Der Vertikalisierungseffekt, den die unterschiedlichen Bildungsniveaus ausüben, wird durch den Horizontalisierungseffekt des Alters konterkariert (vgl.: Schulze, a.a.O., 401).

Erlebnismilieus nach Schulze

Bildung

<table>
<tr><td>12</td><td>Abitur und Universität</td><td rowspan="6">Selbst-verwirk-lichungs milieu</td><td rowspan="5">Niveaumilieu</td><td>12</td></tr>
<tr><td>11</td><td>Abitur und Fachhochschule/Lehre</td><td>11</td></tr>
<tr><td>10</td><td>Abitur ohne Zusatzausbildung</td><td>10</td></tr>
<tr><td>9</td><td>Fachabitur und Fachhochschule</td><td>9</td></tr>
<tr><td>8</td><td>Fachabitur und Lehre</td><td>8</td></tr>
<tr><td>7</td><td>Mittlere Reife und berufsbildende Schule</td><td rowspan="3">Integrations-milieu</td><td>7</td></tr>
<tr><td>6</td><td>Mittlere Reife und Lehre</td><td rowspan="6">Unter-haltungs-milieu</td><td>6</td></tr>
<tr><td>5</td><td>Mittlere Reife ohne Zusatzausbildung</td><td>5</td></tr>
<tr><td>4</td><td>Hauptschule und berufsbildende Schule</td><td rowspan="4">Harmonie-milieu</td><td>4</td></tr>
<tr><td>3</td><td>Qualifiz. Hauptabschluß und Lehre</td><td>3</td></tr>
<tr><td>2</td><td>Einfacher Hauptabschluß und Lehre</td><td>2</td></tr>
<tr><td>1</td><td>Hauptschule ohne Lehre/ohne Abschluß</td><td>1</td></tr>
</table>

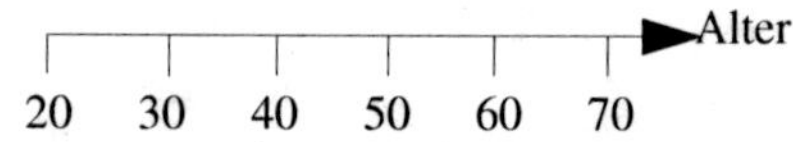

In diesem Modell werden die beiden Altersgruppen durch die Vierzig-Jahre-Linie voneinander getrennt. Das *Harmoniemilieu* umfaßt alle niedrigen Bildungsgrade bis zum Hauptabschluß einschließlich Abschluß einer berufsbildenden Schule; das *Integrationsmilieu* verschiedene Abstufungen der mittleren Reife (ohne Zusatzausbildung, mit Lehre, mit Abschluß einer berufsbildenden Schule); das *Niveaumilieu* alle Bildungsgrade vom Fachabitur aufwärts bis zur abgeschlossenen Universitätsausbildung. Bei den jüngeren Milieus umfaßt das *Unterhaltungsmilieu* alle niedrigen Bildungsgrade bis him zum Niveau von mittlerer Reife und Lehre. Zum *Selbstverwirklichungsmilieu* gehören alle Personen, die mindestens die mittlere Reife erreicht und eine berufsbildende Schule absolviert haben.

Der Vergleich mit dem Modell des Sinus-Institutes ergibt folgendes Schaubild:

Schulze	Sinus
Niveaumilieu	konservativ gehobenes Milieu
Selbstverwirklichungsmilieu	Technokratisch-liberales Milieu
	alternatives linkes Milieu
Integrationsmilieu	Aufstiegsorientiertes Milieu
Harmoniemilieu	kleinbürgerliches Milieu
	Traditionelles Arbeitermilieu
Unterhaltungsmilieu	Traditionsloses Arbeitermilieu

3.3.4 Fallbeispiel: „Skinhead Friedy, 20 Jahre"[6]

Friedy lebt in Köln. Zur Zeit beginnt er gerade eine zweite Lehre als Speditionskaufmann – in seinen Worten ist er nun – „so richtig working class". Vorher hat er Einzelhandel gelernt und das Fachabitur gemacht. Sein Vater war Bäcker von Beruf, seine Eltern sind geschieden, aufgewachsen ist er bei seinem Vater. Sein Einstieg in die Skinheadszene liegt schon 5 Jahre zurück; mit 15 hat er zum ersten Mal die Ska-Gruppe „The Specials" gehört, allerdings auch ziemlich viel Punkmusik. Irgendwann gab es dann Konzerte, zu denen er mit seinen Freunden ging, dann zu den Revivals. Alles wurde ein bißchen größer und irgendwie ist dann für ihn ein Kult daraus geworden. Seine Wurzel ist die „Rude Boy-Ecke", er sieht sich also in der Tradition der männlichen Nachkommen der westindischen Einwanderer in Großbritannien. Friedy trägt Glatze, dreimal hat er schon versucht, sich die Haare wachsen zu lassen, aber es hat einfach nicht geklappt. An den Wochenenden ist Spaß angesagt: Fußballspiele, die dritte und die vierte Halbzeit sind die besten, aber auch die „All-Nighters", die ganze Nacht durchgehenden Ska-Parties. Friedy zieht dann wieder seine alten Doc-Martens-

[6] Dieser Fall ist konstruiert in sehr enger Anlehnung an ein Interview, das in dem Buch von Klaus Farin/Eberhard Seidel-Pielen: Skinheads (1993, 163) veröffentlich ist. Informationen zur Skinheadszene und -Stil haben wir auch aus der 1997 erschienenen Publikation „Die Skins Mythos und Realität" herausgegeben von Klaus Farin, entnommen.

Schuhe an und poliert sein Tattoo. Mit seinen Freunden trinkt er Bier, manchmal ist „Koma-Saufen" drin, er tanzt auch und grölt die Musik mit. Besonders gern hört er zur Zeit Laurel Aitken. „Hart und smart", das ist sein stilistisches Motto.

Friedy ist stolz darauf, daß er sein eigenes Leben führt und tun und lassen kann, was er will; für die Dinge, die er macht, muß er grade stehen, so sieht er das. Innerhalb der Skinheadszene ist er lieber mit den rechten als den linken Leuten zusammen, denn die versuchen immer, ihm irgend ein Gespräch über Politik aufzudrängen. Darauf hat er einfach keinen Nerv. Aber eigentlich ist er mit allen in der Szene zusammen, die für ihn eine große Familie ist; seiner Ansicht nach sollte sich keiner streiten. Zu Beginn von S.H.A.R.P. (Skin Heads against Racial Prejudice) fand er diese Gegenbewegung zur Rechtsentwicklung der Szene völlig korrekt, er las auch hin und wieder das Fanzine „Skintonic" aus Berlin, aber aus seiner Sicht heute war S.H.A.R.P nur ein „fünf-Minuten-Ding".

Er findet, daß die Bezeichnungen rechts und links nur andere Worte sind für: „Bist Du gegen oder für Ausländer?" Er kennt Türken, die sind fit drauf und er kennt Türken, die sind asig drauf. Mit Nationalität habe das nichts zu tun. Sein eigentlicher Leitspruch aber ist der, wie er einmal in „Skintonic" zu lesen war:

> „Wir wollen weder Führerhauptquartiere, noch Politbüros. Die Frage, die uns wirklich tief beschäftigt, ist: Wo ist die nächste Party?"

Fragen:

1. Welche Begriffe in dieser Falldarstellung sind Ihnen fremd?
2. In welches Erlebnismilieu läßt sich Friedy einordnen?
3. Was wissen Sie über Skinheads?

3.3.5 Die Bedeutung von Gerhard Schulzes „Erlebnisgesellschaft" für die Soziale Arbeit

Die zentrale These des Beitrages von Gerhard Schulze zur Ungleichheitsforschung, nicht mehr die Knappheit, sondern die Qual der Wahl regiere heute das Handeln der Menschen, mag angesichts der wieder ansteigenden Armut in der Bundesrepublik verfehlt erscheinen. Dennoch ist seine Analyse der sozialen Folgen der Fülle an Waren und deren schneller Wandel

ein wichtiger Hinweis auf den veränderten Rahmen, in dem alle heute ihr Leben gestalten. Auch Menschen, die in Armut leben, müssen sich auf ihre Weise mit dem reichhaltigen Angebot des Erlebnismarktes auseinandersetzen und können sich nur um den Preis der sozialen Isolation diesem Zwang zum Stil völlig entziehen. Denken wir an die Angebote der Medien, mit denen ja auch arme Familien ausgestattet sind, gilt hier auch für sie das Prinzip der Qual der Wahl.
Eine jüngst erschienene Studie über die Straßenkarrieren von Jugendlichen belegt, daß gerade auch für diese Jugendlichen mit schwierigen biographischen Erfahrungen die Orientierung an einem der jugendspezifischen Stile, etwa Rap oder Punk eine Chance beinhaltet, sich in ihrer Identität zu stützen und in diesem Stil eine Heimat zu finden (vgl. Permien/Zink 1998, 237ff.). Gerhard Schulzes Forschungen unterstreichen die Notwendigkeit, sich nicht nur für die Probleme von Klientinnen und Klienten zu sensibilisieren, sondern auch für ihre ästhetischen Entscheidungen, die sich im Stil dokumentieren und die offenkundig nach Alter und Bildungsstand variieren. Je nach Arbeitsfeld der Sozialen Arbeit mag das unterschiedlich wichtig sein, besonders einsichtig ist das natürlich im Bereich der Kultur-, Medien- und Erlebnispädagogik. Gerade im Bereich der freiwillligen Angebote und Leistungen steht die Soziale Arbeit in einer starken Konkurrenz zu den Angeboten des Erlebnismarktes. Was kann sie an „schönen Erlebnissen" bieten? Zwangsläufig muß sie mit der detailreichen Kenntnis der vielfältigen Erlebnisangebote anzielen, für ihre Adressaten einerseits attraktiv zu sein und sie andererseits bei der Qual der Wahl zu unterstützen in Richtung einer bewußten, sicheren Entscheidung. Allerdings bildet Gerhard Schulzes Milieutypologie für den Bereich der Kinder- und Jugendarbeit hier lediglich eine grobrastige Folie, die mit Hilfe der Ergebnisse der Kinder- und Jugendkulturforschung ausdifferenziert werden muß. Denn nur diese Forschungen dokumentieren die stilistische Vielfalt innerhalb des Spannungsschemas, deren Kenntnis hier wichtig ist, etwa Rap, Techno, Punk u.a. (vgl. Zinnecker 87, Baacke 1999, SPoKK 1997).

3.4 Ein aktualisiertes Klassenmodell: Die Theorie des „sozialen Raums"

Pierre Bourdieu, ein französischer Soziologe, legte Ende der 60er Jahre eine interessante Neufassung einer Klassenanalyse vor. Gestützt auf empirische Studien in Frankreich entwickelte er eine Theorie des „sozialen

Raums" und der „sozialen Distinktion" (Unterscheidung). Seine Studie „Die feinen Unterschiede" wurde allerdings erst 1982 in deutscher Sprache veröffentlicht. Damit setzte eine bis heute andauernde Auseinandersetzung ein, die von sehr kritischen Einschätzungen bis zu konstruktiven Weiterentwicklungen (siehe 3.5) reicht.

Bourdieus Ausgangspunkt ist die Erkenntnis, daß sich Menschen in modernen Gesellschaften v.a. in bezug auf Lebensstile, Geschmack und Vorlieben etc. als ungleich erleben und voneinander abgrenzen. Dafür, wem man sich gleich, nahe oder fern, über- oder unterlegen fühlt, ist zwar immer noch wichtig, was und wieviel jemand an knappen Gütern wie Einkommen, Besitz, Bildung, oder Macht und Ansehen besitzt. Erkennbar wird die soziale Stellung im Vergleich zu anderen Gruppen jedoch v.a. daran, wie und wofür diese Mittel eingesetzt werden. Die Ursachen sozialer Ungleichheit können folglich nicht mehr nur in der Ausstattung mit ökonomischem Kapital (vgl. Marx, 1.1) gesucht werden. Auch kulturelle Kompetenzen und soziale Beziehungen eines Menschen werden wichtig. Damit steht Bourdieu auch in der Tradition der Weberschen Klassentheorie (1.2). Was dieser noch getrennt analysierte (ökonomische und soziale Klassen), will Bourdieu nun anhand der unterschiedlichen Zusammensetzung der Ressourcen und der unterschiedlichen Lebensstile, die sich daraus ergeben, zusammenführen.

Sein Interesse richtet sich darauf, wie sich soziale Ungleichheit trotz einer allgemeinen Verbesserung des Lebensstandards in Industriegesellschaften auf neuem Niveau stabilisiert. Er geht davon aus, daß der alltägliche Lebensstil nicht nur der deutlichste *Ausdruck* sozialer Ungleichheit in modernen Gesellschaften ist, sondern daß sich durch diese alltägliche Praxis auch die ungleichen Beziehungen zwischen Gesellschaftsgruppen („besser", „anders", „kultivierter") immer wieder herstellen. Wir befriedigen mit unserer Lebensführung nicht nur eigene Bedürfnisse – entsprechend unserer Mittel –, sondern setzen uns damit zugleich von anderen Gruppen ab bzw. versuchen, zu ihnen aufzuschließen. Mit dieser alltäglichen Praxis bestimmen wir in Bourdieus Sicht für uns und andere unseren Ort im sozialen Raum. Daher ist für ihn nicht nur die Frage wichtig, was wir haben, sondern auch, wie wir das, was wir haben, einsetzen.

Hradil hat das Menschenbild Bourdieus verglichen mit einem Kartenspieler, der mit dem ihm zugeteilten Karten sein Leben lang spielen muß (Hradil 1989). Dabei ist die Zusammensetzung der Karten wichtig, aber auch die Frage, welche „Kartenspiele" wir gelernt haben und wie gut wir die jeweiligen Strategien beherrschen.

3.4.1 Ursachen sozialer Ungleichheit

Bourdieu sieht soziale Ungleichheit durch verschiedene Ursachen begründet, für alle verwendet er jedoch den Begriff Kapital. Gemeinsam ist allen 'Kapitalsorten', daß sie immer „akkumulierte" (angehäufte) Arbeit darstellen, in welcher Form sie auch immer auftreten. Es kann sich um eigene Arbeit oder um die anderer handeln, die wir mit auf den Weg bekommen oder die uns vorenthalten wird (Bourdieu, 1983. 183). Jede Kapitalsorte muß hergestellt, kann erweitert, aber auch vernichtet werden. Sein Begriff von Kapital enthält also immer eine zeitliche Struktur, daher wird auch der biographische Verlauf der Kapitalaneignung (eigene Anstrengung, Erbe usw.) wichtig für den Gebrauch dieser Ressourcen. Auf diese Weise verknüpft er die Herkunft und den sozialen Werdegang mit der aktuellen Lage von Menschen.

Bourdieu unterscheidet folgende „Kapitalsorten“:

- das ökonomische Kapital
- das kulturelle Kapital
- und das soziale Kapital (1983).

Alle drei „Kapitalsorten“ gibt es in verschiedenen *Erscheinungsformen*, man könnte sagen: in unterschiedlicher Währung (Abb. S. 120).

Das *ökonomische Kapital* gibt es *objektiviert* als Geld (Vermögen oder Einkommen), das man investieren/konsumieren kann und ist *institutionalisiert* über Eigentums- und Erbschaftsrechte.

Das *kulturelle Kapital* gibt es in drei Varianten: es ist *inkorporiert*, das heißt an die Person gebunden in Form von Kompetenzen und Wissen, v.a. auch die spezifische Art und Fähigkeit, sich Neues anzueignen, auf Dinge zu reagieren, Unterscheidungen zu treffen. Diese Form der Bildung ist das, „was übrig bleibt, wenn man alles (Wissen, A.D.) vergessen hat", wie Bourdieu es mit einem französischen Sprichwort ausdrückt (vgl. Bock-Rosenthal 1992). Es ist *objektiviert* in Form von Kulturgütern, zum Beispiel Büchern, Bildern, die ich besitzen kann und schließlich ist es *institutionalisiert* in Form von Zertifikaten, Zeugnissen, Titeln, die eine bestimmte Kompetenz bescheinigen.

Mit *sozialem Kapital* meint Bourdieu den Umstand, daß soziale Beziehungen Ressourcen in Form von Information und Unterstützung zur Verfügung stellen können, die einzelne selbst nicht besitzen. Soziale Netzwerke gibt es *objektiviert* in persönlichen und beruflichen Netzwerken (zum Beispiel Verwandtschaft, Freundeskreis, Berufsverbände, Expertengremien); *institutionalisiert* kennen wir es als „Zugehörigkeitstitel" (Vereine, Parteien,

Clubs, Rotarier, Verbindungen). Der Wert des sozialen Kapitals hängt ab von der Ausdehnung des Netzes und dem Umfang des dort mobilisierbaren Kapitals. Soziales Kapital wird überall dort sichtbar in seinen Wirkungen, wo es Menschen mit der gleichwertigen ökonomischen und kulturellen Ausstattung gelingt, unterschiedliche Erträge zu erzielen.

Alle drei „Kapitalsorten" lassen sich untereinander austauschen: Aus einem Bildungszertifikat kann zum Beispiel eine Einkommenschance gemacht werden. Allerdings sind die Transferkosten unterschiedlich hoch. Die drei „Kapitalsorten" sind auch mit unterschiedlichen „Schwund"- und Verlustrisiken behaftet: So kann zum Beispiel eine Qualifikation veralten, Geld entwertet, Beziehungen abgebrochen werden. Ökonomisches Kapital ist gut transferierbar in andere Formen: Was ich an Wissen selbst nicht habe, kann ich mir (als Expertenwissen) kaufen, wer reich ist, hat auch mehr Beziehungen, denn es ist für andere Menschen attraktiv, Bessergestellte zu kennen. „Schwundrisiken" sind vorhanden in Form von Wirtschaftskrisen oder Kriegen, die Geld und andere Vermögenswerte vernichten bzw. Veränderungen in den Institutionalisierungen, das heißt dem Eigentums-, Erb- und Steuerrecht.

Die „Wechselkurse" des Bildungskapitals sind abhängig von der Form, in der das kulturelle Kapital vorhanden ist: Bei der inkorporierten Form des Wissens ist die Aneignung von Kapital zunächst nicht delegierbar: ich muß mich selbst bilden, mich selbst der Anstrengung des Lernens unterziehen (selbst wenn die Bildung Geld kosten sollte), so wie ich mich selbst in die Sonne legen muß, wenn ich braun werden will (Bourdieu 1983). Um es v.a. in Einkommenschancen zu verwandeln, ist es jedoch wichtig, daß es auch in institutionalisierter Form nachweisbar ist: Objektiviertes kulturelles Kapital kann ich mir kaufen, es ist in Form von Büchern, Bildern, Software-Programmen u.ä. vorhanden. Diese Güter sind also übertragbar, aber ihre Nutzung ist an kulturelle Kompetenzen gebunden: ein Buch setzt Lesekenntnisse voraus. Kulturelles Kapital in Form von Zertifikaten läßt sich leichter verwerten als Wissen, das ich „nur" (autodidaktisch) selbst erworben habe. Selbst wenn ich ein „geborener" Schreiner bin, gelte ich in Deutschland ohne Lehre als „ungelernter". In neuen Qualifizierungsbereichen, in denen es noch keine oder nur wenige Ausbildungen gibt, kann dagegen durchaus ein Autodidakt große Chancen haben, wie zum Beispiel die Computerbranche mit ihren jugendlichen Millionären zeigt. Der Wert von Bildungszertifikaten wiederum hängt von ihrer Seltenheit ab bzw. von der konjunkturellen Lage: Sie sind notwendige, aber nicht hinreichende Voraussetzungen und können über die Zeit entwertet werden. Frauen müssen

zum Beispiel befürchten, daß sie trotz beruflicher Ausbildung den Wiedereinstieg unter ihrem Qualifikationsniveau beginnen müssen. Das kulturelle Kapital bekommt einen wichtigen Stellenwert in einer hochtechnisierten Gesellschaft und die Fragen des Veraltens bzw. der Exklusivität des Wissens (zum Beispiel über Zugangsbeschränkungen) werden zu wichtigen Aspekten bei der Öffnung des sozialen Raums und den Auf- und Abstiegserfahrungen ganzer Berufs- und Bildungsgruppen (Bomdien 1983).
Das soziale Kapital wirkt als „Schmiermittel" bei diesen Umtauschprozessen: Man mobilisiert quasi für sich das Kapital der anderen, desjenigen, der für meine Kreditwürdigkeit bürgt, das Ansehen oder die politischen Einflußmöglichkeiten des Wohlfahrtsverbands, in dem ich tätig bin oder der „Schule", der ich als Wissenschaftler angehöre. Doch es muß geknüpft, geflickt, erhalten und gepflegt werden. Daher ist die Umwandlung von sozialem Kapital riskant: Man kann in die Undankbarkeitsfalle laufen, das heißt daß die eigenen Vorleistungen nicht entsprechend honoriert werden; man kann in die Falle einer „asymmetrischen Reziprozität" geraten, in der man für sozial Höherstehende stets mehr Vorleistungen erbringen muß, als man selbst aus der Beziehung ziehen kann und es gibt auch die Freundschaftsfalle, die bei zu großer Nähe dazu führt, daß man um der Qualität der Beziehung willen bestimmte Dinge als „unzumutbar" gar nicht erwarten darf. Die größte Wirkung entfaltet soziales Kapital dort, wo es in der Regel am seltensten auffällt, in der Herkunftsfamilie, in der das inkorporierte soziale Kapital der Eltern als Startkapital für die Kinder wirkt (a.a.O.).
Die drei „Kapitalsorten" sind nicht unabhängig voneinander zu begreifen: Kulturelles Kapital ist nur erwerbbar, wenn man Zeit investiert, sich also aus der Sphäre des Erwerbs ökonomischen Kapitals zurückzieht. Letzteres wird wiederum nicht nur als materielles Erbe weitergereicht, sondern auch die Art und Weise, wie damit umzugehen ist, wie man es mehrt, pflegt, ausgibt. Auch die Zeit spielt eine wichtige Rolle: Es ist ein Unterschied, ob gerade erworbenes kulturelles Kapital mit Beflissenheit oder mit der Selbstverständlichkeit langer Familientradition eingesetzt werden kann. Eine Quelle „symbolischer" Macht liegt schließlich darin, daß bestimmte Gesellschaftsgruppen für sich und andere entscheiden können, was wichtig ist, um sich von „anderen" unterscheiden zu können.

3.4.2 Erscheinungsformen sozialer Ungleichheit

Nach Bourdieu bestimmt nicht nur der Umfang der einzelnen „Kapitalsorten" über die Zugehörigkeit des Einzelnen zu sozialen Gruppen und über seinen Ort im sozialen Raum, sondern auch die Form, in der die „Kapitalsorten“ vorhanden sind und v.a. auch das Verhältnis der drei Sorten untereinander (1982,182ff.).

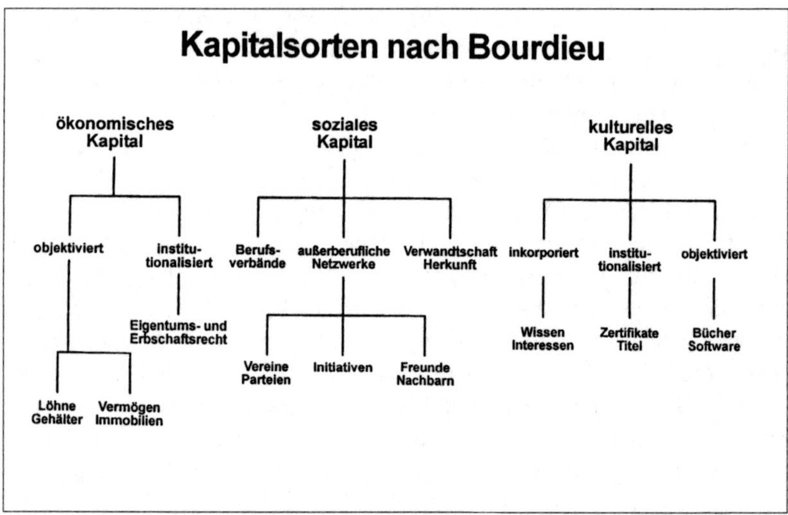

Anhand der Zusammensetzung der „Kapitalsorten“ verortet Bourdieu Klassen und Klassenfraktionen in einem „sozialen Raum”. Die beiden wichtigsten „Kapitalsorten“, das ökonomische und das kulturelle Kapital bilden die Koordinaten dieses sozialen Raumes (a.a.O.,195). Das Ausmaß der Ausstattung mit diesen beiden Sorten bildet die vertikale Dimension des sozialen Raums: Je mehr, desto weiter oben wird eine Klasse verortet, je weniger, desto weiter unten ist sie angesiedelt. Auf dieser vertikalen Achse unterscheidet Bourdieu die Arbeiterklasse, das Kleinbürgertum und die Bourgeoisie. Auf der horizontalen Achse trägt Bourdieu je nach Zusammensetzung der beiden Kapitalsorten unterschiedliche *Klassenfraktionen* ein: Je höher das finanzielle Kapital im Vergleich zum Bildungskapital ist, desto weiter rechts im sozialen Raum wird sie positioniert. So befinden sich zum Beispiel das Finanzkapital und Bildungsbürgertum weit oben im sozialen Raum, allerdings das eine rechts und das andere links. Das Kleinbürgertum differenziert er in eine aufstrebende und eine absteigende Fraktion. Die Arbeiterklasse ist unterschiedslos durch Mangel an allen drei „Kapitalsorten“ charakterisiert (a.a.O.,196ff.).

Die Verfügung über unterschiedliche Niveaus, Zusammensetzungen und Formen der „Kapitalsorten" prägt die Praxis der Menschen. Sie kennzeichnen deren Chancen, in der Konkurrenz zu anderen Klassen Kapital zu vermehren oder in seiner Zusammensetzung möglichst günstig zu verändern. Im Lebensstil, ihrer alltäglichen Praxis der Lebensführung markieren Menschen nach Bourdieu selbst immer wieder ihren sozialen Ort. Daher steht der Lebensstil als Erscheinungsform sozialer Ungleichheit und als Mechanismus der Stabilisierung der Ungleichheitsstruktur im Mittelpunkt seines Konzepts. Allerdings leitet Bourdieu den spezifischen Lebensstil von Klassenfraktionen nicht einfach aus ihrer objektiven Lage im sozialen Raum ab, als Scharnier führt er einen weiteren Schlüsselbegriff ein: den *Habitus* (lat. Erscheinung, Haltung, Gehaben).
Die Erfahrungen mit der Ressourcenausstattung der Herkunftsfamilie prägen Zielsetzungen und die Auseinandersetzung mit der eigenen Lage im sozialen Raum. Die Überzeugungen, was man im Leben anstreben, erhalten, verteidigen soll, wird durch die vorgelebte und übernommene Praxis erworben und quasi „einverleibt". Habitus beschreibt die unbewußte Bildungs- und Formungsarbeit durch Einleben und Eingewöhnung, durch den kollektiven Prozeß, in dem sich herrschende Verhältnisse einschreiben in unseren Körper. Die weitgehend unbewußte Struktur des Wahrnehmens, Bewertens und Verhaltens bezeichnet Bourdieu als Habitus. Er spricht von begrifflosen Erfahrungen, die unter die Haut gehen und daher auch nicht einfach abzulegen sind (Bourdieu 1997, 171). Man könnte sagen, Bourdieu interessiert nicht das Klassenbewußtsein, sondern das Klassenunbewußtsein (Frerichs 1997, 35). Indem wir so handeln, wie wir es gewöhnt sind, enthüllen wir quasi unseren „praktischen Sinn" für unseren eigenen Platz in der Gesellschaft und bestätigen ihn damit. So wird zum Beispiel Sparsamkeit dort als Tugend definiert, wo die Lebensumstände sie notwendig machen, sie führt aber auch dazu, daß andere es unbegreiflich finden, daß der Arme „nicht richtig wirtschaften kann", und „über seine Verhältnisse lebt". Der Habitus gibt sowohl Handlungsstrategien als auch Handlungsziele vor, auch dann, wenn die Ressourcen eines Menschen sich verändern. Damit meint Bourdieu nicht, daß das tatsächliche Verhalten einzelner Gruppen oder Menschen vorhersehbar wird, sondern eher die Art und Weise, wie Situationen wahrgenommen werden, was als Handlungsalternativen gar nicht erst in den Blick gerät, oder welche Schwierigkeiten es bereiten kann, bisher nicht Gewagtes zu wagen. Der Habitus bestätigt sich quasi immer wieder selbst, weil mit den vertrauten Strategien und Zielsetzungen immer nur ähnliches zu erreichen ist. Habitus benennt also die uns unbewußten Erb-

schaften unserer Herkunft, die auf Ritual, Gewöhnung, Anpassung beruhen und uns in sozial typischen Handlungsmustern festhalten, wenn wir längst anders handeln könnten oder wollten. Er kann Menschen daher auch im Wege stehen, wenn sie ihren sozialen Platz verlassen oder verlassen wollen (Bourdieu 1997, 170).

Für die Arbeiterschaft beschreibt Bourdieu einen Habitus der Notwendigkeit: Er ist gekennzeichnet durch einen „realistischen Hedonismus" (genießen, was die Situation bietet) und durch Materialismus, in dem Dinge nach ihrem Gebrauchswert, und ihrer Funktionalität bewertet werden. Das absteigende Kleinbürgertum zeichnet sich durch die Erfüllung vorgegebener Normen aus, das prosperierende durch Bildungsbeflissenheit, die demonstrieren soll, daß es sich in der Hochkultur auskennt und die Werte akzeptiert. Ein sicherer, spielerischer Umgang mit kulturellen Werten, Wissen und Regeln wird allein der Oberschicht attestiert. Diesen Habitus bezeichnet Bourdieu als „Distinktion", denn nur diese Klasse verfügt über die symbolische Macht, kulturelle Standards zu setzen. Über den Ausweis des sicheren Geschmacks und des individuellen Umgangs damit kann sie sich von allen anderen Klassen abgrenzen und zugleich ihre Standards als allgemein geltende durchsetzen. Das Kleinbürgertum versucht diesen Standards beflissen zu entsprechen. Die Arbeiterklasse insgesamt bleibt abgekoppelt, lebt in ihrer alltäglichen Praxis in großer Distanz zu den anderen Lebensstilen (Bourdieu 1982).

Die Klassenlage und die Position im sozialen Raum erschließen sich also nicht einfach aus der unterschiedlichen Ausstattung mit Ressourcen, sondern erst dadurch, was Menschen aus dem, was sie haben, machen. Weil Menschen vermittelt über den Klassenhabitus in ihrer Praxis der Lebensführung die Zugehörigkeit zu Klassenfraktionen demonstrieren, reproduzieren sie damit selbst soziale Ungleichheit. Durch Lebensstil bezeugen sie Zugehörigkeit und damit oft auch ohne Absicht „Distinktion", das heißt Anderssein. Dies kann zum Beispiel durch Elemente vermittelt werden, die den sozialen Ort besonders deutlich kennzeichnen, wie etwa Sprachgebrauch. Es kann über Lebensstil jedoch auch die demonstrative Abkehr oder Abwertung anderer Lebensstile erfolgen, zum Beispiel indem man sich durch die beflissene Übernahme neuer Statussymbole von „Verlierern" im Modernisierungsprozeß abzusetzen versucht.

Der Verzicht auf den Besitz eines Fernsehgerätes kann aus Armut erzwungen sein, aber auch aus kultureller Überlegenheit erfolgen. Erst diese symbolischen Bewertungen entscheiden über den Stellenwert einer solchen Praxis im sozialen Raum: Was für die einen Statusverlust in bezug auf diejenigen darstellen kann, die in ähnlichen Verhältnissen leben, kann bei anderen signalisieren, daß sie sich dieses Gut nicht nur leisten könnten, sondern es sich auch leisten können, darauf zu verzichten. Damit kann man auch soziale Distanz gegenüber all den Gruppen ausdrücken, die darin ein wichtiges Requisit ihres Alltags sehen. Diese Distanziertheit demonstriert die Überlegenheit, neue Standards setzen zu können und damit, in Bourdieus Worten, symbolische Macht auszuüben (vgl. Bock-Rosenthal 1992, 207).

3.4.3 Die „soziale Landkarte"

Bourdieu selbst bezeichnet den sozialen Raum, den er entwirft, als „ein Konstrukt, das analog einer Landkarte einen Überblick bietet, einen Standpunkt oberhalb der Standpunkte, von denen aus die Akteure ... ihren Blick auf die soziale Welt richten" (1987, 277). Diese Landkarte umfaßt nicht nur das Feld materieller Ausstattung, sondern auch den kulturellen Raum. Die Versuche einzelner Menschen, das eigene Fortkommen mit den übernommenen und erworbenen Ressourcen zu bewerkstelligen, führen zu typischen Anordnungen der Klassen übereinander und der Klassenfraktionen nebeneinander. Die Trennlinien zwischen diesen Territorien werden vermittels unterschiedlicher Lebensstile immer wieder markiert: Hinter „Geschmacksfragen" enthüllt sich die Abgrenzung nach Andersartigkeit und Höherwertigkeit.

Die „soziale Landkarte", die Bourdieu für Frankreich Ende der 60er Jahre entwirft (1982, 212f.), nimmt daher nicht nur Daten zum Einkommen und Vermögen, zum Bildungs- und Berufsstatus auf, sondern kombiniert diese mit spezifischen Freizeitbeschäftigungen, Musik- und Literaturgeschmack usw. Diese Landkarte ist nicht einfach übertragbar auf die Bundesrepublik, wohl aber ihr Prinzip (vgl. Vester, 3.5 in diesem Band). Durch die Berücksichtigung von Ausmaß und Zusammensetzung der „Kapitalsorten" wird auf dieser Karte sowohl die weiterbestehende vertikale Abstufung in Oben, Mitte und Unten erkennbar, als auch die Verteilung der Klassenfraktionen im sozialen Raum. Es wird anschaulich, welche soziale Nähe einzelne Klassenfraktionen zueinander haben bzw. wie groß die soziale Distanz zwischen manchen Gruppen ist. Dadurch erhält man auch einen Überblick über mögliche Beziehungen zwischen Klassen- und Klassenfraktionen (Abgrenzung oder Zugehörigkeit), woraus man Annahmen über den Aufbau von sozialem Kapital und über unterschiedliche Lebensstile ableiten kann. So haben zum Beispiel arbeitslose Akademiker, die sich in ihrem ökonomischen Kapital nicht von Arbeitern unterscheiden, aufgrund ihres kulturellen

Kapitals einen anderen Lebensstil als Aushilfsarbeiter mit gleichen Einkommen, aber weniger kulturellen Kompetenzen. Sie verfügen zugleich über andere Informations- und Unterstützungsnetze.

3.4.4 Fallbeispiel: „Erfolgreiche Kapitalumwandlungen von Gérard Depardieu"

Gérard Depardieu wurde am 27.12.1948 in der Provinzstadt Châteauroux südlich von Paris als drittes von sechs Kindern geboren. Er wuchs in ärmlichen Verhältnissen auf. Sein Vater arbeitete als Schmied und Metallschlosser. Der Lohn reichte nicht aus, um die große Familie zu ernähren, zusätzlich mußte die Familie Sozialhilfe beantragen. Der Vater verfiel immer mehr dem Alkohol, die Mutter war somit allein gelassen bei der Erziehung der Kinder. Gérard besuchte die Hauptschule, er war ein schlechter Schüler, galt als „enfant terrible", stotterte. Mit dreizehn Jahren verließ er die Schule, begann eine Druckerlehre, die er aber abbrach. Er nahm Boxunterricht, verdiente etwas Geld als Sparringpartner, knüpfte Kontakte zu Amerikanern auf dem nahegelegenen NATO-Stützpunkt. Er war gut im „Organisieren" amerikanischer Waren. 1964 lernte er Michel Pilorgé, einen Arztsohn kennen. Trotz ihrer unterschiedlichen Herkunft wurden beide Freunde, Gérard folgte Michel nach Paris, wo dieser an einer Schauspielschule studierte. Durch Michel vergrößerte und veränderte sich sein Beziehungsnetz entscheidend: Er lernte viele 'gebildete' Menschen kennen, darunter auch einen bekannten Schauspiellehrer. Dieser erkannte sein Talent, bildete ihn kostenlos aus und vermittelte ihn an einen Sprachtherapeuten, der sein Stottern behob.

1972 hat er seinen ersten großen Erfolg als Filmschauspieler. Mit steigender Berühmtheit steigt seine Gage. So wie er früher vom Ruf seines Freundes Michel profitierte, der ihm Türen öffnete, so fällt ein Teil seines Erfolges nun wieder auf seine Förderer und Mentoren zurück. (Zusammengestellt nach Betz u.a. 1998).

Frage:

Welche „Kapitalsorte" sehen Sie in dieser Lebensgeschichte als besonders entscheidend an? Wo liegen die Risiken dieser Kapitalumwandlungen?

3.4.5 Die Bedeutung für die soziale Arbeit

Die Konzeption des sozialen Raums und die Erweiterung des Kapitalbegriffs und Bourdieus Überlegungen zu den Austauschrelationen zwischen den „Kapitalsorten" lassen sich in der Sozialen Arbeit durchaus sinnvoll anwenden.

Mit dem Blick auf vielfältige Ressourcen und deren Zusammensetzung kann bei der Analyse von Lebenssituationen vermieden werden, sich einseitig nur auf materielle Ressourcen zu konzentrieren. Besonders die Bedeutung des kulturellen Kapitals – gerade dort wo es nur in geringer oder in wenig gefragter Form existiert, wird in diesem Ansatz deutlich: Wer durch sein Bildungskapital dem geltenden kulturellen Standard nahe ist, kann eher Risiken in der Berufslaufbahn abfedern. Die unterschiedlichen „Tauschwerte" von Ressourcen begrenzen die Chancen einzelner Menschen, aus eigener Kraft die Lebensbedingungen zu verbessern: Berufliche Qualifikationen, die in der DDR ein gutes Auskommen sicherten, verloren zum Beispiel aufgrund der Transformation des Wirtschaftssystems ihren Tauschwert. Hilfe zur Selbsthilfe ohne die Berücksichtigung der unterschiedlichen Tauschrelationen kann, das lehrt Bourdieu, nicht greifen.

Die Bourdieusche Konzeption wirft auch auf Netzwerkansätze in der sozialen Arbeit ein kritisches Licht, weil die akkumulierte Arbeit, die in sozialem Kapital steckt, und die Möglichkeit seiner „Entwertung" deutlich werden. Mittels des Habituskonzepts kann die eingeschränkte Wirkung von Aufklärungsbemühungen erklärt werden und auch die Erfahrung, daß Menschen zuweilen Handlungsmöglichkeiten, die ihnen neu eröffnet werden, anfangs nur zögerlich wahrnehmen. Auch Abwehrreaktionen von Sozialpädagoginnen gegenüber Klienten lassen sich auf der Basis klassenspezifischer Habitusformen als Ausdruck sozialer Distinktion nachvollziehen.

Allerdings kommt die Wirkung von Lebensbedingungen, über die Menschen nicht einfach im Sinne individueller Ausstattung verfügen (zum Beispiel Infrastruktur, Gestaltung des Bildungswesens etc.) in Bourdieus Konzept zu kurz. Zu fragen ist dabei v.a., ob sich aus der historischen Erfahrung einer allgemeinen Verbesserung der Lebensbedingungen (auch für die Arbeiterschaft) nicht auch Habitusveränderungen ergeben haben. Auch das Bild eines relativ geschlossenen Aktionsraums der einzelnen Gesellschaftsgruppen und einer großen Distanz der Lebenswelten, das er entwirft, sollte empirisch geprüft werden: Die Beziehungen zwischen Klienten und Professionellen in der sozialen Arbeit stellen zum Beispiel auf der beruflichen Ebene eine typische Kreuzung sozialer Welten dar (vgl. Hradil 1989).

3.5 Milieus als „lebensweltliche Klassen in der pluralisierten Klassengesellschaft"

Die aktuellen Studien zum gesellschaftlichen Strukturwandel in der westlichen Bundesrepublik von Michael Vester sind besonders reichhaltig an Denkanstößen und aktuellen empirischen Befunden (Vester u.a. 1993; Vester 1998). Ihr theoretisches Fundament enthält das Gedankengut insbesondere von Max Weber, Theodor Geiger und Pierre Bourdieu; ihre Erhebungsmethoden stehen einerseits in der Tradition der Sinus-Milieuforschung, andererseits gehen sie weit darüber hinaus: Zu erwähnen sind hier zum Beispiel eine umfangreiche berufsstatistische Analyse und Erhebungen von gesellschaftspolitischen Grundeinstellungen und Gesellungsstilen der Befragten. Die Auswertungsarbeiten sind noch nicht abgeschlossen.
Diese Studien möchten die Wirkungen der Modernisierungsprozesse der bundesrepublikanischen Gesellschaft in den letzten 40 Jahren auf das Ungleichheitsgefüge analysieren und damit „die veränderte Landkarte sozialer Milieus und Mentalitäten hauptsächlich Westdeutschlands" neu entwerfen (Vester u.a. 1993, 13).
Diese Modernisierungsprozesse lassen sich kurz folgendermaßen charakterisieren (Vester u.a. 1993, 108, 247ff.): Die traditionellen Großmilieus, etwa alter Mittelstand und Arbeiterschaft haben sich pluralisiert. Nur zum Teil handelt es sich hier um eine neue Entwicklung, denn diese Vielfalt der traditionellen Großmilieus hatte es früher schon gegeben. Die Erwerbsarbeit hat sich umstrukturiert: Längere Ausbildungszeiten, frühere Verrentung, Reduzierung von Lebens- und Wochenarbeitszeit sind häufig. Beschäftigungen haben zugenommen, die im weiten Sinn mit Kommunikation, Information, Gesundheit und Bildung zu tun haben. Zur Ausübung dieser „neuen Berufe" bzw. Dienstleistungsberufe ist ein hohes Bildungsniveau nötig. Diese Zunahme an Bildung (Bourdieu: „Kulturelles Kapital") bedeutete in den 70er Jahren eine Erweiterung sozialer und kultureller Chancen für bestimmte Arbeitnehmergruppen, insbesondere Arbeiter- und Angestelltenkinder und jüngere Frauen. Ende der 80er Jahre war ein knappes Viertel der westdeutschen Erwerbsbevölkerung in diesen Berufen beschäftigt (Vester 1998, 124). Das Ungleichheitsgefüge wurde also durchlässiger. Eine höhere Bildung führte bei den Menschen zu einer vielfältigen Horizonterweiterung und einem Interesse an Selbstverwirklichung (Vester u.a. 1993, 247ff.). Diese Prozesse werden auch als Individualisierung bezeichnet: Menschen erhalten mehr Handlungsoptionen und Selbstbestimmung, die soziale Kontrolle läßt nach. Dieser soziale Wandel hatte jedoch Schattenseiten und Grenzen (vgl. 2.7).

Die TrägerInnen der neuen sozialen Bewegungen, etwa Ökologie-, Frauen- und Friedensbewegung in den 70er und 80er Jahren gelten als Prototypen für diese sozialen Wandlungsprozesse. Ob diese Dynamik u.a. zu stabilen, neuen Milieus geführt hat, ist eine der vielen Fragen, die diese Studien verfolgen.

3.5.1 Ursachen sozialer Ungleichheit

Vester und andere unterscheiden sechs „Strukturierungsprinzipien", nach denen Menschen ungleiche Lebenschancen erhalten (Vester u.a. 1993, 299ff..):
1. Das meritokratische Prinzip. Hiermit ist die Chance gemeint, allein durch individuelle Leistungen Bildungs- und Berufspositionen zu erwerben. Modernisierung der Gesellschaft und soziale Gerechtigkeit lassen sich damit verbinden. Dieses meritokratische Prinzip („wer sich verdient macht, soll herrschen") ist erklärtes Ziel sozialliberaler und sozialdemokratischer Politik und spielt auch im Alltagsbewußtsein der Menschen eine Rolle.
2. Kapitalhegemonie als zweites Strukturierungsprinzip der Verteilung sozialer Chancen begrenzt den Zugang zu höheren Erwerbspositionen mit Hilfe von Schließungsmechanismen und setzt damit das meritokratische Prinzip außer Kraft. Diese Schließungsmechanismen haben seit Mitte bzw. seit Ende der 70er Jahre zugenommen und trafen insbesondere Teilgruppen der Gesellschaft, die machtlos waren und wenig soziales Ansehen genossen.
3. und 4. Patriarchat und Ethnozentrismus als weitere Strukturierungsprinzipien treffen mit ihren Schließungsmechanismen Frauen und als ethnisch, das heißt als „nicht deutsch" definierte Gruppen in der bundesdeutschen Gesellschaft. Soziale Ungleichheit ist also auch Folge von Zuschreibungsmechanismen (vgl. 5.2).
5. und 6. Der Zugang zu Lebenschancen wird auch nach dem Lebens- und Familienzyklus und einem Elite-Masse-Schema beeinflußt. Hier verlaufen die Schließungsmechanismen nach Alter, das heißt einzelnen Gruppen von jungen und alten Menschen wird der Zugang zu etablierten Bildungs- bzw. Erwerbspositionen verwehrt. Das kann zum Beispiel Jugendliche treffen, die sich schon in der Schule den Leistungsanforderungen verweigern. Oder Schließungsmechanismen verlaufen entlang bestimmter Sozialmilieus, die die herrschenden oder „legitimen" Werte der Gesellschaft nicht vertreten. Das können zum Beispiel ältere Menschen, aber auch Jugendliche sein, die ihre Identität über ihre körperliche Arbeitskraft beziehen und nicht über Bildung.
Diese sechs „Strukturierungsprinzipien" der sozialen Ungleichheit werden im Rückgriff auf die reichhaltige Theoriegeschichte der Ungleichheitsforschung erklärt. Die bundesrepublikanische Gesellschaft läßt sich als Klas-

sengesellschaft bezeichnen und damit als eine Gesellschaft, die vom Gegensatz zwischen Kapital und Arbeit geprägt ist. Vesters Klassenbegriff erfaßt jedoch nicht nur die Positionen von Menschen in der Wirtschaftssphäre, sondern auch ihre alltäglichen Lebensbedingungen und -interessen. Dieses Begriffsverständnis weist zurück auf Pierre Bourdieu und den britischen Historiker Edward P. Thompson.

Klassen heute verkörpern also nicht die ökonomischen Interessen von Menschen in Reinkultur, sondern ihre tatsächlichen Lebenszusammenhänge; sie sind Gemeinschaften, die sich historisch entwickelt haben, relativ langlebig sind und die sich nach außen abgrenzen. Damit sind Klassen soziale Milieus, die Menschen in ihrer alltäglichen Praxis selbst herstellen. Hier sammelt sich ein Erfahrungsschatz eines Berufs, der Familie, des Freundeskreises und der Nachbarschaft an. Dieser begrenzte Erfahrungsschatz speist die milieuspezifischen Mentalitäten der Menschen. Mentalitäten sind die unausgesprochenen praktischen Ethiken der alltäglichen Lebensführung, „... die eine komplexe Balance zwischen Lebenszielen, persönlichen Bedürfnissen und äußeren Bedingungen in den verschiedensten Lebensbereichen zu steuern haben”. (Vester 1998, 119) Mentalitäten enthalten Gefühlsambivalenzen und damit Widersprüche, sie werden weniger rational reflektiert als abstrakte Ideologien. Daher können soziale Milieus gegenüber Ideologien einerseits abschirmen, andererseits auch vermitteln. Vester u.a. charakterisieren das als „praxeologischen Bruch” zwischen Alltagspraxis und abstrakter Ideologie. Damit knüpfen sie an Theodor Geiger an (vgl. 1.3.). Die sozialen Milieus führen also ein Eigenleben, sie bilden zur ökonomischen Lage der Menschen tendenziell den kontrastierenden Pol, aus dem sie soziale Erfahrungen schöpfen.

Das bundesrepublikanische Ungleichheitsgefüge wird in Anlehnung an die „Theorie des Sozialen Raums” von Pierre Bourdieu als ein komplexer Gesamtzusammenhang entworfen. Es enthält mehrere Ebenen: Rangpositionen im Erwerbsleben („ökonomisches Kapital”), die Konflikte zwischen den Klassenmilieus und das hierarchische Geschlechterverhältnis prägen seine Gestalt auf der vertikalen Ebene. Die verschiedenen Wirtschaftssektoren Landwirtschaft, industrielle Produktion und Dienstleistungen markieren die horizontalen Linien für die Positionierung einzelner Milieuanghöriger. Auf der zeitlichen Ebene des Ungleichheitsgefüges bilden sich die soziale Mobilität der Gesellschaftsmitglieder und die sozioökonomischen Wandlungsprozesse innerhalb und zwischen den verschiedenen Feldern des sozialen Raumes ab (Vester u.a. 1993, 250).

Da die Beziehungen zwischen den lebensweltlichen Klassen untereinander im Prinzip konflikthaft sind, entstehen gerade in Zeiten zunehmender Ver-

teilungskämpfe Konfrontationen, bei denen sich die lebensweltlichen Klassen zu politischen Koalitionen zusammenschließen. Konflikte und Spannungslinien aus verschiedenen historischen Perioden überlagern und verschränken sich dabei. Allerdings entwickeln sich aus den lebensweltlichen Klassenzusammenhängen der Menschen nicht zwangsläufig politische Positionen. Die Milieus führen – wie gesagt – ein Eigenleben, das sie von den Ideologien und parteipolitischen Lagern abkoppeln kann. Entsprechend ihrer Erfahrungen von gesellschaftspolitischen Auseinandersetzungen orientieren sich die Angehörigen der sozialen Milieus auf politisch-ideologischer Ebene noch einmal neu: Die politische Bühne zeigt ein anderes Bild als die alltägliche Milieupraxis. Vester u.a. verstehen die Dynamik im Ungleichheitsgefüge als Folge davon, daß Angehörige verschiedener sozialer Milieus in den 70er Jahren einem geringeren sozial normierenden Druck ausgesetzt waren und sich für sie soziale, kulturelle und politische Chancen eröffnet haben. Erweiterte Lebensentwürfe, aber auch dazu im Kontrast Verunsicherung, Anomie (Fehlen von als verbindlich erachteten Normen) bzw. das Anklammern an alte Verhaltensmuster waren bei verschiedenen Gruppen von Menschen die Folge. Wenn diese sozialen Öffnungen zu Verteilungskämpfen führen, dann wachsen früher oder später auch diejenigen Kräfte und Bedingungen, die auf eine Zurücknahme dieser Öffnungen drängen (Vester u.a., 113ff.). Schließungsstrategien sind somit ein Machterhaltungskonzept von sozialen Gemeinschaften, wie Klassen oder auch Gruppen, die aufgrund von Geschlecht oder ethnischer Zugehörigkeit entstehen.
Die Dynamik in der Ungleichheitsstruktur der westlichen Bundesrepublik ergibt sich also aus je spezifischen Konstellationen, in denen soziale Chancen eröffnet und gleichzeitig wieder geschlossen werden (Vester 1998, 123): Während sich in den 70er Jahren das Ungleichheitsgefüge (der „soziale Raum") geöffnet hat, haben soziale Schließungsmechanismen entlang der vertikalen Klassenbarrieren seit Ende der 70er Jahre dazu geführt, daß Privilegien zunehmend deutlich auseinanderklaffen und die Zahl derjenigen steigt, die sich in ihrem Vertrauen auf die Leistungsgerechtigkeit innerhalb der Gesellschaft geprellt fühlen. Benachteiligt waren vor allem Frauen, alte Menschen, gering qualifizierte junge Arbeiter, Ausländer und Einwohner strukturschwacher Regionen.

3.5.2 Erscheinungsformen von sozialer Ungleichheit

Die Ergebnisse hinsichtlich der Erscheinungsformen sozialer Ungleichheit gründen sich im wesentlichen auf folgende Erhebungen:

1. auf eine berufsstatistische Analyse über den Zeitraum von 1950 bis 1987;

2. auf eine repräsentative Befragung aus dem Jahre 1991 von 2684 deutschsprachigen Einwohnerinnen und Einwohnern;

3. auf drei regionale Studien der sogenannten neuen Bewegungsmilieus mit Interviews von Milieuangehörigen und ihren Eltern (Zweigenerationeninterviews mit 24 sowie 212 Befragten).

Es lassen sich in der bundesrepublikanischen Gesellschaft vertikal untere, mittlere und obere Klassenpositionen unterscheiden, die mit einer jeweils unterschiedlichen Haltung (Habitus) bzw. Mentalität verbunden sind: Menschen in oberen Klassenpositionen neigen zu einem anspruchsvollen Lebensstil, der sich bewußt von anderen abheben möchte, kurz als anspruchsvoll-distinktiver Habitus bezeichnet wird. Menschen in mittleren Klassenpositionen neigen dagegen zu „strebend-prätentiösen" Haltungen, Inhaber der unteren Klassenpositionen zu einem Habitus der „Notwendigkeit und Bescheidenheit", zur Alltagsethik der „einfachen Leute" (Vester u.a. 1993,17). In jeder der drei Klassenpositionen haben sich auf der horizontalen Ebene jeweils verschiedenartige soziale Milieus herausgebildet, so daß die so pluralisierte Klassenstruktur der bundesrepublikanischen Gesellschaft in neun soziale Milieus zerfällt mit jeweils unterschiedlichen Gesellungsstilen und gesellschaftspolitischen Grundeinstellungen. Diese Ausdifferenzierung der Klassenpositionen auf der Horizontalen in unterschiedliche soziale Milieus ist unter anderem deshalb entstanden, weil seit den 50er Jahren mit regionalen Unterschieden immer neue Teilbereiche der Erwerbstätigkeit von Modernisierungsschüben erfaßt worden sind. Das heißt Berufe mit traditioneller, körperlicher Arbeit, etwa in Landwirtschaft und Industriearbeit sind weniger, Berufe in der Mikroelektronik und im Dienstleistungsbereich sind zahlreicher geworden. Gemeinhin spricht man hier in Anlehnung an Jean Fourastié (1949) davon, daß der „Primäre Sektor" (Landwirtschaft) und der „Sekundäre Sektor" (produzierendes Gewerbe) an Bedeutung für die gesamte Wirtschaft verloren haben und der „Tertiäre Sektor" (Dienstleistungsbranchen) an Bedeutung gewonnen hat. Zahlen belegen diese Entwicklung in Deutschland. Der Anteil der Beschäftigten in der Landwirtschaft schrumpfte zum Beispiel von 23% aller Beschäftigten im Jahre 1950 auf 4% im Jahre 1990 (Vester u. a., 261). Dienstleistungsberufe im „Tertiären Sektor" wuchsen zwischen 1950 und 1990 kontinuierlich von 33% auf 56% aller Beschäftigten an (Vester u.a. 1993, 262). Diese Veränderungen auf dem Arbeitsmarkt mußten von der jüngeren Generation bewältigt werden. Das Anforderungsprofil vieler Berufe im „Tertiären Sektor" verlangt eine höhere Bildung als viele Berufe der beiden anderen Sektoren. Daher pluralisieren sich die Erscheinungsformen sozialer Ungleichheit in den drei Klassenpositionen auf der horizontalen Ebene nach „modernisierten" Berufen (zum Beispiel Informatiker) „teilmodernisierten" und „traditionellen Berufen" (zum Beispiel Bergarbeiter). Trotz der absolut gewachsenen Einkommen und Qualifikationen blieben jedoch die relativen vertikalen Rangabstände in der Erwerbssphäre in etwa gleich; das heißt die Überwindung der Klassenschranken ist nur in Einzelfällen möglich. Die Erscheinungsformen sozialer Ungleichheit zeigen darüberhinaus auch noch an, ob es sich um weibliche Vertreterinnen eines Berufes handelt, wie alt jemand ist, wie hoch der tatsächliche Bildungsgrad und das Einkommen ist und welche sozialrechtliche Stellung jemand einnimmt (Selbständig oder nicht, keine oder wieviele abhängig Beschäftigte). Frauen finden sich sehr viel häufiger als Männer in Angestelltenberufen, als mithelfende Familienangehörige und stellen nur halb so viel Selbständige wie Männer. Bei gleicher Qualifikation und gleicher Arbeitszeit verfügen Frauen über ein monatliches Einkommen, das teilweise weit unter dem der Männer liegt (Vester u. a., 1993, 286).

Diese vertikale und horizontale Struktur der beruflichen Positionen wird durch das jeweilige Milieuensemble mit Mentalitäten, Gesellungsstilen und gesellschaftspolitischen Einstellungen ergänzt. So zeigt sich eine schon verwirrende Vielfalt der sozialen Ungleichheit in der westdeutschen Gesellschaft mit neun Milieus, die in sich noch einmal differenziert sind nach sechs unterschiedlichen Gesellungsstilen und sieben gesellschaftspolitischen Grundeinstellungen. Diese Vielfalt werden wir in diesem Kapitel insofern vereinfachen, als wir hier nur die drei Milieus des „gesellschaftlichen Unten" und ein Milieu des „gesellschaftlichen Oben" charakterisieren und für weitere Studien auf die Originalquelle verweisen.
In der unteren Klassenposition lassen sich das „Neue Arbeitnehmermilieu" mit modernisierten Berufen, das „Traditionslose Arbeitermilieu" mit teilmodernisierten Berufen und das „Traditionelle Arbeitermilieu" mit traditionellen Berufen kennzeichnen.
Die Angehörigen des „neuen Arbeitnehmermilieus" (5% der Befragten) sind überwiegend jung (vgl. 3.1.2); sie haben zumindest den Realschulabschluß erreicht: Viele von ihnen sind noch in der Ausbildung. Als Facharbeiter sind sie häufig in Schrittmacherindustrien beschäftigt, etwa in der EDV-Branche. Vielfach arbeiten sie als qualifizierte Angestellte oder als Beschäftigte im öffentlichen Dienst. Die Grundhaltung ist zugleich hedonistisch und realitätsbezogen: Das Leben möchte man sich so angenehm wie möglich gestalten, dabei sind sie flexibel in ihren Ansprüchen. Die Angehörigen dieses Milieus möchten sich geistig und fachlich weiterentwickeln. Kreative und verantwortungsvolle Berufe, die eigenständiges Handeln gestatten, werden hochge-

schätzt. Dieses Milieu ist dem Neuen aufgeschlossen, stiltolerant und mobil. High Tech gilt als selbstverständliche Komponente im Beruf und in der Freizeit (Becker/ Becker/Ruhland 1992, zit. nach Vester u. a., 22).
Ergänzend zu dieser schon aus den Sinus-Studien bekannten Charakteristik des „Neuen Arbeitnehmermilieus" zeigen sich folgende Gesellungsstile und gesellschaftspolitischen Grundeinstellungen: Angehörige des „Neuen Arbeitnehmermilieus" lassen sich überdurchschnittlich zahlreich in ihrem Gesellungsverhalten als „erlebnisorientierte Menschen" bezeichnen.

> „Die 'Erlebnisorientierten' vereinigen einen selbstbewußten und offenen Lebensstil mit geselligem und sozialem Engagement" (Vester u.a. 1993, 358).

Sie beteiligen sich überdurchschnittlich häufig an den allgemeinen kulturellen und politischen Öffentlichkeiten von Parteien, Gewerkschaften, Alternativzentren, Gemeinden und Vereinen. Überdurchschnittlich hoch ist ihr Kontakt zu Freunden und Bekannten.
Ein anderer Teil des Milieus praktiziert einen „unkomplizierten" Gesellungsstil. Diesen Gesellungsstil kennzeichnet die Suche nach Zerstreuung, um sich von den Zwängen des Arbeitsalltages befreien zu können. Die „Unkomplizierten" wissen den familialen Zusammenhalt zu schätzen, doch sie begnügen sich damit nicht und orientieren sich in der Regel an einem erweiterten Freundeskreis, verbleiben dabei in einem konventionellen Rahmen. Über den Freundeskreis hinaus bleibt das Engagement der „Unkomplizierten" des „Neuen Arbeitnehmermilieus" eher gering und gemäßigt konservativ (Vester u. a., 368).
In ihren gesellschaftspolitischen Grundeinstellungen gehören die Angehörigen dieses Milieus überdurchschnittlich häufig zu den „Radikaldemokraten"; die „Radikaldemokraten" repräsentieren reformorientierte gesellschaftskritische Einstellungen ohne persönliche Zukunftsängste. Ihre politischen Zielvorstellungen sind von humanistischen Emanzipationsansprüchen geleitet und offenbaren eine hohe Sensibilität für soziale Diskriminierungen (junge und alte Menschen, Männer, Frauen), jedoch eine geringer ausgeprägte für die klassische Thematik sozialer Ungleichheit (Kapital und Arbeit). Ihre Hauptanliegen sind die Verteidigung demokratischer Grundrechte und Freiheiten, ebenso der Ausbau politischer Partizipationschancen für den Einzelnen. Ihr starkes politisches Interesse setzen sie auch praktisch um; ihr Engagement wird professionell und zumeist in institutionellen Bahnen verwirklicht. Ihre Parteipräferenzen gelten den Grünen, der SPD und der FDP.
Eine weitere häufige gesellschaftspolitische Orientierung bei den Angehörigen des „Neuen Arbeitnehmermilieus" ist eine „sozialintegrative": In dieser Orientierung verbinden sich moralische Vorstellungen von Gerechtig-

keit, traditionelle Arbeitnehmerorientierungen mit Kritik an neuen sozialen Ungleichheiten. Die „Sozialintegrativen" im „Neuen Arbeitnehmermilieu" sind stolz auf das persönlich Erreichte und plädieren für eine stärkere politische Beteiligung der Bürgerinnen und Bürger. In ihrer Reformorientierung und mit ihrem kritischen Engagement bewegen sie sich in deutlicher Distanz zur Parteipolitik jedweder Couleur (vgl. Vester u.a., 329). Typisch für sie sind eher die sozialen als die politischen Orientierungen. Ihr Gesellschaftsbild ist egalitär und von moralischen Gerechtigkeitsvorstellungen geprägt. Alle Menschen sollen die gleichen Chancen für ein Leben nach ihren Bedürfnissen und Fähigkeiten haben, unabhängig von ihrer sozialen Herkunft, ihrem Alter, Geschlecht oder ihrer ethnischen Zugehörigkeit. Ihre Wahrnehmung und Kritik sozialer Ungleichheit ist mit einer ausgeprägten Arbeitnehmerorientierung verbunden, die sich auch in einem vergleichsweise hohen gewerkschaftlichen Organisationsgrad zeigt. Das zeigt sich auch darin, daß sie die Mitsprache der Gewerkschaft erweitern wollen. Gleichzeitig möchten sie im Arbeitsleben und in der Politik das Prinzip der Selbstorganisation durchgesetzt sehen, das heißt sie bevorzugen unkonventionelle Politikformen mit einer stärkeren persönlichen Beteiligung. Allerdings klaffen hier Anspruch und das tatsächliche Verhalten der „Sozialintegrativen" im „Neuen Arbeitnehmermilieu" auseinander.

Das Sozialstaatsprinzip findet bei den „Sozialintegrativen" Befürworter. Sie liegen mit ihrer Bereitschaft zu politischen Aktivitäten hinter den „Radikaldemokraten" und nur leicht über dem Durchschnitt aller Befragten.

Ebenfalls im „gesellschaftlichen Unten" befindet sich das „Traditionslose Arbeitermilieu" (12% der Befragten); die Milieuangehörigen arbeiten in teilmodernisierten Berufen. Zum „Traditionslosen Arbeitermilieu" gehören Menschen mit niedriger Bildung; un- und angelernte Arbeiter sind überrepräsentiert und entsprechend auch die unteren Einkommensgruppen. Weiteres Kennzeichen dieses Milieus ist die große Zahl von Arbeitslosen. In ihren Lebenszielen streben sie an, als normal und bürgerlich zu gelten. Konsumstandards der breiten „gesellschaftlichen Mitte" werden hoch geschätzt, sie wollen hier mithalten und als Angehörige der „breiten Mitte" anerkannt werden. Aufgrund ihrer begrenzten finanziellen Möglichkeiten leben Angehörige des „Traditionslosen Arbeitermilieus" allerdings dabei über ihre Verhältnisse. Ihr Konsumstil ist spontan; impulsiv greifen sie Moden und Trends auf (Becker/ Becker/Ruhland 1992, zit. nach Vester u. a., 1993, 23). In ihrem Gesellungsstil lassen sich Milieuangehörige überdurchschnittlich zahlreich als „Suchende" bezeichnen. Dieser Stil läßt sich folgendermaßen portraitieren: „Die Suchenden stehen im Stress zwischen den Anforderun-

gen modernisierter Lebensführung und den kulturellen Mustern ihrer Herkunft" (Vester u. a., 361).
Das Gesellungsverhalten der „Suchenden" ist von Zurückhaltung und Offenheit zugleich geprägt. Traditionelle Familienorientierungen werden mit Skepsis betrachtet, aber nicht vollständig abgelehnt. Interessiert erproben sie modernisierte Formen kultureller Praxis, doch empfinden sie dabei häufig Furcht, persönlich nicht anerkannt zu werden. Offenheit und Mobilität der „Suchenden" haben einschränkende, gleichsam „bodenständige" Züge. Auf diese Weise können sie den Gefahren der Modernisierungsprozesse in Gestalt von Überforderung und sozialer Disintegration aus dem Weg gehen (vgl. Vester u. a., 361; 362). In ihrem Alltag wirkt die Schwerkraft der sozialen Herkunft. Die „Suchenden" orientieren sich an der Ersatzfamilie des Freundeskreises, d h. sie erfüllen sich ihr Bedürfnis nach Sicherheit und Geborgenheit überwiegend durch gruppenzentrierte Geselligkeit mit Freunden. Die politische Partizipation der „Suchenden" folgt einer verwandten Mischung von Engagement und Distanziertheit. Am stärksten bewegen sie sich in ihren Aktivitäten im Spektrum parteipolitischer, gewerkschaftlicher und alternativen Veranstaltungen auf Gemeinde- und Vereinsebene. Parteipräferenzen zielen auf die SPD, die Unionsparteien (in weitem Abstand dazu) und auf die Grünen. Die andere Hälfte der „Suchenden" empfindet Distanz zur Politik und konventionellen ideologischen Lagern (Vester u. a., 1993, 365).
Ein anderer Teil des „Traditionslosen Arbeitermilieus" läßt sich in seinem Gesellungsverhalten auch den „Erlebnisorientierten" zurechnen und eine Untergruppe des Milieus – darauf möchten wir zum Abschluß noch hinweisen – läßt sich als „Resignierte" bezeichnen.
Die „Resignierten" erscheinen in den Worten Vesters u.a. als „stark verunsichert vom gesellschaftlichen Wandel. Mit Orientierung auf konventionelle Werthaltungen ziehen sie sich auf ihren engen Familienkreis und auf soziale Ressentiments zurück" (Vester u.a. 1993, 372).
In ihrem Gesellungsverhalten werden Spontaneität und Individualismus heftig abgelehnt. Sie gehören zu jenem Teil der älteren Bevölkerung, der sich vom schnellen Wandel der Gesellschaft überrollt fühlt. Die „Resignierten" leben meist zurückgezogen auf ihren engsten Familienkreis. Auch zu Nachbarn, Freunden und dem weiteren Verwandtenkreis pflegen sie nur einen mäßigen Kontakt. Dabei orientieren sie sich an konventionellen und traditionellen Werten, die sich aber ihrer Ansicht nach in der heutigen Zeit mit ihren Turbulenzen nicht mehr umsetzen lassen. Ihre Abwehr äußerer Einflüsse ist entsprechend resigniert und nach innen gerichtet. Für

die „Resignierten" tritt Konformität an die Stelle von Individualität, Ruhe und Gleichmäßigkeit an die Stelle von Erlebnis und Aufregung. Das politische und soziale Engagement der „Resignierten" ist stark eingeschränkt. Überdurchschnittlich rege ist nur der Kirchgang. Die „Resignierten" stellen einen überdurchschnittlich hohen Anteil der Nichtwähler. Ihre politischen Sympathien gelten der SPD, erst danach den Unionsparteien, der FDP und den Grünen. Auf soziale Ungleichheiten reagieren die „Resignierten" mit den am stärksten von allen ausgeprägten wohlstandschauvinistischen Ressentiments, das heißt „fremde" soziale Gruppen möchte man ausgrenzen, um den eigenen Wohlstand zu sichern (Vester u.a. 373ff.).
In ihren gesellschaftspolitischen Grundeinstellungen gehören Angehörige des „Traditionslosen Arbeitermilieus" überdurchschnittlich häufig zur Gruppe der „Skeptisch Distanzierten", der „Enttäuscht-Aggressiven" sowie zur Gruppe der „Enttäuscht-Apathischen" (Vester u.a. 1993, 337ff., 350ff., 351ff.).
Die „Skeptisch Distanzierten" hängen keinem geschlossenen Gesellschaftsbild an. Von gängigen gesellschaftlichen Erklärungsmustern haben sie sich desillusioniert verabschiedet. Zwischen Tradition und Modernisierung, charakterisiert durch geringe Aufstiegschancen, erstreckt sich die Einstellung der „Skeptisch Distanzierten" zur Politik von zynischer Distanz bis zu besonders starkem Engagement (vgl. Vester u. a., a.a.O., 337).
Den etablierten Parteien trauen sie nicht zu, Lebensstandard und Sicherheit auf Dauer zu gewährleisten. Die Ablehnung der Leistungsgesellschaft paart sich mit Mißtrauen gegenüber den Versprechungen des Sozialstaates. Übrig bleibt häufig eine teilweise polemische, teilweise illusionslose Wahrnehmung der Gesellschaft, in der sich nach der Auffassung der „Skeptisch Distanzierten" die Stärksten durchsetzen. Diese Haltung kann begleitet sein von der Furcht, den aktuellen Lebensstandard in den nächsten Jahren nicht halten zu können. Trotzdem existieren nur geringe wohlstandschauvinistische Ressentiments gegenüber Ausländern; hingegen äußern sie Vorbehalte gegenüber Gleichberechtigungsansprüchen von Frauen in Politik und Erwerbsleben. Zwar schließen sich die „Skeptisch Distanzierten" den politischen Zielen der Gewerkschaft nicht mehr vorbehaltlos an, aber sie sind doch gewerkschaftlich organisiert. Hinsichtlich der parteipolitischen Sympathie zeigen sie eine leicht überdurchschnittliche Vorliebe für die SPD. Bei den jüngeren Generationen, also Menschen unter 45 Jahren, finden sich auch Sympathien für die Grünen, die FDP und für die Republikaner (Vester u.a. 338).

> „Das Gesellschaftsbild der Enttäuscht-Aggressiven ist durch die von ihnen empfundene Lage 'kleiner Leute' und von starken Verunsicherungen durch die

> Modernisierung der Gesellschaft geprägt. Gleichwohl befürworten sie eine sozialdarwinistisch interpretierte Leistungsgesellschaft. Persönliche Enttäuschungen und soziale Befürchtungen münden in ausgeprägte Ressentiments" (Vester u.a. 1993,350).

Das „gesellschaftliche Oben" und „Unten" ist für die „Enttäuscht-Aggressiven" nur durch einen individuellen sozialen Aufstieg überwindbar, bei dem jeder nur auf seinen eigenen persönlichen Vorteil bedacht sein sollte ohne Mitleid mit den Schwächeren. Auf der anderen Seite zählen sie sich als „kleine Leute" zu den Betrogenen der Gesellschaft, zumal ihr Repertoire traditioneller Verhaltensorientierungen durch gesellschaftliche Modernisierungsprozesse ständig entwertet wird. Entstehende Ängste und Verunsicherungen werden auf Randgruppen projiziert und münden in extrem wohlstandschauvinistischen Einstellungen. Weitere Ressentiments werden gleichermaßen gegen Gewerkschaften und Politiker geäußert. Durch den relativ hohen Anteil an Frauen unter den „Enttäuscht-Aggressiven" sind die Ressentiments gegenüber Frauen gering ausgeprägt. Drängende politische und soziale Probleme werden ihrer Ansicht nach von Politikern in undurchschaubaren komplizierten Prozeduren immer wieder aufgeschoben. Die „Enttäuscht-Aggressiven" favorisieren überdurchschnittlich häufig einfache und radikale Problemlösungen, die sich als Ruf nach dem „starken Mann" äußern. Gleichzeitig münden Ohnmachtserfahrungen und die geringe Bereitschaft zu eigenem Engagement in die „Rebellion am Stammtisch" und bei Wahlen in „Denkzetteln" für die großen Parteien. Dennoch wählen sie überdurchschnittlich die Unionsparteien, aber auch in Erst-, Zweit- und Drittpräferenzen die Republikaner (Vester u.a. 1993, 351ff.).

> „Die 'Enttäuscht-Apathischen' erleben die Konkurrenz- und Leistungsgesellschaft als schicksalshaft unabänderlich. Politik ist in der von ihnen wahrgenommenen gesellschaftlichen Dichotomie 'Oben' angesiedelt und damit außerhalb des eigenen Horizonts. Mit ihren traditionellen Arbeitnehmerorientierungen verbinden sie keinerlei Engagement. Bei anwachsenden sozialen Disparitäten münden eigene Abstiegs- und Zukunftsängste in wohlstandschauvinistischen Einstellungen" (Vester u.a. 1993,347).

Die „Enttäuscht-Apathischen" haben ein fatalistisches Gesellschaftsbild, das ihrer gedrückten sozialen Lage entspricht. Für sie ist die wahrgenommene gesellschaftliche Dichotomie von „arm und reich" unabwendbares Schicksal, dabei überwiegen noch Muster traditioneller Arbeitnehmerorientierungen, von denen aus auf die ausgleichende Rolle des Sozialstaates verwiesen wird. Die eigene gesellschaftliche Verortung der „Enttäuscht-Apathischen" führt häufig zu begründeten Abstiegs- und Zukunftsängsten. Die Verarbeitung dieser Ängste erfolgt über beharrliches Festhalten an traditionellen Werten und

Standards wie zum Beispiel dem der traditionellen Arbeitsteilung zwischen den Geschlechtern, nach dem Motto: Politik ist Männersache.
Eigene Bedürfnisse nach Ordnung, Sicherheit und Harmonie, die insbesondere zu heftiger Ablehnung unkonventioneller Politikformen führen, werden nach ihren Erfahrungen in der Politik nicht angemessen berücksichtigt und gewürdigt. In ihrer Resignation setzen sie daher lieber auf das Privatleben. Im Unterschied zur Gruppe der „Enttäuscht-Aggressiven" verfügen sie kaum über individualistische Verhaltensdispositionen. Anstelle „lautstarker" Interessensbekundungen wählen sie den Rückzug. Und statt politischer Partizipation überwiegt das Gefühl der eigenen Inkompetenz und Ohnmacht. Nur wenige Milieuangehörige sind noch aufgrund traditioneller Bindungen Mitglied in einer Gewerkschaft und empfinden eine überdurchschnittliche Sympathie für die SPD. Dabei sind sie überwiegend der Meinung, es sei letztlich egal, welche Partei man wähle. Ein Teil von ihnen gehört zu den Nichtwählern, aber auch insbesondere jüngere und männliche Wähler entscheiden sich für die Republikaner.
Angehörige des „Traditionellen Arbeitermilieus" (5% der Befragten) haben in der Regel nach der Hauptschule eine Berufsausbildung absolviert und arbeiten hauptsächlich in industriellen Branchen als Facharbeiter, aber auch als un- und angelernte Arbeiter. Dabei erzielen sie kleine bzw. mittlere Einkommen. In diesem „Traditionellen Arbeitermilieu" befinden sich überproportional viele Rentner. Ein gutes Auskommen verbunden mit einem befriedigenden Lebensstandard sind typische Lebensziele; ein sicherer und dauerhafter Arbeitsplatz gilt als erstrebenswert auch im Hinblick auf das Alter. Die Angehörigen dieses Milieus werden als bescheiden charakterisiert, bereit, sich den Notwendigkeiten anzupassen; Sparsamkeit und eine einfache Lebensweise sind sie gewöhnt. Modischen Trends folgen sie nicht, solide und haltbare Produkte werden bevorzugt. Milieuangehörige schätzen die traditionelle Arbeiterkultur und füllen sie auch mit Leben. Sie möchten bei Freunden, Kollegen und Nachbarn anerkannt werden und in einer überschaubaren Gemeinschaft integriert sein (Becker/Becker/Ruhland 1992, zit. nach Vester u.a. 1993, 24).
In ihrem Gesellungsverhalten lassen sie sich überproportional den „Resignierten" und den „Bodenständigen" zurechnen.

> „Die Bodenständigen sind vom raschen Wandel der Lebensstile irritiert und orientieren sich an konventionellen Lebensführungen und Gesellungskreisen, die über den Familienkern hinausreichen" (Vester u.a. 1993, 369).

Der Zusammenhalt von Familie und Nachbarschaft bietet den „Bodenständigen" im „Traditionellen Arbeitermilieu" sicheren Schutz vor den Anforderungen des Modernisierungsprozesses. Von hedonistischen Ansprüchen und Selbstdarstellungsbedürfnissen anderer Menschen in der übrigen Gesellschaft grenzen sie sich ab. Sie möchten sich ihre Traditionen und Konventionen als Wertorientierungen für den Alltag erhalten. Mögliche Konflikte im Umgang mit der modernisierten Umwelt vermeiden sie gern auf Grund ihres ausgeprägten Harmoniebedürfnisses. Momente der Verunsicherung können sie durch ihren Rückhalt in ihren traditionellen Beziehungen ausgleichen.

Während soziales und politisches Engagement bei den „Bodenständigen" eher selten ist, werden soziale Beziehungen und kleinere Aktivitäten außerhalb der Familie im engen Umkreis von Kirche, Verwandtschaft, Nachbarn und Freunden gepflegt. Sie bevorzugen die SPD deutlich vor den Unionsparteien, der FDP und den Grünen. Ihr Verhältnis zu sozialen Ungleichheiten und zu „fremden" sozialen Gruppen ist durch überdurchschnittliche Ressentiments und Ausgrenzungswünsche gekennzeichnet. Allerdings hegen sie von allen Befragten die geringste Sympathie für die Republikaner (Vester u.a. 1993, 371ff.).

In ihren gesellschaftspolitischen Grundeinstellungen zeigen sich Angehörige des „Traditionellen Arbeitermilieus" überproportional zahlreich zugehörig zu den „Enttäuscht-Apathischen" und den „Enttäuscht-Aggressiven".

Im „gesellschaftlichen Oben" lassen sich drei soziale Milieus unterscheiden: Neben dem „Alternativen Milieu", mit dem wir uns näher beschäftigen wollen, existiert das „Technokratisch-Liberale Milieu" und das „Konservative gehobene Milieu".

Zum „Alternativen Milieu" (2,2% der Befragten) gehören überproportional Menschen mit den höchsten Bildungsstufen in modernen Berufen: Qualifizierte Angestellte, Beamte im höheren Dienst und freiberuflich Beschäftigte, aber auch viele Schüler und Studenten finden sich hier. Die Einkommenspalette umspannt daher sehr hohe und sehr geringe Einkommen.

Die Angehörigen des „Alternativen Milieus" möchten sich in ihrer Persönlichkeit entfalten. Die Pflege der zwischenmenschlichen Beziehungen und die Teilnahme am kulturellen Leben sind ihnen wichtig, dabei lehnen sie äußerliche Werte ab und möchten sich privat und gesellschaftlich für den Aufbau einer menschengerechten Welt engagieren. Sie sind also „postmaterialistisch" eingestellt. Die Milieuangehörigen leben umweltbewußt, vielfach ziehen sie sich in „alternative Idyllen" zurück. Größte Wertschätzung genießen Stilmerkmale wie Individualität und Authentizität (Becker/ Becker, Ruhland 1992, zit. nach Vester u.a. 1993, 22).

In ihren Gesellungsstilen lassen sich die Angehörigen des „Alternativen Milieus" überproportional den „Erlebnisorientierten" und den „Suchenden" zuordnen und sind darin anderen Milieus zum Beispiel dem „Neuen Arbeitnehmermilieu", dem „Hedonistischen Milieu" und dem „Aufstiegsorientierten Milieu" verwandt. Ein nennenswerter Teil von ihnen läßt sich auch den „Zurückhaltenden" zurechnen; Milieuangehörige mit einem „zurückhaltenden" Gesellungsstil schätzen eine konventionelle Respektabilität, das heißt Achtbarkeit und sind reserviert gegen eine betont hedonistische und gesellige Expressivität. Ihr Gesellungsverhalten ist konventionell und dosiert, das heißt sie wählen sich ihre Beziehungen bewußt aus, ihre Wahl trifft Menschen, die dieselben Wertvorstellungen vertreten. Diese Freundschaften werden sorgsam gepflegt. Hier im „alternativen Milieu" besitzt dieser Gesellungsstil eine elitär-distinktive Bedeutung, das heißt als kulturell führende Gruppe möchte man ein Leitbild für andere Menschen darstellen und darüber gesellschaftlich integrativ wirken (Vester u.a. 1993, 364).

Die gesellschaftspolitischen Grundeinstellungen des „Alternativen Milieus" lassen sich überproportional den „Radikaldemokraten" zurechnen, aber auch den „Skeptisch Distanzierten" und den „Sozialintegrativen".

Ein und derselbe Gesellungsstil bzw. dieselbe gesellschaftspolitische Grundeinstellung sind in verschiedenen sozialen Milieus verbreitet. Radikaldemokratische politische Einstellungen vertreten nicht nur die den Angehörigen des „Alternativen Milieus", sondern u.a. auch Angehörige des „technokratischen Milieus", bzw. des „Neuen Arbeitnehmermilieus" u.a. allerdings in unterschiedlichen Anteilen. Die „Enttäuscht-Aggressiven" finden sich nicht nur in den unteren Klassenpositionen, im „Traditionslosen" sowie im „Traditionellen Arbeitermilieu", sondern auch im „Aufstiegsorientierten Milieu", und im „Kleinbürgerlichen Milieu", also in der „gesellschaftlichen Mitte". So läßt sich von einer gewissen Entkoppelung zwischen objektiven Lebensbedingungen und den Gesellungs- und Politikstilen sprechen.

Wie lassen sich die sozialen Milieus nach ihren Politikstilen in dem Spektrum zwischen Reformorientierung und starken Ressentiments einordnen? Als Träger einer kritisch-engagierten Reformorientierung (23,6% der Befragten; „Radikaldemokraten" und „Sozialintegrative") lassen sich die Milieus mit modernen bzw. gehobenen Berufen und einem modernen Lebensstil finden, den eigentlichen Modernisierungsgewinnern; konkret zu nennen sind hier das „Technokratisch-Liberale Milieu", das „Alternative Milieu", das „Hedonistische Milieu", das „Konservativ gehobene Milieu" sowie das „Neue Arbeitnehmermilieu".

Die deklassierten Milieus (27% der Befragten; „Enttäuscht-Apathische" und „Enttäuscht-Aggressive") in eher traditionellen Berufen sind es, die den Gegenpol zu den reformorientierten Modernisierungsgewinnern bilden: Sie hegen anderen sozialen Gruppen in der Gesellschaft gegenüber Ressentiments und führen ihr Leben nach traditionellen Regeln, die infolge der Knappheit der Mittel Bescheidenheit erzwingen. Hier herrscht politischer Fatalismus, die vielzitierte „Politikverdrossenheit" und Sympathie für aggressive Auseinandersetzungen. Einfache Arbeiter und Angestellte, kleine Selbständige, Arbeitslose bzw. nicht erwerbstätige Menschen im „Traditionslosen Arbeitermilieu", im „Traditionellen Arbeitermilieu", aber auch im „Kleinbürgerlichen Milieu" und im „Aufstiegsorientierten Milieu" lassen sich hierzu zählen.

Zwischen diesen beiden Polen finden sich die „Desillusionierten" (25% der Befragten), die sich in der modernen Arbeitnehmermitte befinden und die „Zufriedenen" (24% der Befragten) in der ständisch-konservativen Mitte in traditionellen Wirtschaftsbranchen bzw. im öffentlichen Dienst.

Mit Hilfe dieser politischen Überzeugungen verarbeiten Menschen die Modernisierungsprozesse unserer Sozialstruktur, die einerseits die Individualisierung, also die Vermehrung von Handlungschancen bereitstellte, anderseits eine Deklassierung für viele Menschen bedeutete.

Der Öffnung des sozialen Raumes in der sicheren Mitte und der privilegierten Spitze steht die Schließung für all diejenigen gegenüber, die in dieser Mitte ihre Sicherheiten verlieren oder gar in prekäre Lebensverhältnisse absteigen müssen (Vester u.a. 1993, 47).

Die neuen sozialen Bewegungen, Ökologiebewegung, Frauenbewegung u.a. haben zu eigenen Milieubildungen geführt. Damit wurde in den 70er und 80er Jahren ein eigenes, neues Kapitel der sozialen Ungleichheit geschrieben. Die Ergebnisse zeigen hier folgendes: In den 70er Jahren verloren diese neuen sozialen Bewegungen den Charakter eines kurzfristigen jugendlichen Protests und stabilisierten sich in relativ eng vernetzten Milieuzusammenhängen, die auch regional spezifische Komponenten zeigen. Angehörige dieser neuen Bewegungsmilieus üben modernisierte Berufe aus in unterschiedlichen sozialen Positionen. Die neuen Bewegungsmilieus sind in sich nicht homogen, ihre Träger lassen fünf unterschiedliche Mentalitätstypen erkennen. Die neuen Bewegungsmilieus sind nicht deckungsgleich mit dem „Alternativen Milieu" der Sinus-Typologie, sondern streuen über verschiedene andere Milieus; überwiegend lassen sie sich dem reformorientierten politischen Lager zurechnen. Das ist nicht weiter erstaunlich.

Diese Analyse der neuen Bewegungsmilieus finden wir deshalb interessant, weil hier nicht nur die Milieuangehörigen, sondern auch ihre Eltern befragt wurden. Damit wird der soziale Wandel zwischen den Generationen, die soziale Mobilität der jungen Generation von einem Milieu zum anderen sichtbar (Vester u.a., 198ff.; 204ff.). Dabei zeigte sich, daß sich die junge Generation nicht vollständig von den klassenkulturellen Traditionen ihres Elternhauses ablöst, sondern tradierte Deutungs-, Handlungs- und

Ausdrucksmuster lediglich verändert und erweitert. Beharrungstendenzen lassen sich beispielsweise in den geschmacklichen Vorlieben und Abneigungen, im spezifischen Umgang mit Kulturgütern beobachten. Eltern und Kinder deuten auch ihre eigene Biographie nach einem ähnlichen Muster. Bei den Gesellungsformen werden soziale Ungleichheiten und andere gesellschaftliche Gruppen ähnlich wahrgenommen und eingeschätzt wie das die Eltern zu tun pflegen. Allerdings haben sich die Ausdrucksformen bei der jungen Generation modernisiert.
Die junge Generation wendet sich aber von den leistungs- und ordnungsorientierten Verhaltensmustern der älteren Generation ab und den vielfältigen Autonomiebestrebungen und Selbstverwirklichungsansprüchen im Beruf und hedonistischen Freizeitpraktiken zu. Die junge Generation praktiziert auch neue Modelle der partnerschaftlichen Rollenverteilung zwischen den Geschlechtern. Für die Elterngeneration bedeutete die Öffnung des sozialen Raums vor allem das Ende von Mangel und Unsicherheit, die sie in der Kriegs- und Nachkriegszeit erlebt haben und erweiterte Konsum- und Freizeitmöglichkeiten. Die Kinder dagegen erlebten die Öffnungen des sozialen Raums eher als Chance, sich aus klassen- und geschlechtsspezifischen Bevormundungen zu emanzipieren. Die persönliche Horizonterweiterung, die der Bildungsaufstieg ermöglichte, wird z. T. allerdings auch als Orientierungsverlust erfahren.
Die Identität der jüngeren Befragten ist in charakteristischer Weise gekennzeichnet durch eine Spannung zwischen ihren ursprünglich in der Herkunftsfamilie erworbenen Dispositionen und den Idealen und Werten ihrer neuen Milieuzugehörigkeit. Dabei ermöglicht die soziale Herkunft der Angehörigen der neuen sozialen Bewegungsmilieus unterschiedliche Lernprozesse angesichts der Durchlässigkeit des Ungleichheitsgefüges: Diejenigen, die aus Elternhäusern der mittleren und gehobenen Milieus stammen, verstehen die erweiterten Bildungschancen eher im Sinne eines Aufstiegs oder größerer Selbstverwirklichungschancen im Beruf, Kinder aus bisher unterprivilegierten sozialen Milieus sehen ihre Bildung eher als eine nicht unmittelbar verwertbaren Allgemeinbildung an.

3.5.3 Die „soziale Landkarte“

Die „soziale Landkarte“ der Bundesrepublik nach den Studien von Vester u.a. ist einem Magnet- oder Kräftefeld vergleichbar (Vester u.a. 1993, 18, 43ff.). Hier sind immer mehrere Merkmale sozialer Ungleichheit beteiligt. Die sozialen Gegensätze in diesem Kräftefeld der pluralisierten Klassenge-

sellschaft sind daher auch komplex: Sie richten sich nicht mehr nur nach der „alten“ vertikalen Klassenspaltung von Kapital und Arbeit, sondern auch nach den Konfliktlinien Geschlecht, Alter, ethnische Zugehörigkeit, Region, Bildung und nach den horizontalen Kräften zwischen modernen und traditionellen Berufen und Lebensstilen. Dabei geben die vertikalen und horizontalen „Achsen" der „sozialen Landkarte“ die Richtung an, in der die meisten Menschen die erstrebenswerten Güter des Lebens suchen, nämlich nach links zum modernen Leben hin und nach oben. Die Öffnung nach links zu freieren Lebensentwürfen läßt sich als Relativierung des sozialen Konfliktes zwischen oben und unten werten. Die Klassenmilieus zielen aufgrund ihrer pluralen, wenig polarisierten Gestalt nicht auf eine fundamentale Gesellschaftsveränderung, sondern auf die Koexistenz der verschiedenen Lebensweisen.
Im Verlauf der Zeit sind die traditionellen Fraktionen der Arbeiter-, Mittel- und Oberschicht mit ihren restriktiven und konventionellen Anstands-, Arbeits- und Freizeitnormen stark geschrumpft, nämlich von 46% auf 35% der westdeutschen Bevölkerung. Erheblich gewachsen sind die benachbarten partiell modernisierten Milieus (von 38% auf 45%), die auch eine höhere berufliche Mobilität haben. Auch die „Avantgardemilieus“ moderner Selbstverwirklichung sind größer geworden (von 14% auf 20). Dabei haben die Klassenmentalitäten in ihrer Mehrheit modernere Formen angenommen (vgl. Vester u.a. 1993, 43).

Die lebensweltlichen Sozialmilieus der pluralisierten Klassengesellschaft

Habitus	modernisiert 14%-20%	teilmodernisiert 38%-45%	traditionell 46%-35%
Oberklassenhabitus 22%-19%	ALT Alternatives Milieu (4%-2%)	TEC Technokratisch liberales Milieu (9%-9%)	KON Konservatives gehob. Milieu (9%-8%)
Mittelklassenhabitus 58%-59%	HED Hedonistisches Milieu (10%-13%)	AUF Aufstiegsorien- tiertes Milieu (20%-24%9	KLB Kleinbürgerli- ches Milieu (28%-22%)
Arbeiterhabitus 18%-22%	NEA Neues Arbeit- nehm. Milieu (0%-5%)	TLO Traditionsloses Arbeitermilieu (9%-12%)	TRA Traditionelles Arbeitermilieu (9%-5%)

Die Prozentzahlen markieren die Veränderungen zwischen 1982-1992.

Gesellungsstile in der Bundesrepublik nach Vester u.a. in %

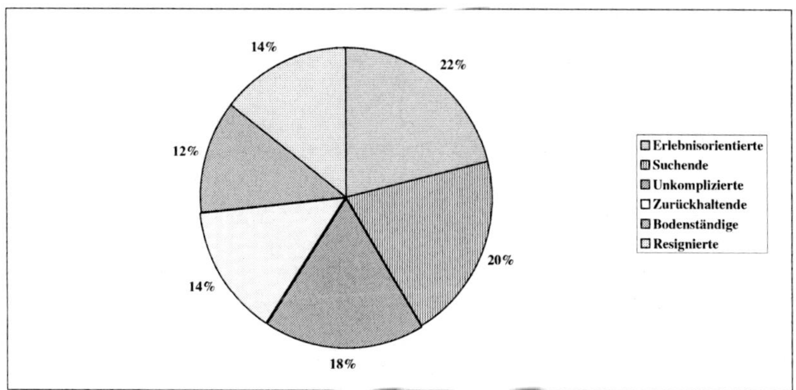

Typen gesellschaftspolitischer Grundeinstellungen nach Vester u.a. in %

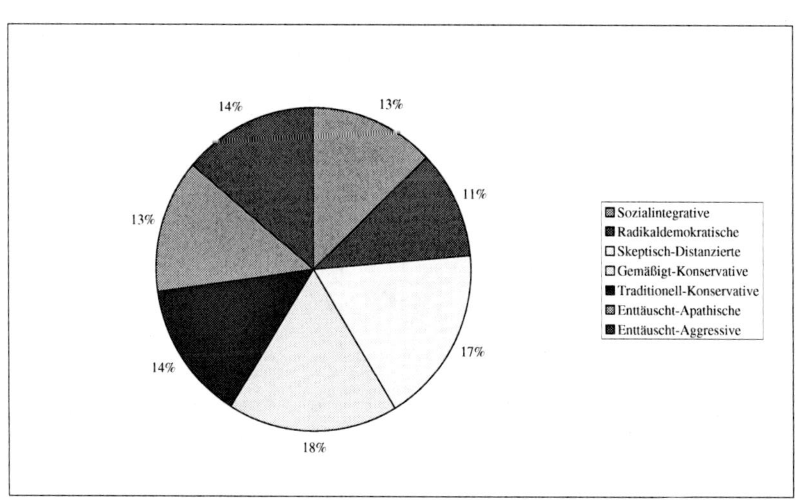

Die politisch-ideologischen Klassenlager im sozialen Raum

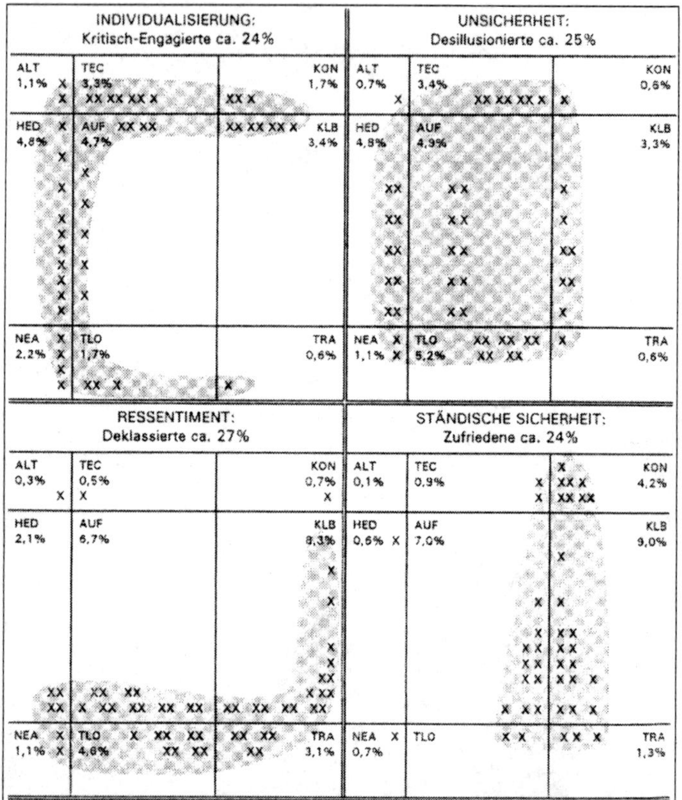

INDIVIDUALISIERUNG: Kritisch-Engagierte ca. 24%

ALT 1,1%	TEC 3,3%	KON 1,7%
HED 4,8%	AUF 4,7%	KLB 3,4%
NEA 2,2%	TLO 1,7%	TRA 0,6%

UNSICHERHEIT: Desillusionierte ca. 25%

ALT 0,7%	TEC 3,4%	KON 0,6%
HED 4,8%	AUF 4,9%	KLB 3,3%
NEA 1,1%	TLO 5,2%	TRA 0,6%

RESSENTIMENT: Deklassierte ca. 27%

ALT 0,3%	TEC 0,5%	KON 0,7%
HED 2,1%	AUF 6,7%	KLB 8,3%
NEA 1,1%	TLO 4,6%	TRA 3,1%

STÄNDISCHE SICHERHEIT: Zufriedene ca. 24%

ALT 0,1%	TEC 0,9%	KON 4,2%
HED 0,6%	AUF 7,0%	KLB 9,0%
NEA 0,7%	TLO	TRA 1,3%

ALT: Alternatives Milieu
HED: Hedonistisches Milieu
NEA: Neues Arbeitnehmermilieu
TEC: Technokratisch-liberales Milieu
AUF: Aufstiegsorientiertes Milieu
TLO: Traditionsloses Arbeitermilieu
KON: Konservatives gehobenes Milieu
KLB: Kleinbürgerliches Milieu
TRA: Traditionelles Arbeitermilieu

XX = ca. 1% oder 0,5 Mio. Westdeutsche ab 14 Jahren

Repräsentativbefragung "Gesellschaftlich-politische Milieus in Westdeutschland 1991": Basis n = 2.684; deutschsprachige Wohnbevölkerung ab 14 Jahren in Privathaushalten der BRD (West) und Berlin (West).

Traditionsloses Arbeitermilieu (12,3% der Befragten)

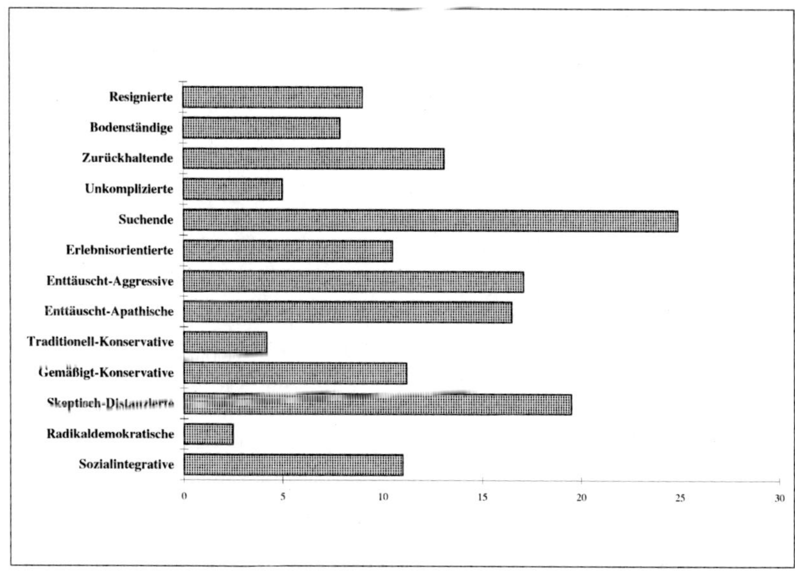

Alternatives Milieu (2,2% der Befragten)

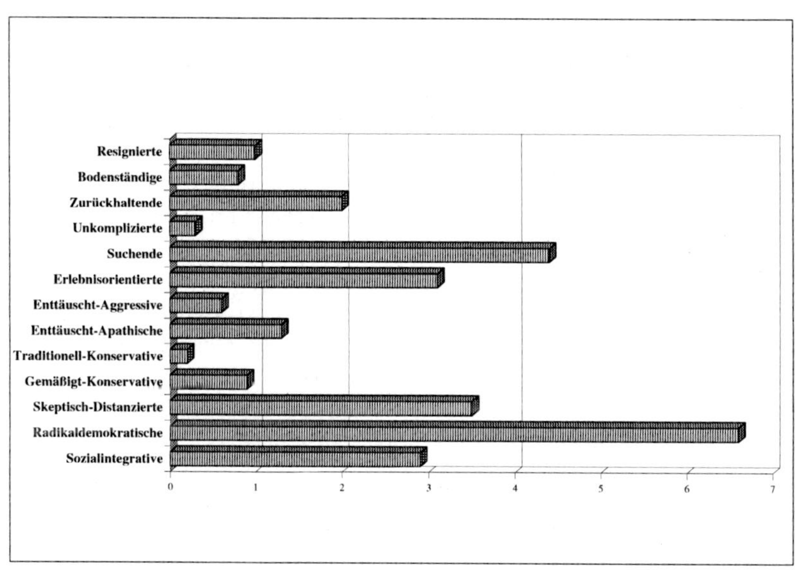

3.5.4 Fallbeispiel: „Der Sohn eines Eisenbahners, EDV Fachmann"[7]

Herr Lohmüller ist fünfunddreißig Jahre alt, er arbeitet als EDV-Fachmann; sein Vater ist neunundsechzig Jahre alt und hat vor seiner Frühverrentung als Eisenbahner gearbeitet. Als Nachkomme einer Familie „proletaroider" Parzellenbauer war der Vater bereits als Kind gezwungen, im Stall oder auf dem Feld mitzuarbeiten. Nach dem Krieg verdiente er sich seinen Lebensunterhalt mit mehreren Hilfsarbeiten, bevor er dann bei der Eisenbahn anfing. Hier arbeitete er zunächst als Kabelleger, später dann als Zug-Schaffner. Anfang der 50er Jahre – er war inzwischen mit einer Näherin verheiratet – zog der Vater in eine mittelgroße Stadt und erwarb dort nach mehreren Jahren ein Haus in einem Schrebergartengebiet.
Herr Lohmüller junior ist das neunte von insgesamt sechzehn Kindern. Seine Kindheit war von Armut und sozialer Ausgrenzung geprägt. Vielfach erlebte er die Stigmatisierung als „Asozialer". Angeregt durch das Vorbild seiner älteren Brüder wechselte er gegen den Willen des Vaters nach der Realschule ins Gymnasium und bekam dort Kontakt zur „Flower-Power-Szene". Seine langen „Hippie-Haare" führten zum Bruch mit seinem Vater. Nach dem Abitur begann er in der Nähe seiner Heimatstadt ein Lehramtsstudium. Während seines Studiums lebte er in verschiedenen Wohngemeinschaften, nach dem ersten Staatsexamen absolvierte er den Zivildienst und lernte seine zukünftige Frau, eine Erzieherin kennen. Nachdem er zwei Jahre in einem Alternativprojekt gearbeitet hatte, ließ er sich zum EDV-Fachmann umschulen. Heute lebt er mit Frau und Kind und einem befreundeten Ehepaar in einer sich kollektiv finanzierenden Wohngemeinschaft.
Herr Lohmüller senior besitzt eine strenge Autorität, die sich in rigiden Erziehungsvorstellungen äußert. Zeit seines Lebens hat er finanzielle Knappheit gekannt, die ihn zu einer sparsamen Lebensführung zwang. Der Sohn hat sich von seinem Vater in langwierigen und schmerzlichen Lernprozessen lösen können. Seine älteren Brüder und die neuen Freunde waren ihm hierbei hilfreiche Vorbilder. Die Folgen des Bildungsaufstiegs sind für den Sohn ambivalent. Zunächst entwickelte er eine unkritische Begeisterung gegenüber den Bildungsgütern, die ihm in Gymnasium und Hochschule als Teile der etablierten Hochkultur oder „legitimen" Kultur nahegebracht wurden. Da er in seinem neuen Milieu erlebte, daß persönliche Probleme oder soziale Beziehungen über sprachliche Auseinandersetzungen bearbei-

[7] Fallbeispiel aus Vester, u.a. 1993: Soziale Milieus im gesellschaftlichen Strukturwandel. Köln 1993, 201ff.

tet werden, empfand er den unkomplizierten, direkten und nonverbalen Umgang mit Problemen in seiner Herkunftsfamilie als Mangel. Sein Zweifel und seine Unsicherheit veranlaßten ihn jedoch auch zu einer größeren Bereitschaft, mit Rollen zu experimentieren. Seine unkritische „Bildungsbeflissenheit" konnte er größtenteils ablegen, weil er die Kluft zwischen Anspruch und Wirklichkeit von Angehörigen seines neuen Milieus kennenlernte. Er verfolgt heute vielfältige kulturelle Interessen und vertritt einen Anspruch, sich selbst zu verwirklichen. Dabei ist er äußerst sparsam. Er ist stolz auf seine beruflichen und sozialen Leistungen, sieht Chancen und Grenzen seines Lebens realistisch. Gelebte Solidarität mit anderen Menschen ist ihm besonders wichtig: seine Wohngemeinschaft und die Teamarbeit in seiner Firma.

Fragen:

1. Deuten Sie die Fallgeschichte anhand der Ergebnisse der Milieustudien von Vester u.a.
2. Beschreiben Sie ihr eigenes Leben mit Hilfe der klassifizierenden Begriffe, die sie in diesem Kapitelabschnitt kennengelernt haben.
3. In welchem Lebensabschnitt läßt sich bei Herrn Lohmüller junior möglicherweise ein Unterstützungsbedarf annehmen?

3.5.5 Die Bedeutung für die Soziale Arbeit

Die vorgestellten Studienergebnisse beleuchten die vielfältigen Mechanismen in der westdeutschen Gesellschaft, mit denen soziale Ungleichheit in den letzten Jahrzehnten erzeugt und verfestigt wurde. Es sind nach wie vor Eigentum und Leistungen im Erwerbsleben, aber auch die Geschlechts- und ethnische Zugehörigkeit, die eine Rolle spielen in den Konflikten um den Zugang zu besseren Lebensbedingungen. Die Studien zeigen auch, daß Menschen die Veränderungsprozesse in der Gesellschaft und damit zusammenhängende Chancen und Risiken in unterschiedlicher Weise verarbeiten. Möglich sind Aufstiegsstreben, politische Reformorientierung aber auch Resignation, die sich mit Ressentiments gegen andere soziale Gruppen paart. Vester u.a. sprechen für die Zeit der 70er Jahre von der Zeit der sozialen Integration, für die 80er und 90er Jahren dagegen von der Zeit der Segregation, in der eine zunehmende Abgrenzung zwischen privilegierten, gesicherten und prekären Gruppen stattfand. Dabei rückten die Prozesse

der vertikalen Spaltung der Gesellschaft bis in die Mitte der Gesellschaft vor (Vester 1996). Auch Teile des „Hedonistischen Milieus", des „Aufstiegsorientierten Milieus" und des „Kleinbürgerlichen Milieus" werden deklassiert und erfahren eine Verschlechterungen ihrer Lebensbedingungen, die sie verunsichert. Also hat die Soziale Arbeit auch in ihrem traditionellen Aufgabenbereich mit Klientinnen und Klienten zu tun, die in anderen Milieuzusammenhängen leben als sie es bisher gewohnt war.
Die Ergebnisse der Interviews mit zwei Generationen nähren die Zweifel an der gängigen Individualisierungsthese, die von einer Freisetzung der Menschen aus ihren Herkunftsmilieus spricht. Obwohl Menschen sehr stark an Milieus gebunden scheinen, tradieren sich doch die Milieus nicht ungebrochen. Die Differenz zwischen Eltern und Kindern hinsichtlich Leistungsbereitschaft, Selbstverwirklichung und Freude am Genuß markieren auch Bereiche, in denen Probleme innerhalb von Familien entstehen können. Die referierten Forschungen weisen auf einen gesamtgesellschaftlichen Trend hin, in den sich der Einzelfall einordnen läßt, mit dem man in der beruflichen Praxis zu tun hat.
Die detaillierte Beschreibung der Gesellungsstile und gesellschaftspolitischen Einstellungen der verschiedenen Milieus betont die Bedeutung der Mentalitäten für die Akzeptanz bei KlientInnen für eine Unterstützung. Menschen mit einem bodenständigen Gesellungsstil, zum Beispiel Angehörige des „Traditionslosen Arbeitermilieus", die ihre Sicherheit in der konventionellen Lebensführung finden, werden nur Hilfe annehmen, die ihnen nicht allzuviel mentale Veränderungen abverlangt. Die modernen Milieus dagegen auf der „linken", das heißt modernen Seite des Ungleichheitsgefüges, sind wahrscheinlich eher in ihrer Erlebnisorientierung ansprechbar für Veränderungen.
Diese Ergebnisse legen auch nahe, über die eigene Milieuzugehörigkeit und die eigene soziale Mobilität aus der Herkunftsfamilie heraus nachzudenken. Klienten und Klientinnen nehmen Sozialpädagogen auch unter dem Blickwinkel der Milieuzugehörigkeit wahr. Existieren hier sehr große Unterschiede, mag das Gelingen einer helfenden Beziehung schwierig sein. Ein konstruiertes Beispiel kann das verdeutlichen: Eine alte Klientin aus dem „Traditionellen Arbeitermilieu", ihr Leben lang an Knappheit und Sparsamkeit gewöhnt, wird sich einem jungen Sozialpädagogen, der sich dem „Alternativen Milieu" zurechnen läßt, möglicherweise mit ihren Bedürfnissen verschließen: Zur Milieudistanz kommen hier auch der Alters- und Geschlechterunterschied hinzu.

4. Soziale Ungleichheit zwischen den Geschlechtern

Die soziale Ungleichheit zwischen den Geschlechtern hatte bereits seit Mitte des vorigen Jahrhunderts die erste Frauenbewegung entstehen lassen. Zu nennen sind hier die bürgerliche Frauenbewegung mit ihrem radikalen Flügel (Gerhardt 1992) und die proletarische Frauenbewegung. Die soziale Ungleichheit zwischen Mann und Frau zeigte sich insbesondere in dem Ausschluß von Frauen aus Politik, Bildung und damit der qualifizierten Erwerbsarbeit, aber auch in der Privatsphäre: Das Bürgerliche Gesetzbuch von 1900 schrieb die letztendliche Entscheidungsmacht in allen Angelegenheit der Ehe und der Kindererziehung dem Mann zu, der auch mit der Eheschließung der Eigentümer des Vermögens seiner Frau wurde.
Trotz dieser offensichtlichen sozialen Ungleichheit zwischen den Geschlechtern wurde sie in den historischen Theorien und auch in den Erklärungsansätzen zur sozialen Ungleichheit bis in die jüngste Zeit vernachlässigt. Sie waren, wie Kreckel später selbstkritisch anmerkte, geschlechtsblind (Kreckel 1992).
Inzwischen ist in der bundesrepublikanischen Verfassung aufgrund des großen Einsatzes einiger weniger Parlamentarierinnen nach dem 2. Weltkrieg (die „Mütter des Grundgesetzes") seit 1949 die Gleichstellung von Frau und Mann verfassungsrechtliche Norm, die auch die Regelungen in den anderen Rechtsgebieten einschließt (Meyer 1989).
Die nach wie vor bestehende soziale Ungleichheit zwischen den Geschlechtern wird daher häufig als Erbe vormoderner Zeit gesehen, die sich allmählich auflösen werde. Der „kleine Unterschied" – ist er inzwischen so klein geworden, daß er gar nicht mehr zählt? Einerseits lösen sich tatsächlich vor unseren Augen die starren Geschlechtsrollen auf und Frauen können heute ihr Leben vielfältiger gestalten als früher. Andererseits kann trotz der Erfolge bei der Durchsetzung der formalen Gleichstellung von Frauen keine Rede von einer tatsächlichen Gleichberechtigung sein. Noch immer wirkt die Geschlechtszugehörigkeit eines Menschen als sozialer Platzanweiser im Ungleichheitsgefüge der Gesellschaft. Das ist zum Beispiel ablesbar an den Einkommensunterschieden in allen Berufssparten und auf allen Qualifikationsstufen.
Diese Widersprüchlichkeit fordert nachdrücklich zu Erklärungen auf. Die im Zuge der 2. Frauenbewegung in den 70er Jahren entstandene Frauenfor-

schung hat hierzu eigene Erklärungsansätze entwickelt. Dabei setzte sie sich v.a. kritisch mit den gängigen Klassen- und Schichttheorien auseinander und später auch mit den neuen Ansätzen der Sozialstrukturanalyse. Daher wollen wir zunächst auf die Kritik an herkömmlichen Ungleichheitstheorien eingehen, um zu verdeutlichen, wo die wichtigsten Unterschiede in den grundlegenden Annahmen zu finden sind. Wie immer, wenn bisher vernachlässigte soziale Tatbestände theoretisch analysiert werden, zeigt sich eine Vielfalt von Suchbewegungen in einem unbekannten Gelände. Diese unterschiedlichen Erklärungsversuche ergeben sich aus den verschiedenen theoretischen Traditionen, denen die Forscherinnen selbst verpflichtet sind. Sie sind aber auch ein Ausdruck der kritischen Weiterentwicklung der Theorien zur Geschlechterungleichheit, die allerdings zunächst nur innerhalb der Frauenforschung stattgefunden hat. Schließlich zeigt sich darin auch die Reflexion über den Wandel in den Lebenssituationen von Frauen in den vergangenen 25 Jahren (4.2). Gleichzeitig ist festzustellen, daß einige Grundannahmen der Frauenforschung nunmehr, wenn auch zögerlich, Eingang in die allgemeinen Theorien sozialer Ungleichheit finden.

4.1 Kritik an der Geschlechtsblindheit von Klassen- und Schichttheorien

Als Frauenforscherinnen in West-Deutschland seit Mitte der 70er Jahre die Ursachen und Erscheinungsformen der Diskriminierung von Frauen zu analysieren begannen, drehten sich die Debatten der „herr"schenden Ungleichheitsforschung um die Frage, ob die westliche Bundesrepublik eine Klassen- oder eine Schichtgesellschaft sei (siehe auch 2.4). Frauenforscherinnen sahen sich eher auf der Seite der konfliktorientierten, gesellschaftskritischen Klassentheorien. Diese schienen den grundlegenden Konflikt zwischen Kapital und Arbeit gut zu erklären, hatten allerdings einen entscheidenden Nachteil: Sie gingen davon aus, daß Frauen und Männer einer Klasse als eine soziale Einheit mit gemeinsamen Lebenssituationen und Interessen zu verstehen seien, die sie von Frauen und Männern anderer Klassen unterscheiden. Frauenforscherinnen fragten im Gegensatz zu diesen Theorien primär danach, was Frauen aller Klassen gemeinsam ist. Dabei verwenden sie nicht – wie Eva Cyba (1993) darlegt – den uns bereits vertrauten ökonomischen Klassenbegriff, der sich auf die Stellung im Produktionsprozeß bezieht, sondern einen logischen Klassenbegriff, das heißt

Frauen teilen miteinander bestimmte Handlungsbedingungen in ihrer Lebenslage, die sie als Klasse von der Klasse der Männer unterscheidet: nämlich die widersprüchlichen Anforderungen an Frauen als Hausfrau, Mutter und Erwerbstätige.
Der Vergleich zwischen Frauen und Männern zeigt, daß Frauen hinsichtlich Einkommen, sozialer Sicherheit, Arbeitsbelastungen und Freizeitmöglichkeiten als „Unterschicht in jeder Klasse" fungieren (Becker-Schmidt zit. nach Frerichs/Steinrücke 1993, 193) oder, wie es englische Soziologinnen formulierten: „Frauen geben die Pufferzone am unteren Ende jeder Klasse (ab)" (Abott/Sapsford zit. nach Frerichs/Steinrücke 1993, 193). Frauenforscherinnen woll(t)en den Ursachen auf die Spur kommen, die zur Unterordnung von Frauen *im Haus wie im Beruf* führen.
Die soziale Ungleichheit zwischen den Geschlechtern auch innerhalb von Klassen und Schichten blieb in den herkömmlichen Theorien aus verschiedenen Gründen verborgen. Schicht- und Klassenkonzepte zur Beschreibung und Erklärung von sozialer Ungleichheit verfolgen eine bestimmte Logik (vgl. 2.2.1) Wir wollen hier kurz daran erinnern.
Die zentralen Wegweiser in ungleiche soziale Positionen, die Ursachen sozialer Ungleichheit, sind sogenannte *erworbene Merkmale* von Menschen, insbesondere Bildungsabschluß, berufliche Position, Einkommen Alle diese Merkmale spielen v.a. in der Erwerbssphäre eine Rolle und bestimmen damit zugleich die Lebenschancen und das soziale Ansehen. Andere, nicht über den Markt vermittelte Wege in die Ungleichheit werden von ihnen ausgeblendet. So gilt auch Hausarbeit als unbedeutend für die Stellung im Ungleichheitsgefüge und ihre Zuweisung an Frauen wird daher nicht als Ursache sozialer Ungleichheit angesehen.
Daher müssen nicht-erwerbstätige Personen, die Mehrzahl der Bevölkerung übrigens, über Hilfskonstruktionen in das Bild sozialer Ungleichheit eingebunden werden. Dieser – wie Frauenforscherinnen kritisieren – eingeengte Blickwinkel führt dazu, daß Frauen und Kinder dem männlichen Haushaltsvorstand zugeordnet werden, also dem Ehemann bzw. Vater. Frauen erhalten dadurch einen sog. „abgeleiteten" Status als Mitglied eines Haushalts mit einem männlichen „Haupternährer" zugebilligt. Er bestimmt den sozialen Status und die Lebensführung der „Seinen".
Der Familienhaushalt ist in den Schicht- und Klassenmodellen die Basiseinheit der Sozialstruktur, die Position des Haushaltes wird also durch das Einkommen, den Beruf und unter Umständen das soziale Ansehen des männlichen Haushaltsvorstandes bestimmt. Nicht nur die unmündigen Kinder, sondern auch die Ehefrauen haben in diesem Modell nur einen „ab-

geleiteten" Status, und zwar nicht nur, wenn sie Hausfrauen sind, sondern auch wenn sie selbst erwerbstätig sind. Frauen erhalten nur dann einen eigenen Status, wenn sie alleine leben, alleinerziehend sind oder – was die Ausnahme ist – mit einem Mann zusammenleben und Hauptverdienerinnen sind.

Diese Hilfskonstruktion der Schichtmodelle ist in doppelter Hinsicht zu einfach: Denn nicht automatisch ergibt sich über eine Eheschließung ein sozial homogener Haushalt; möglicherweise verfügt die Ehefrau über ein geerbtes Vermögen und besitzt einen höheren Bildungsabschluß als der Ehemann. Selbst dann, wenn der soziale Status der Eheleute nach den Einordnungsmerkmalen der Schichtkonzepte gleich ist, ist das nicht zwangsläufig gleichbedeutend damit, daß alle Haushaltsmitglieder den gleichen Zugang zu den Ressourcen besitzen. Unterschiedliche Interessen, das Machtgefälle innerhalb des Haushaltes können dazu führen, daß Frauen nicht in dem gleichen Ausmaß über das Familieneinkommen verfügen oder aber aufgrund ihrer Verpflichtung für die private Hausarbeit ebensoviel Freizeit haben wie der Mann (vgl. Rerrich 1990, 192ff.). Die Annahme sozial homogener Haushalte kann nicht einfach theoretisch postuliert, sie muß erst empirisch überprüft werden.

Die zentrale Orientierung der Schicht- und Klassenmodelle auf Erwerbsarbeit ist also ein wesentlicher Grund für ihre Betriebsblindheit gegenüber der Ungleichheit zwischen den Geschlechtern. Ein weiterer Grund ist die Vorstellung, die Geschlechtszugehörigkeit sei, wie zum Beispiel auch das Alter von Menschen, ein *zugeschriebenes Merkmal*. Solche zugeschriebenen Merkmale gelten als „partikular", sie gelten nicht für alle Menschen gleich, sondern erhalten für die einzelnen Menschen unterschiedliche Bedeutungen bzw. entfalten unterschiedliche Wirkungen. Zwar gibt es aktuell eine gewachsene Sensibilität für die Ungleichheit zwischen den Geschlechtern (vgl. Kreckel 1992, Vester u.a. 1993), aber Geschlecht wird nie als zweiwertig ausgeprägt angesehen. Partikular oder besonders ist immer nur das weibliche Geschlecht, das männliche dagegen ist die Norm, der Maßstab. Wir können dies daran erkennen, daß wir bei dem Begriff „geschlechtsspezifisch" zuerst und oft noch ausschließlich an Frauen denken. Damit sind Schicht- und Klassenmodelle *androzentrisch*, das heißt die Lebensbedingungen von Männern werden gleichgesetzt mit dem Normalfall aller Gesellschaftsmitglieder. Dies hat bis in die jüngste Zeit dazu geführt, daß v.a. *die* Ursachen und Dimensionen sozialer Ungleichheit (als allgemein bedeutsame) berücksichtigt wurden, die den Lebenszusammenhang von Männern bestimmen. Die Diskriminierung von Frauen kann auf diese

Weise zwar sichtbar gemacht werden (zum Beispiel ihre geringeren Einkommens- und Karrierechancen) – soweit sie diese Dimensionen betrifft. Verborgen bleiben aber *die* Ursachen, die die Lebensbedingungen von Frauen und Männern systematisch ungleich werden lassen.
Hier bezieht die Frauenforschung eine erste Gegenposition: Die Geschlechtszugehörigkeit gilt als Strukturmerkmal. Damit sind komplexe Zusammenhänge angesprochen.

- Gesamtgesellschaftlich existiert eine Arbeitsteilung in bezahlte Erwerbsarbeit und unbezahlte Hausarbeit, die den beiden Geschlechtern als jeweilige Domäne zuwiesen wird. Zwischen diesen beiden gesellschaftlichen Sphären besteht eine Hierarchie, die auch zur Hierarchie zwischen den Geschlechtern führt (vgl. Becker-Schmidt/Knapp 1995, 10)
- Diese Arbeitsteilung nach Geschlecht bestimmt daher die Lebenschancen und sozialen Positionen der beiden Geschlechter.
- Die den beiden Geschlechtern normativ zugeschriebenen mehr oder weniger positiv bewerteten Verhaltensweisen gelten als kulturelle Konstruktion in der Gesellschaft.

Geschlechtszugehörigkeit zeigt sich als elementare Ursache von sozialer Ungleichheit, die sich auf keinen anderen Faktor zurückführen läßt. Geschlecht als Strukturdimension kann daher seine Wirkung auch entfalten, wenn sich die kulturellen Zuschreibungen von „weiblichen" und „männlichen" Eigenschaften und Rollen verändern.
Hier ist die zweite wichtige Gegenposition feministischer Ungleichheitsforschung zu herkömmlichen Klassen- und Schichttheorien auszumachen: Die *geschlechtshierarchische Arbeitsteilung* wird zum Angelpunkt der Analyse der Lebenslagen von Frauen. Nicht die Zugehörigkeit zu einem spezifischen Mann mit einem spezifischen Status bestimmt die Lebenssituation von Frauen primär, sondern die mit ihrer Gebärfähigkeit als quasi „natürlich" verknüpften sozialen Erwartungen, kollektiv für die private, unbezahlte Reproduktionsarbeit zuständig zu sein, unabhängig von ihrer Beteiligung am Erwerbsleben.
Da die Reproduktionsarbeit privat organisiert wird, strukturiert die *geschlechtshierarchische Arbeitsteilung* nicht nur die Lebensmöglichkeiten der Geschlechtergruppen, sondern auch das Zusammenleben der Geschlechter „im Privaten". Soziale Ungleichheit zwischen den Geschlechtern hat eine „öffentliche" und eine „private" Seite, beide sind gleichermaßen gesellschaftlich bedeutsam und Gegenstand politischer Auseinander-

setzung. Dies gilt sowohl für die Ursachen wie für die Erscheinungsformen geschlechtlicher Ungleichheit. Daher analysieren feministische Ungleichheitstheorien nicht nur die Chancen von Frauen und Männer im Erwerbsbereich und anderen öffentlichen Teilbereichen. Sie richten ihren Blick ebenso auf Reproduktionsverhältnisse, auf Sozialisationsbedingungen und -erfahrungen, auf Beziehungsformen.

Diese Sichtweise der Frauenforschung wird möglich, weil sie nicht nur Erwerbsarbeit, sondern auch die private Haus- und Erziehungsarbeit als Arbeit definiert. Mit einem so *erweiterten Arbeitsbegriff* läßt sich untersuchen, wie die Arbeitsteilung zwischen bezahlter Erwerbsarbeit und unbezahlter Hausarbeit beschaffen ist, das heißt welche Arbeitsbeziehungen und Herrschaftsverhältnisse zwischen den Geschlechtern sie hervorruft. Der historisch spezifische Zusammenhang der beiden Arbeits- und Lebensbereiche und seine Bedeutung für das Geschlechterverhältnis rücken in den Mittelpunkt.

So läßt sich zum Beispiel zeigen, daß Hausarbeit erst im Zuge der kapitalistischen Entwicklung des 19. Jahrhunderts zur Hausfrauenarbeit, das heißt zur unbezahlten Arbeit der Hausfrau, wurde. Die bürgerliche Ehefrau wurde von der „Hausherrin" die die Haus- und Erziehungsarbeit der Dienstboten überwachte, zur Hausfrau, die diese Arbeiten selbst ausführte. In den „arbeitenden" Schichten zwang die Auflösung häuslicher bzw. haushaltsnaher Einkommensmöglichkeiten (zum Beispiel Hausarbeit gegen Bezahlung für sog. Kostgänger, Heimarbeit) die Frauen in die außerhäusliche Lohnarbeit. Staatliche und gewerkschaftliche Interventionen (v.a. über spezifische Schutzvorschriften und Arbeitszeitregelungen für Frauen und Kinder) sollten hier die Sicherung eines Mindestniveaus der Reproduktion der Familien gewährleisten und begünstigten die Übernahme der Norm (wenn auch nicht der Realisierung) des männlichen Familienernährers. In den bäuerlichen Schichten bestand innerhalb der Familienökonomie ebenfalls eine geschlechtsspezifische Arbeitsteilung, doch die Arbeit der Frauen blieb für das Überleben der Familie und den Erhalt des Hofes nicht weniger wichtig als die Arbeit des Bauern (Bock/Duden 1976; Kontos/Walser 1979).

Im 20. Jahrhundert wird in modernen Industriegesellschaften Erwerbstätigkeit die Existenzgrundlage für immer mehr Menschen, Männer und Frauen, doch verschafft sie den Berufstätigen selbst erst einmal nur Zugang zu Geld. Die Versorgung und zunehmend die Berücksichtigung psychischer Bedürfnisse von Menschen, die grundsätzlich und Tag für Tag aufs Neue notwendig ist, bilden weiterhin das Fundament der bezahlten Erwerbsarbeit. Private Hausarbeit ist auch im entwickelten Industriekapitalismus eine gesellschaftlich notwendige Arbeit, keinesfalls ist sie ein Relikt aus vormodernen Zeiten. Haus- und Erwerbsarbeit sind wechselseitig voneinander abhängig, sie sind zwar komplementär aufeinander ausgerichtet, dabei aber widersprüchlich in ihren Zeitrhythmen und Arbeitsanforderungen. Sie sind daher nicht einfach kompatibel und erfahren ungleiche Bewertungen. Zwar wird Reproduktionsarbeit nicht ausschließlich unbezahlt im privaten Haushalt geleistet, doch die Frage, wie diese Arbeit zwischen „Familie", Markt und Staat und jeweils wiederum zwischen Frauen und Männern aufgeteilt wird, bildet weiterhin die Erklärungsgrundlage feministischer Ungleichheitsforschung.

Damit androzentrisches Denken überwunden und das qualitativ spezifische des Frauenlebens in unserer Gesellschaft bestimmt werden kann, betrachten Frauenforscherinnen primär den „weiblichen Lebenszusammenhang", also die Lebensbedingungen und sozialen Chancen und Risiken der Frauen. Sie wollen gerade nicht eine bloße „Defizit-Beschreibung" („noch nicht so wie Männer") liefern, sondern vielmehr den Nachweis erbringen, daß die Minderbewertung der existentiell notwendigen Arbeiten und Aufgaben als „Frauensachen" erst die Privilegierung der Männer ermöglicht. Frauenforschung wird damit zur Analyse des Geschlechterverhältnisses – einem zunehmend konflikthaften Verhältnis von Über- und Unterordnung. Kennzeichnend für feministische Ansätze ist die Haltung, die Diskriminierung von Frauen nicht nur zu beschreiben und zu erklären, sondern Veränderungsvorschläge zu entwickeln. Diese zielen nicht auf eine bloße Angleichung an männliche Lebensverhältnisse, sondern fragen nach den gesellschaftlichen Entfaltungsmöglichkeiten der bisher diskriminierten „weiblichen" Lebensformen und nach den Bedingungen, um „Gleichheit in der Differenz" zu erreichen.

Diese Grundprämissen feministischer Ungleichheitsforschung werden in den einzelnen theoretischen Konzepten, die wir in diesem Kapitel vorstellen, allerdings unterschiedlich eingeordnet und ausformuliert. Alle hier vorgestellten Konzepte sind im Rahmen der westdeutschen Frauenforschung entwickelt worden. Die Lebensbedingungen von Frauen in der DDR wurden durchaus wahrgenommen, denn die Auseinandersetzung mit sozialistischen Emanzipationsvorstellungen war aufgrund der eher klassentheoretischen Tradition der Frauenforschung naheliegend. Allerdings blieb es in der Regel bei einem quantitativen Vergleich von Bildungs-, Erwerbs- und Einkommensquoten, der einen Emanzipationsvorsprung der Frauen in der DDR ergab. Die spezifischen Widersprüche zwischen Beruf und Familie in einer „realsozialistischen“ Gesellschaft wurden wenig beachtet. Mit der Vereinigung beider Länder stellt sich die Frage, ob diese Konzepte auch auf die spezifischen Bedingungen und Erfahrungen von Frauen im Transformationsprozeß anwendbar sind.

4.2 Die Veränderung der Lebensverhältnisse von Frauen seit den 60er Jahren

Die 50er Jahre sind in Westdeutschland durch traditionelle Geschlechternormen bestimmt: Eine patriarchale Familienstruktur blieb trotz des Gleichberechtigungsgebots des Grundgesetzes gesetzlich geschützt (zum Beispiel Hausfrauenehe und Entscheidungsrecht des Vaters in Erziehungsfragen). Dem entsprach eine ausgeprägte Bildungsbenachteiligung von Mädchen (Pross 1969). Sie zeigte sich sowohl beim Zugang zu höherer Bildung als auch in der Tatsache eines mädchenspezifischen Fächer- und Bildungsangebots. Seit den 60er Jahren wurde dieses Angebot ausgebaut in Richtung einer schrittweisen Öffnung dieser „Mädchenbildung” (v.a. Hauswirtschaft) auch für Jungen. Durch gleiches Fächerangebot und gleiche Unterrichtsinhalte im koedukativen Unterricht sollten Benachteiligungen von Mädchen bei der Berufseinmündung abgebaut werden. Den Ausbau des Sekundarbereichs und der Hochschulen nutzten die jüngeren Frauen zu einer beispiellosen Aufholjagd: Während sie in den Realschulen bereits Ende der 60er Jahre die Mehrheit der Schülerschaft stellten, betrug ihr Anteil am Gymnasium nur rund 37%. Heute stellen sie die Mehrheit am Gymnasium und beim Abitur und rund 41% aller Studierenden (BMFSFJ 1998, 23;38). Deutlich nahm auch die berufliche Qualifizierung von Mädchen zu: Mehr als drei Viertel aller heute erwerbstätigen Frauen (1970: 38%) verfügen über eine berufliche Ausbildung. Sowohl in der Wahl der Schultypen, der Studienfächer wie auch bei den beruflichen Ausbildungsgängen zeigten sich jedoch weiterhin geschlechtstypische Präferenzen.
Während sich der Anteil der Frauen an allen Erwerbstätigen bis in die 70er Jahre nur wenig (auf rund 37%) erhöhte und heute bei 42% liegt, stieg trotz der höheren Bildungsbeteiligung die Erwerbsquote der Frauen im erwerbsfähigen Alter (15-65) auf fast 60% (BMFSFJ 1998, 51). „Die eigentlich spektakuläre Veränderung im Erwerbsverhalten von Frauen liegt in dem seit Ende der fünfziger Jahre kontinuierlichen Anstieg der Erwerbsbeteiligung verheirateter Frauen” (Maier 1993, 258). Nicht allein wirtschaftliche Gründe spielten dabei eine Rolle, sondern auch der Bildungsstatus. Gleich-

zeitig ging die Zahl der „familienintegrierten" Arbeitsverhältnisse als mithelfende Familienangehörige rapide zurück, so daß der Konflikt der „Vereinbarung von Beruf und Familie" für immer mehr Frauen zum beherrschenden Konflikt wird.
Das von den schwedischen Sozialwissenschaftlerinnen Alva Myrdal und Viola Klein (1960) entwickelte „Drei-Phasen-Modell" setzte sich in den 70er Jahren allmählich als gängige Norm für die Darstellung eines „modernen Frauenlebens" durch. Es sah nach einer ersten Phase der Berufstätigkeit eine längere (ca. 15-20 Jahre dauernde) „Familienpause" von Müttern vor und anschließend die Rückkehr der Frauen in den Beruf bis zur Rente. Die einseitige Fixierung des Frauenlebens als ein Leben in der und für die Familie wurde damit aufgelöst und in ein scheinbar harmonisches Nacheinander von Beruf, Familie und Beruf überführt.
Tatsächlich wurde immer häufiger nicht mehr die Eheschließung, sondern erst die Geburt eines Kindes zum Anlaß genommen, aus dem Erwerbsleben auszuscheiden. Und immer seltener wurde dies als endgültiger Rückzug, sondern als Unterbrechung begriffen. Doch zeigt die Entwicklung der Müttererwerbstätigkeit, daß Frauen frühzeitiger zurückkehrten als im „Drei-Phasen-Modell" angenommen, und daß sie häufiger zwischen Erwerbstätigkeit und Nicht-Erwerbstätigkeit und der Form der Arbeitszeit wechselten (Maier 1993, 259). Der Arbeitskräftemangel in den 60er Jahren hatte das betriebliche Angebot an Teilzeitarbeit ausgeweitet. Als Modell einer „familienangepassten" Arbeitszeit wurde es zur typisch „weiblichen" Arbeitszeitform (Eckart 1986) und ist es bis heute geblieben. Damit wurde die Bewältigung des Nebeneinanders von Familie und Beruf weiterhin als eine Aufgabe von Frauen definiert.
Während sich Bildungs-, Ausbildungs- und Erwerbsverhalten der Frauen also erheblich veränderten, blieben Benachteiligungen von Frauen am Arbeitsmarkt und im Betrieb bestehen: Sie verdienen durchschnittlich immer noch erheblich weniger als ihre männlichen Kollegen (im Angestelltenbereich ist diese Differenz sogar noch höher als zwischen Arbeitern und Arbeiterinnen). Dies gilt oft auch dann noch, wenn Arbeitszeit, Qualifikation und Betriebszugehörigkeit vergleichbar sind. Es hängt v.a. zusammen mit der Tatsache, daß sie weiterhin kaum Zugang zu höheren Positionen erreichen und zwar sowohl in „typisch weiblichen", wie erst recht in „typisch männlichen" Berufen (BMFSFJ 1998, 66ff.).
Vor dem Hintergrund dieser widersprüchlichen Erfahrungen in Schule und Beruf und der überkommenen Rollen in der Familie bildete sich Anfang der 70er Jahre in Westdeutschland die neue Frauenbewegung. Sie stellte den

Zusammenhang zwischen privater Benachteiligung und öffentlicher, ökonomischer und politischer Diskriminierung in das Zentrum ihrer Aktionen und Forderungen (§ 218, Forderung nach separaten Frauenräumen, neue Formen politischer Einmischung, feministische Projekte in der Sozialarbeit, zum Beispiel gegen Gewalt in Familien).
Gleichzeitig und damit verbunden zeichneten sich in der Privatsphäre Veränderungen ab, die eine dauerhafte Existenzsicherung als nicht-erwerbstätige Ehefrau und Mutter immer unwahrscheinlicher machten: Der „Mitverdienst" der Frauen wurde immer bedeutsamer für die Sicherung des Familieneinkommens, der „Familienernährer" wurde zum „Haupternährer". Ein „eigenes" Einkommen und der Aufbau eigener Ansprüche an Alterssicherung wurde angesichts neuer Lebensformen (zum Beispiel nicht-eheliche Lebensgemeinschaften), angesichts des höheren Heiratsalters und insgesamt sinkender Heirats- und steigender Scheidungszahlen immer notwendiger und selbstverständlicher.
In der DDR war die gleichberechtigte Beteiligung von Frauen am Erwerbsleben dagegen Teil der sozialistischen Programmatik, sie galt als Garant für eine ökonomische Unabhängigkeit und intellektuelle und politische Selbständigkeit von Frauen. Sie wurde flankiert von familienpolitischen Maßnahmen wie öffentlicher Kinderbetreuung, Babyjahr, Arbeitszeitverkürzungen (Gysi/Meyer 1993). Ende der 80er Jahre belief sich die weibliche Erwerbsquote (das heißt der Anteil der erwerbstätigen Frauen an der Zahl der Frauen im arbeitsfähigen Alter) auf 91,7%. Damit gehörte die DDR weltweit zu den Spitzenreitern. Diese Gleichberechtigungspolitik unterstellte Frauen allerdings einerseits männlichem Anpassungsdruck, das heißt der Maßstab für Gleichberechtigung und Persönlichkeitsentwicklung war männlich geprägt und orientierte sich vornehmlich an beruflichen Leistungen und Karrieren. Andererseits zielten die umfassenden sozialpolitischen Maßnahmen in erster Linie auf Frauen als Mütter, entließ Männer jedoch sehr deutlich aus einer Veränderung ihrer Verantwortung als Väter und Ehemänner. Hinsichtlich der Gestaltungschancen in gesellschaftlichen und politischen Prozessen, hinsichtlich der Positionen auf dem Arbeitsmarkt und der Aufteilung der Reproduktions- und Produktionsarbeit zwischen den Geschlechtern läßt sich hier von einer als „natürlich" angesehenen Zweitrangigkeit von Frauen gegenüber Männern sprechen (vgl. Nickel 1993, 234ff.). Die Erfahrungen selbstverständlicher lebenslanger Erwerbstätigkeit und öffentlicher Unterstützung ihrer Familientätigkeit förderten ein auf Gleichberechtigung beruhendes Selbstbewußtsein der Frauen. Diese unterschiedlichen Erfahrungen bestimmen seither auch die Kontrover-

sen der „ungleichen Schwestern" in Ost und West im Bereich der wissenschaftlichen Analyse der Geschlechterungleichheit. Doch bei aller Anerkennung sehr unterschiedlicher historischer Lebensbedingungen ähneln sich die Probleme der Frauen in beiden Teilen Deutschlands (Eifler 1998), mehr denn je nach der Vereinigung, die westdeutsche institutionelle Bedingungen verallgemeinert hat.

4.3 Das Konzept des „weiblichen" Arbeitsvermögens

Ilona Ostner und Elisabeth Beck-Gernsheim entwickelten 1978 das Konzept des *„weiblichen"* (genauer: „hausarbeitsnahen") *Arbeitsvermögens*, zu einer Zeit, als sich die geschilderten Veränderungen in der Bildungs- und Erwerbsbeteiligung von Frauen bereits deutlich abzeichneten. Es ging ihnen darum, die trotz der Verhaltensänderungen der Frauen weiterbestehende Benachteiligung im Beruf zu erklären. In der öffentlichen Diskussion wurde die Diskriminierung im Erwerbsleben jedoch häufig den Betroffenen selbst angelastet: Frauen zeigten in ihrem Berufsverhalten eben zu wenig Anpassungsbereitschaft an berufliche und betriebliche Erfordernisse, sie hätten teilweise gar kein Interesse an Karriere und scheuten die Konkurrenz.
Gegen diese Argumentation entwickeln Elisabeth Beck-Gernsheim und Ilona Ostner ihr Konzept des „weiblichen Arbeitsvermögens". Sie suchen die Ursachen dafür nicht allein im Erwerbsbereich, sondern gerade im Verhältnis von Hausarbeit und Beruf. Dabei konzentrieren sie sich auf die unterschiedlichen Anforderungen, die in der Hausarbeit und der Erwerbsarbeit an Personen gestellt werden und damit den Zuschnitt der jeweiligen Fähigkeitsbündel der damit betrauten Menschen bestimmen.

4.3.1 Ursachen der Frauendiskriminierung

Der Ausgangspunkt von Ostner und Beck-Gernsheim ist die Trennung von Haus- und Berufsarbeit. In einem ersten Schritt untersuchen sie die jeweils besonderen Arbeitsweisen, Arbeitsziele und Arbeitsbedingungen beider Arbeitsformen. Diese sind unterschiedlich, teilweise sogar gegensätzlich. In einem zweiten Schritt folgern sie aus dieser Analyse, daß beide Arbeitsformen unterschiedliche „Arbeitsvermögen" bei den Arbeitenden erfordern, die von ihnen im Verlauf des Lebens auch in Form besonderer Fähigkeitsbündel hervorgebracht werden. Frauen, die primär zur Reproduktionsarbeit verpflichtet werden, erwerben zeitlich vor den beruflichen Qualifikationen in ihrer Herkunftsfamilie ein hausarbeitsnahes Arbeitsvermögen. Während sie damit den Anforderungen der privaten Hausarbeit entsprechen, erweist es sich am Arbeitsmarkt, im einzelnen Betrieb als defizitär und scheint die Benachteiligung von Frauen zu rechtfertigen.

Hausarbeit hat zum Ziel, allgemeines, breites Arbeitsvermögen oder „Humankapital", wie es der „5. Familienbericht" (BMFS 1994) nennt, herzustellen und wiederherzustellen: sozial integrierte, lern- und arbeitsfähige Menschen. Um dies zu erreichen, muß auf die leiblich-seelischen Bedürfnisse und deren körpergebundene Rhythmen zeitlich eingegangen werden. Dies gilt auch für die psychischen Bedürfnisse nach Anerkennung und emotionalem Austausch, die in anderen Teilbereichen der Gesellschaft (v.a. Schule und Beruf) nicht in ausreichendem Maß berücksichtigt oder gar verdrängt werden.

Das erfordert von den Arbeitenden nicht nur besondere Fähigkeiten (zum Beispiel Intuition, Fürsorglichkeit, Empathie, Geduld), sondern auch eine spezifische Arbeitshaltung: nämlich einen persönlichen Bezug zur Arbeit. Es geht um konkrete Personen und damit um Problemlösungen, die jeweils die ganz individuellen Bedürfnisse dieser Personen befriedigen sollen (zum Beispiel: Melanie mag Tomaten nur ohne Haut essen). Aufgrund der engen Beziehungen zu den Adressaten der Arbeit besteht bei der Hausarbeit auch ein persönliches Interesse an der Aufgabenerfüllung. Vor allem aber wird verlangt, daß die eigene Person in den Hintergrund tritt und die Bedürfnisse anderer Vorrang haben. Das kann zu einem geringen Selbstwertgefühl führen und die Hausfrau stärker von Formen persönlicher Anerkennung abhängig werden lassen.

Berufliche Arbeit ist dagegen spezialisierte Arbeit, in Einzelaufgaben oder sogar -schritte zerlegt. Losgelöst von konkretem Bedarf und der Besonderheit der Adressaten wird produziert und angeboten für einen anonymen Markt. Berufliche Arbeit verlangt abstraktes Wissen, das situationsspezifisch abgerufen werden muß. Sie ist einer eher linearen Zeitökonomie unterworfen und von Konkurrenzbeziehungen geprägt. Sie verlangt disponible, flexible, mobile Arbeitskräfte, die ein gewisses Maß an Gleichgültigkeit gegenüber Arbeitsgegenstand und Arbeitsziel zeigen können, um ihre Arbeitskraft als Basis für ihre Existenzsicherung erhalten zu können.

Ostner und Beck-Gernsheim betonen, daß diese Unterscheidungen „idealtypische" Konstruktionen sind , das heißt in ihrer gegensätzlichen Typologie heben sie das Kennzeichnende und Besondere der jeweiligen Arbeitsformen in einer Weise hervor, wie sie in der Realität gerade nicht in dieser

Reinheit vorkommen. Es ist eine analytische Methode, um spezifische Berufsprobleme von Frauen und spezifisches Verhalten gegenüber beruflichen Anforderungen überhaupt erkennen zu können.

4.3.2 Erscheinungsformen sozialer Ungleichheit

Frauen profitierten in den 60er und 70er Jahren von der Umschichtung der Beschäftigung zugunsten des Dienstleistungssektors. Bereits Ende der 60er Jahre waren mehr als die Hälfte der Frauen im tertiären Bereich (zum Beispiel Handel, Banken, Versicherungen, Gastgewerbe) beschäftigt (Maier 1993, 263), gewerblich-technische Berufe blieben eine Männerdomäne. Ihre zunehmende Integration ließ jedoch gerade ihre allgemeine Benachteiligung immer deutlicher hervortreten: Beschäftigungsmöglichkeiten fanden sie hauptsächlich in wenigen typischen Einsatzfeldern und Berufen mit vergleichsweise niedrigen Verdienst- und geringen Aufstiegsmöglichkeiten. Insbesondere Frauen, die in die Berufstätigkeit „zurückkehrten", wurden unter ihrem Qualifikationsniveau beschäftigt und auch in sog. Mischberufen blieben Frauen auf die unteren Ränge verwiesen (Beck-Gernsheim/Ostner 1978). Je deutlicher der Beruf eine Nähe zu konkreten Haushaltstätigkeiten (Bedienen, Putzen, Pflegen, Erziehen) zeigt, desto eher ist er als „Frauenberuf" (zum Beispiel die vielen Assistenz- oder Helferinnenberufe bzw. „Gespanne" in denen eine weisungsgebundene Frau direkt einem weisungsbefugten Mann zugeordnet ist, wie bei Chef/Sekretärin). Diese bieten zumeist keine längerfristige Perspektive.

Mit dem Erklärungskonzept „weibliches" Arbeitsvermögen läßt sich die Bevorzugung von Berufen, die eine Nähe zur Hausarbeit vermuten lassen, zum Beispiel Erzieherinnen, Sozialpädagoginnen, Altenpflegerinnen, wie folgt deuten: Wenn Frauen solche Berufe wählen, dann ist das möglicherweise ein Kompromiß zwischen ihrem hausarbeitsnahen Arbeitsvermögen und den Anforderungen der Berufsarbeit. Solche Nähe zur Hausarbeit kann auch durch betriebliche Einsatzbedingungen erzeugt werden, die an spezifische Arbeitshaltungen des „hausarbeitsnahen Arbeitsvermögens" anknüpfen. Dies wird deutlich in den typischen Assistentinnenberufen, in denen hierarchisch Höhergestellten zugearbeitet wird. Die inhaltliche oder organisatorische Nähe zur Hausarbeit scheint solche Berufe für Frauen attraktiv zu machen, obwohl sie vergleichsweise schlecht entlohnt sind, geringe Aufstiegsmöglichkeiten bieten und oft belastende Arbeitbedingungen aufweisen.

Darin zeigt sich die geringe Bewertung der „hausarbeitsnahen" Fähigkeiten und Arbeitshaltungen, die zwar betrieblich genutzt, aber nicht entsprechend

entlohnt werden, weil Frauen sie praktisch „von Haus aus" mitbringen. Sie gelten als „stille Qualifikationen", die außerhalb der ökonomischen Sphäre erworben wurden, die nicht in beruflichen Ausbildungen hergestellt werden und deshalb unentgeltlich abgerufen werden können. Das konkret-inhaltliche Engagement von Frauen, das in vielen Studien zur Erwerbstätigkeit nachgewiesen wurde, ihr Interesse an der Pflege von Beziehungen (zu Kolleginnen und Kundinnen) lassen sich auf diese Weise besonders ausnutzen: Oft werden Frauen auf eher ausführende oder mittlere Positionen beschränkt, mit dem Verweis darauf, daß Leitungspositionen weniger Nähe zum Arbeitsgegenstand und den Adressaten ermöglichten und Konkurrenz und Konflikte mit Kolleginnen und Untergebenen beinhalteten. Oft wird das den Frauen unterstellte „lediglich" inhaltliche Engagement als „mangelnder Aufstiegswille" der Frauen gedeutet. Sinken diese Interessen, weil die Tätigkeiten nicht entsprechend entlohnt werden oder die Belastungen zu hoch werden, kann auch dies wiederum als Defizit „weiblicher Arbeitskräfte" gewertet werden („keine langfristige berufliche Orientierung"), was als weitere Rechtfertigung für die Bevorzugung männlicher Arbeitskräfte dient.
Aus diesen und vielen anderen Beispielen ergibt sich für Beck-Gernsheim und Ostner: *„Was die Frau im Haushalt braucht, schadet ihr im Beruf"* (1978, 276; H.i.O.). Daraus ziehen sie jedoch nicht den Schluß, daß Frauen das „weibliche Arbeitsvermögen" einfach abschütteln sollten; „hausarbeitsnahes Arbeitsvermögen" werde gesellschaftlich gebraucht, um soziale Integration und persönliche Identitätsbildung von Menschen zu gewährleisten („Humankapital"). Die Autorinnen fordern hingegen, berufliche Arbeit und Arbeitsvollzüge so zu verändern, daß ein reproduktionsbezogenes Arbeitsvermögen nicht als Mangel an Beruflichkeit, als lediglich „stille" Qualifikation etc., erscheint.

4.3.3 Die „soziale Landkarte"

Unterschiede im Berufsverhalten von Frauen und Männern und Benachteiligungen im Erwerbsleben sind nur mit der Erweiterung des Blicks auf den „privaten", das heißt, den nicht entlohnten Arbeitsbereich zu erklären. In der aus dieser Perspektive erstellten sozialen Landkarte sind zwei große Arbeitskräftegruppen eingezeichnet. Die Scheidelinie zwischen ihnen wird qua Geschlecht gezogen, wobei die eine Gruppe die kollektive Verantwortung für Hausarbeit trägt, die andere von ihr freigestellt ist. Einer Gruppe mit „reproduktionsbezogenem" Arbeitsvermögen steht die andere mit ei-

nem rein beruflichen Arbeitsvermögen gegenüber. Auch Männer können ein „reproduktionsbezogenes Arbeitsvermögen" ausbilden, wenn sie vor der beruflichen Sozialisation mit entsprechenden Arbeitsanforderungen konfrontiert wurden. Daher ist die Kennzeichnung „weibliches Arbeitsvermögen" immer schon eine Verkürzung, allerdings eine statistisch gesehen realistische. Den Frauen werden von betrieblicher Seite bestimmte Fähigkeiten und Fertigkeiten „von Haus aus" unterstellt, sie müssen sich, selbst wenn sie diese nicht mitbringen oder gar ablehnen, mit diesen Erwartungen auseinandersetzen.
Die so gestaltete „soziale Landkarte" deckt die strukturellen Bedingungen scheinbar natürlicher Unterschiede im Verhalten von Frauen und Männern auf – nämlich die Trennung zwischen beiden Arbeitsformen, die gesellschaftliche Minderbewertung von Hausarbeit und ihre einseitige Zuweisung an Frauen. Auf diese Strukturen „bauen" Betriebe, wenn sie bestimmte Arbeitsplätze oder Einsatzbereiche als „Frauendomäne" organisieren und besetzen.

4.3.4 Fallbeispiel: „Frau Bügler, Krankenpflegerin"

Frau Bügler ist 35 Jahre alt und ledig, hat keine Kinder. Schon als junge Frau wollte sie „nie heiraten"; was sie sich eher vorstellen konnte, war, in ein Kloster zu gehen. Das hat sie auch versucht, allerdings ist sie nach vier Wochen wieder „ausgebrochen". Vor der Ausbildung hatte sie eine sehr idealistische Vorstellung vom Beruf. „Ich hab gedacht, das ist so etwas, wo einer vor dem anderen viel Achtung hat, also wirklich der Mensch gesehen wird. Ich wollte also damals wirklich den Menschen – so blöd das jetzt klingt – ich wollte ihm dienen. Ich wollte damals zu der Zeit noch was Gutes tun und ich hab gedacht, die ganzen Menschen um mich herum denken genauso. Das war eine Täuschung." In der „Normalpflege" war das ihrer Erfahrung nach nicht möglich, deshalb wechselte sie in ein psychiatrisches Krankenhaus. Dort, meinte sie, sei es doch besonders wichtig, daß die Pflegenden auf die Psyche der Menschen eingehen. Doch auch diese Hoffnung wurde enttäuscht. Dennoch beharrt sie darauf: „Aufgabe der Krankenschwester ist es halt, daß sie für den Patienten da ist. Das ist die erste Aufgabe, daß der Patient im Vordergrund steht, daß sie den Patienten als den Punkt sieht, worum sich alles drehen muß, und dann kommen erst die ganzen Nebenpunkte, die Ärzte, die Kolleginnen". Als wichtigste Fähigkeit für ihre Tätigkeit nennt sie „daß man ein bißchen Menschenkenntnis hat." Als Patienten bevorzugt sie den Menschen, der „einsieht, daß ich ihm helfen will." An ihrem Beruf gefällt ihr, daß sie nach dem Arbeitstag mit dem Gefühl nach Hause gehen kann, etwas geleistet zu haben, was ihr Freude macht. Ihr ist es immer noch wichtig, „nicht nur für sich zu arbeiten, sondern für die anderen" (nach: Ostner /Beck-Gernsheim (1979), 132ff.).

Fragen:

Erkennen Sie in diesem Berufsverhalten „hausarbeitsnahes" Arbeitsvermögen?

Welche Chancen und Risiken enthält eine solche Berufspraxis für die Berufstätigen?

4.3.5 Die Bedeutung für die Soziale Arbeit

Die Erscheinungsformen der Benachteiligung in typischen Frauenberufen haben sich seit den 70er Jahren nicht grundlegend geändert. V.a. die anhaltende Segmentation des Arbeitsmarktes in Männer- und Frauendomänen läßt eine Auseinandersetzung mit dem Konzept des „hausarbeitsnahen" Arbeitsvermögens weiterhin lohnend erscheinen, insbesondere für die Jugendberufshilfe und die Mädchenarbeit.
Die beiden Autorinnen stellen zunächst einmal die Frage, ob Frauen tatsächlich eine andere Berufspraxis zeigen, also berufliche Anforderungen anders wahrnehmen und erfüllen als Männer und wie sich diese Differenz erklären läßt. Bedeutsam dabei ist, daß sie das berufliche Verhalten von Frauen nicht als defizitär, also mangelhaft betrachten, sondern daß sie untersuchen, ob diese Verhaltensweisen nicht spezifische Qualitäten darstellen, die allerdings unter betrieblichen Verwertungsbedingungen als Mängel betrachtet und entwertet werden. Das Konzept stellt ein fruchtbares analytisches Instrument dar, um sog. Frauenberufe (u.a. die Soziale Arbeit), geschlechtsspezifische Anforderungen und Verhaltensweisen im Berufsleben zu untersuchen. Allerdings darf der abstrahierende, „idealtypische" Charakter dieses Konzeptes nicht vergessen werden: Es dient lediglich dazu, in der Vielfalt der beruflichen Wirklichkeit Muster leichter zu erkennen, Muster der Berufswahl, der Positionszuweisungen und der Bewertungen von beruflichen Verhaltensanforderungen und tatsächlichen Verhaltensweisen. Es kann vor allem Problemlagen von Frauen erklären helfen, die der Haus- und Familienarbeit in ihrem Leben noch Vorrang einräumen und deshalb heute mit spezifischen Ausgrenzungen und Abwertungen konfrontiert sind, die sie als leidvolle Lebenserfahrungen verarbeiten müssen. Dagegen ist es

nicht ausreichend, um das Berufswahlverhalten von Frauen zu erklären. Hier muß stärker berücksichtigt werden, daß der Ausbildungs- und Arbeitsmarkt primär durch die Angebote von Betrieben und durch deren Auswahlkriterien bestimmt werden.

In der Berufspraxis der Sozialen Arbeit sollte man nicht den Fehler begehen, allen Frauen ein entsprechendes „weibliches" Arbeitsvermögen zu unterstellen, weil sie mit den Anforderungen von Hausarbeit von Klein auf konfrontiert waren. Im Einzelfall ist das jeweils zu prüfen; weitere Forschungen sollten darüberhinaus untersuchen, wie sich Frauen hinsichtlich ihres Arbeitsvermögens im privaten und beruflichen Arbeitsbereich unterscheiden, und auf welche lebensgeschichtlichen Erfahrungen mit beiden Arbeitsformen dies zurückzuführen ist. Auch weisen Beck-Gernsheim und Ostner darauf hin, daß in der Realität keineswegs erwartet werden kann, daß sich Frauen selbst nur positiv auf dieses Arbeitsvermögen beziehen. Es trägt auch die Spuren der Widersprüche der Hausarbeit.

Aus der Perspektive dieses Konzepts wird jedoch v.a. auch die kritische Frage nahegelegt, ob eine Anpassung an berufliche Zwänge und Standards tatsächlich Emanzipationschancen für Frauen enthält. Berufliche Arbeit wird als Arbeitsform erkennbar, die eine enge Beschränkung auf bestimmte Ausschnitte von menschlichen Fertigkeiten und Vermögen voraussetzt und zu viele andere ausschließt oder mißachtet. Aus dieser Position erscheint Beruf als defizitär, vereinseitigend, lebensfeindlich. In vielen „autonomen" Projekten der Frauensozialarbeit war die bewußte Anerkennung nicht-beruflicher, das heißt nicht lohnarbeitsförmiger Arbeits- und Lebensformen im Arbeitsvollzug und die Abkehr von hierarchischen Organisationsstrukturen ein wichtiges Ziel. Auch hier kann das Konzept dazu dienen, Erfolg oder Scheitern kritisch zu reflektieren. Dabei geht es weniger um die Frage, ob Frauen „anders" und „besser" miteinander arbeiten, als um die Frage, welches Mischungsverhältnis von beruflichen und „hausarbeitsnahen" Anforderungen professionelle Sozialarbeit mit dem Ziel der Frauenförderung erfordert (Brückner 1997).

4.4 Das Konzept der doppelten Vergesellschaftung von Frauen

Ebenfalls Ende der 70er/Anfang der 80er Jahre wurde das Konzept der doppelten Vergesellschaftung (Becker-Schmidt 1980, 1987; Becker-Schmidt u.a. 1982; Knapp 1990) entwickelt. Es entstand im Rahmen eines empirischen Forschungsprojektes, das sich mit den Alltags- und Arbeitsproblemen von

Frauen beschäftigte, die in der Fabrik Akkord arbeiteten und gleichzeitig ihren Haushalt und Kinder zu versorgen hatten; befragt wurden aber auch Frauen, die ihre Erwerbsarbeit in der Fabrik (zeitweise) unterbrochen hatten. So sollten einerseits Lebensbedingungen und Probleme von Frauen sichtbar werden, die Erwerbsarbeit und Hausarbeit zu vereinbaren suchten, andererseits auch von denjenigen, die für eine Zeitlang nicht mehr erwerbstätig waren.
Die Untersuchung des Alltags von Fabrikarbeiterinnen sollte die besonderen Benachteiligungs- und Belastungserfahrungen aufzeigen, die extrem zerstückelte, monotone, hochgradig zeitlich verdichtete Bandarbeit als typisches Fraueneinsatzfeld in der Industrie kennzeichnen. Es ging auch um die Abstimmungsprobleme, die sich aus der extremen Gegensätzlichkeit dieser Akkordarbeit zur Arbeitsweise im Haus, insbesondere zur Erziehungsarbeit als Mutter ergeben können. Ziel war es, Erlebnisse von Abwertung und Anerkennung zu untersuchen, die beide Arbeitsformen für Frauen enthalten, und Entscheidungen für oder gegen eine Unterbrechung mitbestimmen. In der damaligen Diskussion um die Berufsorientierung von Frauen wurde angenommen, daß Fabrikarbeit kaum Anknüpfungspunkte für eine längerfristige Berufsorientierung bieten könnte. Es wurde in Untersuchungen festgestellt, daß Arbeiterinnen nach der Familiengründung eine Unterbrechung anstreben und v.a. ökonomische Gründe für eine Fortsetzung der Erwerbstätigkeit angaben. Dies wurde als „familialer Instrumentalismus" bezeichnet, das heißt der Vorrang eines familienorientierten Lebensentwurfs wurde auch bei den Arbeiterinnen angenommen, die weiter erwerbstätig blieben (Eckart u.a. 1979).
Erwerbstätige Arbeiterinnen sind eine besonders benachteiligte Gruppe von Frauen, weil in ihrer Lebenslage Diskriminierungen aufgrund ihrer Klassen- und Geschlechtszugehörigkeit zusammenwirken. Gleichzeitig repräsentieren sie all diejenigen erwerbstätigen Mütter, die Familie und Beruf vereinbaren müssen oder wollen.

4.4.1 Ursachen geschlechtsspezifischer Ungleichheit

Der Begriff der „doppelten Vergesellschaftung" bezeichnet die Tatsache, daß immer mehr Frauen auf zweifache Weise gesellschaftlich verortet sind: Als Verantwortliche für die private Reproduktion *und* als Erwerbstätige. Nehmen sie eine Erwerbstätigkeit auf, was für viele zu einem wichtigen Bestandteil ihres Lebenslaufs wird, bleibt ihnen gleichzeitig die Hausarbeit – für sich und andere. „Dieses doppelte gesellschaftliche Engagement bringt ihnen jedoch keine Vorteile ein, sondern im Gegenteil strukturelle Benachteiligungen" (Becker-Schmidt 1987, 17).

Der Begriff „doppelte Vergesellschaftung" läßt sicherlich zuerst an die bekannte Doppelbelastung von erwerbstätigen Frauen denken. Er enthält jedoch darüber hinaus wesentlich mehr Bedeutungen. Die Autorinnen betonen v.a. die widersprüchlichen Erfahrungsmöglichkeiten in beiden Bereichen und den gleichzeitigen Widerspruch *zwischen* beiden Sphären.
Die Widersprüche ergeben sich, weil die gegenseitige Abhängigkeit von Hausarbeit und Erwerbsarbeit durch die Trennung in zwei Sphären verdrängt wird. In jedem Bereich werden die spezifischen Arbeitsformen und Prinzipien betont (Fürsorge und Liebe in der Familie, Konkurrenz und Leistung im Beruf) und die des anderen Bereichs ausgeblendet. Weil der Erwerbsbereich als gesellschaftliche Sphäre der Familie übergeordnet ist, wirkt er jedoch deutlicher auf die Bedürfnisse ein, die Menschen als „Privatmenschen" entwickeln: zum Beispiel ob wir eher Abwechslung oder Ruhe als Erholung suchen und fordern. Der Produktionsbereich wiederum „abstrahiert von den familialen und privaten Belangen, von den Anforderungen des Alltags, kurz, von allem was zum Leben außerhalb und jenseits der Berufsarbeit gehört" (Becker-Schmidt 1980, 718).
Becker-Schmidt u.a. betonen nicht nur die Unterschiedlichkeit von häuslichen und betrieblichen Anforderungen (siehe 4.3.1), sondern insbesondere die Widersprüche innerhalb der Hausarbeit und der Lohnarbeit. Hausarbeit schafft persönliche Abhängigkeit, weil damit kein „eigenes Geld" verdient werden kann. Sie wird „alimentiert" durch ein außer Haus erwirtschaftetes Einkommen oder Transferleistungen. Sie erscheint als „lohnfressende Arbeit" und nicht als Voraussetzung für Lohnarbeit – besonders dann, wenn sie nicht vom Erwerbstätigen selbst in Eigenarbeit erledigt wird. Daher vermittelt sie im besten Fall persönliche, aber keine gesellschaftliche Anerkennung in einer Gesellschaft, „in der nur zählt, was Geld einbringt" (Kontos/Walser 1979). Die Anforderungen an berufliche Arbeit sind ebenfalls widersprüchlich – sie umfassen zum Beispiel Selbstbestätigung in der Auseinandersetzung mit allgemeinen Leistungskriterien vs. strikte Zeit- und Kosten-Ökonomie, Kooperation und Konkurrenz, sowie Entwicklung beruflicher Kompetenzen vs. Reduktion auf betrieblich verwertbare Ausschnitte der eigenen Person. Diese Widersprüche kennzeichnen den anderen Erfahrungsausschnitt des weiblichen Lebenszusammenhangs.
Aus dieser doppelten Widerspruchsstruktur schließen Becker-Schmidt u.a. zweierlei: Aus der Zuweisung der Hausarbeit an Frauen läßt sich nicht folgern, daß diese die Orientierungen und v.a. die Entwicklung des Arbeitsvermögens bestimmt. Außerdem ist zu erwarten, daß Frauen angesichts der widersprüchlichen Realität in *beiden* Sphären und angesichts des täglichen oder

lebensphasenspezifischen Wechsels *zwischen* diesen Bereichen eher zwiespältig auf beide Erfahrungsbereiche reagieren (Becker-Schmidt 1987). „Eines allein ist zu wenig, beides zusammen ist zuviel", so bringt eine betroffene Arbeiterin dieses Dilemma auf den Punkt. Es führt bei den betroffenen Arbeiterinnen zu einer Haltung der Ambivalenz, der Gleichzeitigkeit positiver und negativer Orientierungen auf beide Arbeitsformen und deren Vereinbarung. Hier liegt sicherlich der größte Unterschied zum Konzept des „weiblichen Arbeitsvermögens". Becker-Schmidt u.a. stellen neben den psychischen Umstellungsproblemen vor allem auch die unterschiedlichen Anerkennungsmöglichkeiten und Abwertungsgefahren dar, die in beiden Arbeitsformen stecken. Diese werden jedoch immer *im Kontrast* zu denen der anderen erlebt. So werden sie für Frauen zu Bezugspunkten, Fluchtpunkten und zur Zwickmühle (Becker-Schmidt 1980, 718), das heißt sie bieten beide Möglichkeiten zur Identifikation, können aber auch als scheinbare „Alternativen" erscheinen, wenn die Widersprüche in einem Lebensbereich zu stark werden.
Zwar haben auch Männer durchaus Erfahrungen mit den Logiken der Erwerbs- und der Privatsphäre; sicherlich haben auch sie Umstellungsschwierigkeiten zwischen Haus und Beruf, doch nur an Frauen als Kollektiv richtet sich die spezifische Anforderung, beide Bereiche als *Arbeitsbereiche* zu sehen, und nicht den Privatbereich primär als Bereich der Rekreation (Becker-Schmidt 1987). Hier benennt das Konzept der „doppelten Vergesellschaftung" die grundlegende Ursache der Diskriminierung gegenüber Männern.

4.4.2 Erscheinungsformen geschlechtsspezifischer Ungleichheit

Die Diskriminierung von Frauen ist nicht allein aufgrund ihrer Stellung in der Familie zu erklären. Die besondere Struktur des weiblichen Lebenszusammenhangs, in dem zwei gesellschaftlich ungleich bewertete Gesellschaftsbereiche verwoben sind, die jeweils für sich widersprüchliche Anforderungen, zeitliche Beanspruchungen und unterschiedliche Anerkennungs- oder Abwertungserfahrungen beinhalten, führt dazu, daß Frauen *im Haus wie im Beruf* benachteiligt werden. Zwar bilden Frauen ein komplexeres Arbeitsvermögen aus, doch wird dies für sie gerade nicht zur Quelle besonderer Anerkennung oder eines besonderen Selbstwertgefühls.
Heute finden wir Frauen in der Berufswelt auf allen Ebenen und in fast allen Bereichen. Doch durch das Eindringen der Frauen in die Erwerbssphäre veränderten sich die Arbeitsweisen und Anforderungen in der Erwerbsarbeit nicht. Diese abstrahieren weiterhin von familialen Belangen (s.o.), das heißt

sie setzen einfach voraus, daß diese im privaten Alltag erledigt werden. Je mehr von dieser Alltagsarbeit an andere Menschen delegiert werden kann, desto „verfügbarer" wird die Arbeitskraft für den Beruf und den Betrieb. Das bedeutet zweierlei für die Frauen als Erwerbstätige: Sie gelten als Arbeitskräfte 2. Klasse, weil nach den Maximen geschlechtsspezifischer Arbeitsteilung für sie niemand Hausarbeit leistet, sie also die Arbeit für die eigene Reproduktion nicht delegieren können. Und weil sie daher auch niemandem dafür Unterhalt zahlen müssen, brauchen sie auch keinen „Familienlohn". Wo immer Frauen ihrer Familienorientierung folgen oder ihrer familialen Verantwortung nachkommen, tun sie es sozusagen gegen die geltende Hierarchie der gesellschaftlichen Teilbereiche und werden dadurch *als Arbeitskräfte und als Hausfrauen* benachteiligt. Auch in der Familie, die für den Mann kein Arbeitsbereich ist, besitzt er als „Haupternährer" eine Vormachtstellung bei der Aushandlung familialer Entscheidungen. Becker und Schmidt zeigen auf, daß nicht nur quantitative Zeitprobleme und Doppelbelastungen den Alltag der Fabrikarbeiterinnen kennzeichnen, sondern v.a. auch qualitative Umstellungsprobleme und ambivalente Einstellungen gegenüber beiden Arbeitsformen. Dies gilt aber auch für jene Frauen, die sich für eine Unterbrechung ihrer Erwerbslaufbahn entscheiden. Sie thematisieren zwar die Erleichterung, nicht mehr der permanenten Zerreißprobe zwischen Familie und Beruf ausgesetzt zu sein, betonen aber auch die Mangelerfahrungen durch die Konzentration auf Familie (Becker-Schmidt u.a. 1982, 69ff.).

Die doppelte Vergesellschaftung hinterläßt in den sich wandelnden statistischen Mustern der Müttererwerbstätigkeit und in den Zahlen zum Heiratsverhalten und Familiengründungverhalten von Frauen eine Spur. Die Erwerbsquoten lediger Frauen aller Altersstufen nähern sich denen der Männer. Das Erstheiratsalter der Frauen steigt und Heirat ist nicht mehr der Anlaß, die Erwerbstätigkeit zu unterbrechen: Vielmehr wird die Geburt eines Kindes zu diesem Anlaß. Danach ist das Verlaufsmuster der Erwerbsarbeit von Ehefrauen und Müttern v.a. vom Alter der Kinder und von der Frage abhängig, ob sie alleinerziehend sind. 1994 waren knapp 56% aller verheirateten Frauen (unter 60 Jahren) mit minderjährigen Kindern erwerbstätig. Bei den alleinerziehenden Frauen waren es fast 64%. Bei beiden Gruppen stieg die Erwerbsbeteiligung mit dem Alter des jüngsten Kindes (BMFSFJ 1998, 51).

Hinter diesen statistischen Momentaufnahmen verschwindet die Dynamik, die durch die doppelte Widerspruchsstruktur im Lebenszusammenhang von Frauen entsteht. Diese wird eher in vielen qualitativen Studien der Frauen-

forschung erkennbar. So können zum Beispiel Krüger u.a. (1987, 32) aufzeigen, daß die Zuspitzung der Widersprüche v.a. bei Frauen mit kleinen Kindern eintritt. Diese wechselten häufig und oft kurzfristig zwischen Erwerbsarbeit und Hausfrauendasein hin und her und veränderten dabei auch noch oft ihre Arbeitszeitform (von Vollzeit bis zu stundenweiser Erwerbsarbeit). Dieser Wechsel war abhängig von beruflichen und betrieblichen Bedingungen, wurde aber v.a. ausgelöst von den (oft abrupten) Veränderungen der privaten oder öffentlichen Betreuungsmöglichkeiten für die Kinder. Was oberflächlich als Unentschiedenheit von Frauen erscheint, ist ein Ausdruck der Zerreißproben, denen sie „zwischen Familie und Beruf" ausgesetzt sind. Dabei sind sie gezwungen, in ihrer Berufstätigkeit weitgehende Zugeständnisse an die Familie, aber auch den Arbeitsmarkt zu machen. Im Beruf haben die wenigsten Spielraum, ihre Familieninteressen geltend zu machen; sie konzentrieren sich darauf, in der Familie ihre Berufsinteressen durchzusetzen. Dies gelingt ihnen oft nur um den Preis, die an sie als Mutter gestellten Erwartungen besonders gut zu erfüllen. Nur wenigen Frauen gelingt es, aus ihrer doppelten Vergesellschaftung Selbstbewußtsein zu ziehen.
Aus vielen qualitativen Studien der letzten Zeit wird deutlich, daß gerade typische Frauenberufe oder Tätigkeitsfelder nicht „familiengerecht" organisiert sind, jeweils aber spezifische „Lösungsmöglichkeiten" des Konflikts nahelegen: zum Beispiel Ausscheiden aus einer zu belastenden Anlerntätigkeit in der Fabrik (Bednarz-Braun 1984), Rückkehr auf Teilzeitarbeitsplätze im Handel (Weltz u.a. 1979). Frauen in Führungspositionen wiederum verzichten zu 80% auf eigene Kinder und zu rund der Hälfte auf eine Partnerschaft (Dienel, 1996, 79). Berufliche Entscheidungen haben nie nur Folgen im Berufsleben, Entscheidungen zur Partnerschaft oder Elternschaft bestimmen nie nur die private Lebensgestaltung von Frauen, sondern immer auch ihre Erwerbschancen. Dieser Grundkonflikt bestimmt u. M. nach den Lebenszusammenhang von Frauen auf allen Qualifikationsstufen. Da sich jedoch Frauen in ihren Vermittlungsversuchen zwischen Beruf und Familie auf die spezifischen Gelegenheiten in beiden Lebensbereichen beziehen müssen, zeigen sich in den Lebensbedingungen und Lebenschancen deutliche soziale Unterschiede zwischen Frauen, je nachdem, welche beruflichen und familialen Bedingungen zusammentreffen. Die soziale Lage der Familie (einschließlich des beruflichen Status der Frau) entscheidet nämlich nicht nur über die beruflichen Möglichkeiten, sondern v.a. auch über Betreuungsmöglichkeiten und damit über die Entlastung von Müttern – ob als Hausfrauen oder als erwerbstätige Mütter (Krüger u.a. 1987, 75ff.).

4.4.3 Die „soziale Landkarte“

Das Konzept der „doppelten Vergesellschaftung” richtet das Hauptaugenmerk auf den Zusammenhang zwischen gesellschaftlicher Arbeitsteilung und dem Geschlechterverhältnis. Der Hierarchie der gesellschaftlichen Sphäre der Produktion besonders gegenüber der privaten Lebenswelt entspricht die „Ordnung” des Geschlechterverhältnisses (Becker-Schmidt 1996, 16). Die „soziale Landkarte“ zeigt die unterschiedlichen und wenig paßgenauen Puzzlestücke des Lebenszusammenhangs *von Frauen*: Das eine Puzzle ist durch die Norm der kontinuierlichen Erwerbsarbeit gekennzeichnet, das andere durch die Vorstellung der von Erwerbsarbeit freigestellten Hausfrau und Mutter, die ihre Reproduktionsbedürfnisse durch Eigenarbeit erledigt, also nicht delegiert. Erwerbstätige Frauen, die in Lebensgemeinschaften mit anderen Menschen auch private Sorge für andere übernehmen, sind daher gezwungen, „private Lösungen” zwischen diesen unvereinbaren Anforderungen zu finden. Als Muster zeigen sich auf dem Arbeitsmarkt Beschäftigungsformen, die Frauen, besonders Mütter vorbehalten bleiben: Teilzeitarbeit ist in Deutschland in noch viel ausgeprägterem Maße als in anderen europäischen Staaten Frauenarbeit. Zu mehr als 90% sind es Frauen, die mit reduzierter Arbeitszeit beschäftigt sind. Ein großer Teil der erwerbstätigen Frauen weist keinen kontinuierlichen Erwerbsverlauf auf. Ihre Einkommen sind selten existenzsichernd und damit auch nicht ausreichend für eine eigenständige Alterssicherung (Geissler 1998, 152ff.). Im häuslichen Bereich wird deutlich, daß die Beteiligung von Männern an Hausarbeit nur dann stattfindet, wenn sie aktiv eingefordert werden kann (zum Beispiel in „neuen” Lebensformen mit deutlich partnerschaftlicher Eigenlogik) und solange die grundsätzliche Verantwortung bei der Frau bleibt („Mit-Hilfe”). Die Beteiligung sinkt aber gerade dann, wenn die Zwickmühle für Frauen am deutlichsten wird: wenn Kleinkinder zu versorgen sind (BmFuS/Statistisches Bundesamt 1994, 11/12).

4.4.4 Fallbeispiel: „Frau Goller, Fabrikarbeiterin und Mutter“

Frau G. ist Mutter eines bald schulpflichtigen Jungen. Mit seinem Schuleintritt wird das bisher gefundene Modell der Vereinbarung zwischen Familie und Beruf brüchig.

> „Unser Junge kommt ja nun nächstes Jahr bestimmt zur Schule. Und dann möchte ich eigentlich die Arbeit bei ... aufgeben. Denn ich möchte nicht, daß es ihm mal so geht, wie mir's damals ging. Daß er – er soll kein Schlüsselkind werden. Nee.”

Auf die Frage, was sie denn vermissen würde, wenn sie nicht mehr im Betrieb arbeiten müßte, antwortet sie:

> „Oh, da würd' ich eine ganze Menge vermissen. So ist das nicht. So sehr ich die Firma hasse, aber ... jetzt mach ich mich ja langsam mit dem Gedanken vertraut, wenn der Junge nächstes Jahr zur Schule kommt, daß ich dann aufhöre, ne. Aber jetzt im Moment, das kann ich mir gar nicht vorstellen. Ich kann mir nicht vorstellen, daß ich da nicht mehr durch die Feuerwache ins Werk reingehen kann. Das kann ich mir einfach nicht vorstellen."

Später führt sie einen objektiven Grund an, mit dem sie ihre Weiterarbeit legitimieren könnte:

> „Wir haben uns ja nu tatsächlich 'n Ziel gesetzt, wir wollen uns entweder 'n Haus kaufen oder wollen eins bauen, ne, und diese Wunsch würde ja *sehr* weit wegrücken, wenn ich aufhören würde, aufer Firma zu arbeiten, nech, das würde mich also, das würde doch irgendwie, wenn ich, ich weiß ja jetzt, wenn ich nächstes Jahr aufhöre, dann dreh ich das so, daß ich noch ein Jahr Stempelgeld krieg, ne. Und dann geht unser Junge ja erstmal ein Jahr zur Schule, nech, und dann werd ich mir erstmal was für halbe Tage suchen, und ich denke ja, wenn er drei, vier Jahre zur Schule geht, daß ich dann wieder voll einsteigen kann".

Doch diese Perspektive wird durch die täglich erfahrenen Belastungen immer wieder in Frage gestellt:

> „Nebenbei gesagt will ich diese Quälerei sowieso, will ich sowieso nicht lange machen. Nein, das wird *immer* schlimmer. Das wird immer schlimmer. Das wird ... das stellen sie sich nicht vor ... Die kriegen und kriegen den Hals nicht voll".

Dennoch:

> „Wenn ich wählen könnte, ich würde die Hausarbeit abschaffen, ja ... das hat auch irgendwas mit meinem, weil ich erstens sagte, ich hab lieber Akkord. Ich muß das sehen, daß ich was schaffe. Nech, ich hier zu Hause: sicher, wenn ich Staub geputzt habe, kann ich sehen, daß ich Staub geputzt habe, aber (lacht), das bringt mir nicht genug" (aus: Becker-Schmidt, u.a. 1981, S. 60ff.).

Fragen:

Können Sie aus den wenigen Passagen Vermutungen anstellen, an welchen widersprüchlichen Erfahrungen von Anerkennung und Diskriminierung in beiden Arbeitsformen diese Frau anknüpft? Wie bildet sich die Ambivalenz in den Motiven der Frau ab?

Können Sie unterschiedliche Akzente in der Haltung zur Erwerbs- bzw. Hausarbeit erkennen?

4.4.5 Die Bedeutung für die Soziale Arbeit

Der sog. „Hannoveraner Ansatz" von Becker – Schmidt u.a. stellt für die Soziale Arbeit eine differenzierte und sehr attraktive Erklärungsfolie dar. Er läßt sich einzelfallorientiert einsetzen und leistet dabei zweierlei: Er ermöglicht, Motive von Frauen als Resultat spezifischer Widerspruchs- und Benachteiligungserfahrungen zu erklären, ohne daß Verallgemeinerungen über "weibliche" Verhaltensweisen gemacht werden müssten. Er kann auch den Widerstand von Frauen erklären, mühsam gefundene Balancen der Lebensführung einfach aufzugeben, auch wenn sie in der professionellen Bewertung als benachteiligt erscheint. Das Konzept sensibilisiert v.a. dafür, daß angesichts der widersprüchlichen Realität kaum eindeutige und stabile Orientierungen erwartbar sind. Die Akzente der positiven und negativen Bezüge können sich durchaus verändern. Dies setzt aber nicht nur Aufklärung und Beratung voraus, sondern verlangt konkrete Veränderungen in den Rahmenbedingungen des individuellen Alltags, v.a. auch bei institutionellen Regelungen (zum Beispiel der Kinderbetreuung). Die Perspektive der doppelten Vergesellschaftung macht aufmerksam darauf, daß Entscheidungen und Interventionen in einem Lebensbereich von Frauen jeweils auch Folgen im anderen nach sich ziehen, die bewältigbar sein müssen (zum Beispiel bei Schwangerschaftskonflikten, Scheidung).

4.5 Prozesse geschlechtsspezifischer Schliessung

Die bisher dargestellten Ansätze zur Geschlechterungleichheit betonen die Struktur der geschlechtsspezifischen Arbeitsteilung als Ursache für die Benachteiligung von Frauen. Der aktuelle Ansatz von Eva Cyba (1993) konzentriert sich auf die Frage, welche sozialen Gruppen mit welchen Praktiken dazu beitragen, daß diese diskriminierenden Rahmenbedingungen erhalten bleiben.

Die Veränderungen in den Lebensorientierungen von Frauen haben ihre Spuren hinterlassen: Im Bildungs- und Ausbildungsbereich haben jüngere Frauen zu ihren männlichen Altersgenossen aufgeschlossen, doch bleibt das Faktum, daß sie trotz Integration in das Erwerbsleben benachteiligt bleiben.

In ihrem Versuch, Stabilität und Veränderungen im Geschlechterverhältnis zu erklären, wendet Eva Cyba das Konzept der „sozialen Schließung" von Weber (vgl. 1.2.2) v.a. in der Neuformulierung von Frank Parkin (1983) auf die Ungleichheit von Frauen und Männer an. Sie stellt damit ausdrücklich die *Beziehungen* zwischen den beiden Geschlechtergruppen in den Mittelpunkt, begreift Frauen und Männer als Akteure in einem sozialen Kampf um Zugang zu Lebenschancen. Außerdem verweist sie ausdrücklich darauf, daß Schließungsprozesse in allen sozialen Kontexten vorfindbar sind, nicht nur im Erwerbsbereich.

4.5.1 Geschlecht als Ursache sozialer Schließungsprozesse

Unter Schließung verstand Max Weber soziale Strategien, mit denen Angehörige einer Gruppe (zum Beispiel einer Berufsgruppe), denen aufgrund ihrer sozialen Plazierung bereits bestimmte Lebenschancen offen stehen, Außenstehenden den Zugang zu diesen Chancen verwehren. Seinem Verständnis nach bestehen mit der sozialen Plazierung bereits ungleiche Durchsetzungschancen in der Konkurrenz um den Zugang zu knappen sozialen Ressourcen. Die bereits Privilegierten bestimmen über die Zugangskriterien und die Ausgeschlossenen haben weniger Chancen, sich gegen die Benachteiligung zu wehren. Parkin bezeichnet in seiner Neufassung des Begriffs Schließungsprozesse als „Klassenkampf von Oben". Obwohl das Konzept im Rahmen einer Klassentheorie entwickelt und erweitert wurde, bietet es nach Cyba durchaus die Möglichkeit, es aus diesem engen Bezug zu lösen. Alle möglichen Merkmale von Personen oder Gruppen (und nicht nur ihre Klassenzugehörigkeit) können dazu dienen, sie vom Zugang zu wichtigen sozialen Ressouren auszuschließen und Geschlecht ist eines der wichtigsten Merkmale (1993, 39). Soziale Schließungen lassen sich in allen sozialen Kontexten finden, in denen Menschen um Zugang zu Chancen konkurrieren, bis hinein in Interaktionssituationen (zum Beispiel Diskussionsverhalten in gemischten Gruppen, parteiinterne Entscheidungsprozesse). Und Geschlecht ist auch in allen sozialen Kontexten ein schnell identifizierbares Merkmal. Bedeutsam werden jedoch v.a. Schließungsprozesse auf dem Arbeitsmarkt, auf dem der Zugang zu sozialen Chancen primär geregelt wird.
Von Schließungsprozessen kann man nach Cyba nur dann sprechen, wenn diejenigen, die andere ausschließen, die Folgen ihres Handelns kennen. Dies läßt sich daran feststellen, daß sie die Förderung von bisher Ausgeschlossenen unterlassen, auch wenn sie möglich wäre, oder einen Ausgleich für Benachteiligung und damit Chancengleichheit abwehren (a.a.O., 39/40). Doch auch gewohnheitsmäßiges Tun kann Ausschließung als Nebenwirkung hervorbringen. Schließungsprozesse erzeugen, stabilisieren und verstärken Ungleichheit. Ausbeutung ist nach Eva Cyba nicht einfach

ein Bestandteil von Schließungsprozessen, wie Parkin meint: Ausbeutung bedeutet, daß die Ausgeschlossenen nicht nur von knappen Chancen oder Gütern ferngehalten werden (zum Beispiel Machtpositionen in der Politik, existenzsichernde Einkommen), sondern bedeutet, eine benachteiligte Situation im eigenen Interesse auszunutzen (1998, 54). Beide Prozesse sind ihrer Meinung nach im Geschlechterverhältnis erkennbar.

Manche Schließungsprozesse werden als legitim betrachtet, zum Beispiel der Zugang zu bestimmten Berufschancen nach Bildungs- und Ausbildungszertifikaten. Der direkte Ausschluß qua Geschlecht ist zunehmend illegitim geworden. Angestoßen durch die 2. Frauenbewegung der 70er Jahre, ist inzwischen die Durchsetzung bzw. Einhaltung der Gleichberechtigung ein öffentliches Thema geworden. Schließungsprozesse werden daher subtiler und schwerer zu durchschauen. Cyba spricht hier von indirekten Schließungen. Es ist nicht auf den ersten Blick erkennbar, daß Geschlecht das Ausschlußkriterium darstellt. Gerade weil „Qualifikation" zu einem legitimen Mittel geworden ist, den Zugang zu Berufsfeldern oder Positionen zu begrenzen, wird es zum Beispiel wichtig, versteckte androzentrische Definitionen in beruflichen Anforderungsprofilen zu erkennen. Wenn zum Beispiel „räumliche Mobilität" (das heißt Bereitschaft zur Versetzung in verschiedene Städte) und „zeitliche Flexibilität" (Bereitschaft zu Überstunden) als Voraussetzungen gelten, um etwa in einer Bank intern aufsteigen zu können, dann werden damit in der Regel Frauen ausgeschlossen. Entweder, weil sie diesen Anforderungen tatsächlich seltener entsprechen können (oder wollen), oder weil ihnen dies zumindest unterstellt wird.

Ausbeutung sieht Cyba in typischen Frauenbereichen, in denen Männer gar nicht mit Frauen konkurrieren. Hier werden nur Frauen eingestellt, um möglichst billig zu produzieren. Weil sie weniger Alternativen haben, froh sein müssen über bestimmte Arbeitszeitregelungen, müssen sie Unterbezahlung und Belastungen hinnehmen.

Schließungsprozesse und Ausbeutung können Gegenbewegungen hervorrufen. Dies ist allerdings eine Frage der Ressourcen der Ausgeschlossenen und nicht allein eine Frage der Solidarisierung. So läßt sich zum Beispiel an der Rechtsstellung der Frauen zeigen, wie Ausschließungen in einem langen Kampf und gegen heftigen Widerstand abgeschafft wurden. Dazu bedurfte es auch historisch einmaliger Konstellationen, wie bei der Durchsetzung des Gleichberechtigungsartikels im Parlamentarischen Rat 1949, als die Vertreterinnen politisch und gewerkschaftlich organisierter Frauen mit der Ablehnung des gesamten Grundgesetzes in den Landtagen drohen konnten, sollte der Artikel nicht aufgenommen werden (Boettger 1990).

Das Konzept der sozialen Schließung beschreibt nach Cyba, wie und aufgrund welcher sozialen Prozesse Frauen *weiterhin* benachteiligt werden. Wie die ungleiche Verteilung sozialer Positionen und Lebenschancen unter den Geschlechtern einmal entstanden ist, läßt sich damit jedoch nicht erklären.

4.5.2 Erscheinungsformen der Geschlechterungleichheit

Geschlechtsspezifische Ausschließung zeigt sich auf allen gesellschaftlichen Ebenen, ihre konkreten Auswirkungen auf Frauen gestalten sich jedoch unterschiedlich. Denn die Geschlechtszugehörigkeit kann sich mit anderen Auswahlmechanismen der Chancenzuweisung auf verschiedenste Weise verbinden. Gehört eine Frau einer ethnischen Minderheit an oder hat sie einen niedrigen sozialen Status, können Schließungen kumulieren, zählt sie dagegen zu einem vergleichsweise begünstigen Geburtenjahrgang, können Schließungseffekte auch ausgeglichen werden. Cyba vertritt die Meinung, daß es sich nicht theoretisch vorentscheiden läßt, welche Rolle die Geschlechtszugehörigkeit jeweils spielt. Dies läßt sich nur durch empirische Forschung klären.
Ein bekanntes Beispiel für Schließung und den Veränderungen von direkten zu indirekten Formen der Schließung stellt der Bildungssektor dar. Noch bis 1908 waren Frauen rechtlich vom Studium an einer Universität ausgeschlossen. Diese direkte Schließung wurde mit Argumenten der geringeren Lernfähigkeit von Frauen „wissenschaftlich" legitimiert. Bis in die 70er Jahre hinein besuchten Mädchen über alle Schichtgrenzen hinweg zu geringeren Anteilen als Jungen weiterführende Schulen. Schon damals wurde deutlich, daß bestimmte Aspekte sozialer Herkunft die ausschließende Wirkung von Geschlecht verstärken: Im Typus des bildungsbenachteiligten „katholischen Arbeitermädchens vom Lande" faßte Pross (1969) diese Wirkungen zusammen. Gymnasien waren bis in die 60er Jahre hinein in Westdeutschland nach Geschlechtern getrennt und es gab in allen Schultypen spezielle Unterrichtsfächer für Mädchen (v.a. Hauswirtschaft als Vorbereitung auf die Familienaufgaben bzw. auf typische Frauenberufe). Heute haben Mädchen den gleichen formalen Bildungsstandard wie ihre männlichen Altersgenossen erreicht (Hille 1993). Von der Bildungsexpansion profitierten besonders Mädchen aus den Mittelschichten, während Arbeitermädchen durch indirekte Schließungsmechanismen der Mittelschichtsinstitution Gymnasium (zum Beispiel sprachliche) benachteiligt blieben. Manche Kritik am koedukativen Unterricht richtet sich darauf, daß durch spezielle Unterrichtsinhalte in naturwissenschaftlichen Fächern (zum Bei-

spiel Aufgabenstellungen, die sich überwiegend an männlichen Erfahrungswelten orientieren) und durch spezielles Unterrichtsverhalten (Jungen als Experten) zur Reproduktion bestehender Ausschließungen („Technik ist Männersache") beitragen. Und immer noch ist ein Zeugnis, das auf einen weiblichen Namen ausgestellt ist, als Eintrittskarte in den Arbeitsmarkt weniger wert: Frauen können ihre Bildungsanstrengungen nicht in gleicher Weise beruflich verwerten wie Männer.

Auch auf dem Ausbildungsstellen- und Arbeitsmarkt sind direkte und indirekte Schließungsmechanismen erkennbar: Obwohl sich die Ausbildungsquoten von erwerbstätigen Frauen und Männern angeglichen haben (78% bzw. 80% verfügen über einen beruflichen Abschluß) (BMFSFJ 1998, 34), bleibt der Arbeitsmarkt geschlechtsspezifisch geteilt. Hier ist die entscheidende Größe das Rekrutierungsverhalten der Betriebe bei Ausbildungen und Einstellungen. Im dualen Bereich (Lehre) konnten Frauen in einige „Männerberufe" eindringen, wie zum Beispiel Datenverarbeitungskauffrau (Frauenanteil 1995: 17%), gefolgt von Malerin/Lackiererin (10,4%) und Tischlerin (8,5%) (a.a.O., 32). Zusammen werden in diesen drei Berufen gerade einmal 1,3% aller weiblichen Auszubildenden qualifiziert. Sie verdrängen dort nicht männliche Bewerber, sondern ersetzen deren mangelnde Nachfrage nach diesen Ausbildungen. Im weiteren Berufsleben verengt sich das Spektrum noch weiter: Zwei Drittel aller weiblichen Erwerbstätigen in Ost und West sind 1995 in nur 10 Berufsgruppen beschäftigt, v.a. in Büro-, Organisations-, kaufmännischen und Gesundheitsberufen (a.a.O., 58). Auch dies läßt sich als Hinweis auf weitere Schließungsprozesse lesen. Frauen sind durchaus auch in den Bereich qualifizierter und professioneller Berufsarbeit vorgedrungen. Dies ist jedoch meist daran geknüpft, daß sie über mehr (v.a. Bildungs-)Ressourcen verfügen als die bisherige männliche Zielgruppe. Sind sie in den Professionen integriert, können sie jedoch wieder Opfer von direkter Ausschließung nach Geschlecht werden („Frauen stören den Frieden in einer Abteilung"). Hier stellen sie weiterhin eine Minderheit, die entsprechend der Regeln der bereits Etablierten in spezifische „Frauennischen" (Wetterer 1992) abgedrängt und von den „aufstiegsrelevanten" Bereichen abgekoppelt werden können. In der Regel sind es auch hier scheinbar „geschlechtsneutrale" Regeln, die den Ausschluß von Frauen bewirken: Etwa die restriktive Vorschrift, daß Vorgesetztenpositionen nicht in Teilzeitarbeit besetzt werden können oder daß es keine Garantie gibt, nach dem Elternurlaub auf die gleiche Position zurückzukehren (a.a.O. 55). Während diese Entwicklung darauf aufmerksam macht, daß Ausgeschlossene durch Gegenstrategien ihre Integration vorantreiben können, haben

nach Cyba Ausgebeutete auf dem Arbeitsmarkt höchstens Chancen zur Gegenwehr gegen besonders problematische Auswirkungen ihrer Arbeitssituation (zum Beispiel gesundheitliche Schäden). Sie verfügen jedoch selten über die Gegenmacht, die Struktur des betrieblichen Einsatzes (zum Beispiel die schlechtere Entlohnung) zu verändern. (Cyba 1998, 56ff.).
Die sozialen Kontexte, in denen Frauen als Frauen durch Ausschließung benachteiligt werden, können sich ändern. Heute läßt sich zum Beispiel der Umgang mit dem Computer und den neuen Informationstechnologien nennen: Zwar „bedienen" Frauen in vielen beruflichen Zusammenhängen kompetent den Computer, die Herstellung der „hard- und software" bleibt jedoch „männliches Terrain".

4.5.3 Die „soziale Landkarte"

Auch Cyba betont ausdrücklich, daß Geschlecht als Ursache sozialer Ungleichheit nicht auf andere Ursachen reduzierbar ist. Dennoch gibt es keine einheitliche männliche oder weibliche Lebensform mehr. Schließungsprozesse erfolgen heute eher indirekt, da direkte Formen als illegitim gelten und abgewehrt werden können. Daß Ausschließung nach Geschlecht weiterhin stattfindet, kann man an jenen Schlüsselpunkten aufspüren, wo zum Beispiel Bildungszertifikate den Zugang zu Arbeitspositionen, beruflicher Erfolg den Zugang zu Aufstiegspositionen, Erwerbsarbeit den Zugang zu Geld, Alltagsversorgung oder sozialer Sicherung gewährleisten sollen. Besonders augenfällig sind Ausschließungsprozesse heute dort, wo Frauen der Zugang nur gegen Widerstand ermöglicht wird: wenn es um gesellschaftlich knappe, materiell besonders wertvolle Plazierungen oder Machtpositionen (Führungspositionen) geht.
Dieser „Klassenkampf von oben" und die Solidarisierungsprozesse „von unten" vermitteln ein konflikthaftes Bild der Geschlechterverhältnisse. Es stellt eine Momentaufnahme in einem Prozeß dar, in der die jeweiligen „Machtmittel" und die Durchsetzungschancen beschrieben werden. Ihre jüngste Unterscheidung zwischen Ausschließung und Ausbeutung macht deutlich, daß die betroffenen Frauen dabei über höchst unterschiedliche Möglichkeiten der Gegenwehr verfügen.
Eva Cybas Konzept der sozialen Schließung erlaubt einen Blick „hinter die Kulissen" scheinbar geschlechtsneutraler rechtlicher Formulierungen und sozialer Normen. Diese suggerieren auf den ersten Blick, daß Geschlechterunterschiede in ihrer Bedeutung für die Gestaltung und Reichweite von Lebenschancen abnehmen. Im Konzept der sozialen Schließung werden sie

als „Kampfbegriffe" zur Verteidigung von Privilegien oder als subversiv besetzte Argumentationen für die Öffnung von Zugangschancen („bei gleicher Qualifikation") erkennbar.

4.5.4 Fallbeispiel: „Rita Fischer, Sozialpädagogin in einem Kulturladen"

Rita Fischer arbeitet seit rund acht Jahren in einem Kulturladen in einer süddeutschen Großstadt. Aufgabe dieses und auch anderer Kulturläden ist es, für Bürgerinnen und Bürger in dem umliegenden Stadtteil kulturelle Angebote zu konzipieren und durchzuführen. In ihren Aufgabenbereich gehörte es zum Beispiel, einen bikulturellen Tanzkurs zu veranstalten und eine Geschichtswerkstatt ins Leben zu rufen, in der die Bewohner Informationen über die Geschichte ihres Stadtteils erarbeitet und daraus eine Broschüre erstellt haben. Rita Fischer identifiziert sich sehr mit ihrer Arbeit, die die Handschrift der fortschrittlichen Kulturpolititk der Stadt trägt, dem Hauptzuschußgeber. Mit den anderen Kulturläden der Stadt ist Rita Fischers Kulturladen vernetzt. In der Regel sind die Mitarbeiterinnen der Kulturläden weiblich, die Leiter jedoch Männer. Ab und zu ist es unter den Frauen Thema, wie sich unter der Hand der anerkannten und fortschrittlichen Arbeit der Kulturläden doch traditionelle Muster einstellen: Die männlichen Leiter sind mittlerweile in die Jahre gekommen, ihre Konzepte schon leicht angestaubt, Kritik aus den Reihen der Mitarbeiterinnen sind sie verschlossen. Aber hätte eine der Frauen tatsächlich Interesse, eine der Leitungsstellen zu bekleiden? Der Leiter eines Kulturladens im Norden der Stadt wechselt eines Tages in die Stadtverwaltung; ihn hatte der Karrieresprung in die Abteilungsleiteretage gelockt. Seine Stelle wird ausgeschrieben. Auf Betreiben der Frauenbeauftragten der Stadt wird die Stelle als Teilzeitstelle im Umfang von 30 Stunden ausgeschrieben. Voraussetzungen für diese Stelle – so liest es Rita Fischer in der Stellenanzeige – sind Leitungserfahrungen und praktische Erfahrungen in der Kultur- und Medienpädagogik. Nach Rücksprache mit den anderen Mitarbeiterinnen der Kulturläden beschließt sie, sich auf diesen Posten zu bewerben. Das Vorstellungsgespräch verläuft glänzend, Fragen nach ihrer beruflichen Belastbarkeit aufgrund ihrer familiären Situation – die beiden Kinder sind noch nicht aus dem Gröbsten heraus – läßt der gleichfalls anwesende Personalrat nicht zu.

Rita Fischer rechnet sich gute Chancen aus, ist sich aber nicht darüber im Klaren, ob ihre Ambivalenz angesichts ihrer noch kleinen Kinder gegen-

über diesem beruflichen Aufstieg in der Vorstellungssituation nicht doch spürbar gewesen ist.
Nach einiger Zeit sickern Informationen durch, daß die Stadtverwaltung einem männlichen Konkurrenten von Rita Fischer die Leitung des Kulturladens übertragen möchte. Er soll seine Bereitschaft zu Überstunden erklärt haben, außerdem handelt es sich offensichtlich um einen Freund des Sohn des Personalchefs. Das mögen Gerüchte sein, sagt sich Rita Fischer, Tatsache aber ist, daß dieser Konkurrent gleichfalls nicht die Leitungserfahrungen besitzt wie sie selbst.

Fragen:

1. Deuten Sie das Fallbeispiel als Beispiel für Prozesse sozialer Schließungen
2. Welche Strategien sollten Rita Fischer und ihre Kolleginnen aus den Kulturläden einschlagen, um eine Wiederholung dieser personalpolitischen Entscheidung möglicherweise zu verhindern?
3. Wie stehen Sie persönlich zu weiblichen Führungskräften?

4.5.5 Die Bedeutung für die Soziale Arbeit

Dieser Ansatz reflektiert ausdrücklich die veränderte soziale (und nicht nur sozialwissenschaftliche) Wahrnehmung der Geschlechterungleichheit, die durch die Entwicklung der Frauenbewegung eingetreten ist. Die Ungleichheit der Geschlechter wird als aktuelle Situation in einem Prozeß begreifbar, in dem Frauen aktiv für die Verbesserung ihrer Lebenschancen eintreten. Da Schließungsprozesse in allen sozialen Kontexten denkbar sind, wird auch die Vielzahl der „Interventionspunkte" erkennbar, an denen sich Frauen einmischen (müßten). Die „Betroffenheit" einzelner Frauen von Schließungsprozessen ist daher nicht einfach theoretisch abzuleiten und schon gar nicht politisch einzufordern. Zum einen muß die gemeinsame Betroffenheit von Schließungsprozessen erst wahrgenommen werden. „Auf den ersten Blick" sind die subtilen, indirekten Schließungsmechanismen nicht mehr erkennbar, sie müssen in einer politischen Sozialisation vermittelt werden. Zum anderen sind die Handlungschancen der Ausgeschlossenen zunächst geringer als die der bereits Privilegierten. Und schließlich reicht die Gegenwehr von Ausgeschlossenen und Ausgebeuteten unterschiedlich weit. Daraus läßt sich schließen, daß Frauen eher unter-

schiedliche Bereitschaft zu individuellen oder kollektiven Aktionen zeigen und sich die Anlässe dazu nicht einfach „von selbst verstehen". Gerade wenn es um Aktivierung betroffener Frauen geht, muß berücksichtigt werden, daß sich in den konkreten Erfahrungen der Frauen die Dimensionen unterscheiden, in denen sich Frauenbenachteiligung zeigt.
Die Relevanz des Ansatzes ist für all jene hoch einzuschätzen, die in der praktischen Arbeit damit befaßt sind, Chancengleichheit von Frauen herzustellen, deren Beachtung zu überprüfen und Bewußtwerdungsprozesse bei Frauen und Männern zu initiieren (Frauenpolitik, Gleichstellungspolitik). Cybas nüchterne Analyse verweist darauf, daß der „Klassenkampf von unten" schwierig bleibt.

4.6 Individualisierung von Frauen und Geschlechterungleichheit

Ulrich Beck formulierte in den 80er Jahren die These, daß gesellschaftliche Integration zunehmend unabhängig von der Schichtzugehörigkeit und damit individualisiert verlaufe. Soziale Ungleichheit wird als individueller Auf- und Abstieg erlebt, nicht mehr als Gruppenschicksal (vgl. 2.7). Auch Frauen sah er vom „Sog der Individualisierung" erfaßt, als Beleg dafür führte er Veränderungen in der Bildungsbeteiligung, Möglichkeiten zur Empfängnisverhütung und die Zunahme außerfamilialer Lebensformen als Resultat individueller Wahlfreiheit an (Beck, 1986, 163ff.). Seine Annahmen korrespondierten mit Ergebnissen aus empirischen Studien von Frauenforscherinnen. Daher erscheint es naheliegend, Individualisierung als ein konstruktives Konzept zur Erklärung der veränderten Lebenspläne und -gestaltung von Frauen zu übernehmen und zu prüfen, welche Folgen Individualisierung für das Geschlechterverhältnis haben könnte.

4.6.1 „Nachholende Individualisierung" oder „kontrollierte Individualisierung"?

Die Übertragung des Konzeptes der Individualisierung auf die veränderten Lebensbedingungen von Frauen erscheint zunächst plausibel, denn Beck bezieht ausdrücklich das Geschlechterverhältnis in seine Überlegungen mit ein. Es ist für ihn eine Strukturkomponente kapitalistischer Industriegesellschaften. Hausarbeit ist für ihn notwendige komplementäre Arbeit zur Erwerbsarbeit, sie erst ermöglicht der männlichen Hälfte der Gesellschaft das

„Berufsmenschentum" – in Becks Worten die „Arbeitsmarkt-Individualisierung" als Lebensperspektive (vgl. 2.7). Nun werden auch Frauen direkter von eigenen Chancen auf dem Arbeitsmarkt abhängig. Sie benötigen schulische und berufliche Qualifikationen, müssen sich für den Arbeitsmarkt verfügbar halten, eigene Beiträge zu ihrer sozialen Sicherung entrichten, sich um ihre Freizeit und Erholung kümmern. Dies erzeugt auch für sie einen starken Anpassungsdruck an ein berufszentriertes („männliches") Lebensmodell.

Soweit folgen wir Beck durchaus. Er übersieht jedoch, daß in der Auseinandersetzung mit der „Arbeitsmarkt-Individualisierung" für Frauen andere Spielregeln gelten. Er spricht bei Frauen von „halbierter Vermarktung" des menschlichen Arbeitsvermögens (a.a.O., 174) statt von „doppelter Vergesellschaftung". In dieser Wortwahl zeigt sich die einseitige Perspektive von Beck, die die neuen Handlungsprobleme von Frauen nicht registriert. Für ihn ist ausschließlich die Familie der Ort, an dem die Ungleichheit der Geschlechter entsteht, das Geschlechterverhältnis bleibt auf die Privatsphäre beschränkt. Die Hausarbeit wird als eine vormoderne Arbeitsform gesehen, die unter dem Druck des Arbeitsmarktes mit seinen Zwängen zur Individualisierung von Auflösungstendenzen bedroht ist. Denn nach der Logik der Arbeitsmarkt–Individualisierung entstehen neue Wahlmöglichkeiten (Optionen) auf Kosten alter Bindungen. Seiner Ansicht nach müssen Frauen die Fesseln familialer Verantwortung abstreifen, um wie Männer die Anforderungen des Marktes als individuelle Arbeitskraft zu erfüllen. Daher malt er das Schreckgespenst der „voll-mobilen-Single-Gesellschaft" an die Wand (a.a.O., 199) als Folge davon, daß die Individualisierung über die Geschlechtergrenzen hinaus zur allgemeinen Norm wird.

Für Beck sind Frauen bisher einseitig als Hausfrauen vergesellschaftet gewesen. Wenn sie nun zunehmend erwerbstätig werden und bleiben, schließt er daraus, daß sie damit die Hausarbeit hinter sich lassen. Als Nachzüglerinnen im Individualisierungsprozeß holen sie einfach das männliche Muster der Lebensführung verspätet nach. Doch dem ist nicht so. Weder die gesellschaftliche Verantwortung der Frauen für die private Familienarbeit löst sich auf, noch geben Frauen ihre Interessen an Beziehungen und daraus erwachsenden Verpflichtungen einfach auf.

Dies ist der entscheidende Punkt, an dem das Konzept der Individualisierung kritisch ergänzt und differenziert werden muß, damit es die Handlungsprobleme und -chancen von Frauen in diesem Prozeß angemessen erfassen kann (Diezinger 1991, 27f). Die Anforderungen einer Arbeitsmarkt-Individualisierung sind prinzipiell erfüllbar, solange Frauen nicht für andere Menschen

verantwortlich sind. Sobald dies der Fall ist, sehen sie sich mit der gesellschaftlichen Erwartung konfrontiert, eine Synthese von zwei Lebensbereichen mit konträrer Logik zu leisten: Einerseits eigenverantwortliche und autonome Gestaltung der Erwerbsbiographie, andererseits die Verantwortung und Abhängigkeit in den privaten Beziehungen. Bei dieser „kontrollierten Individualisierung" (Diezinger 1991, 26) geht es nicht mehr nur um die Teilhabe in beiden Lebensbereichen, sondern auch um die Kontinuität, die Intensität der Teilhabe und um deren subjektive Bedeutung (Vgl. auch Geissler/Oechsle 1996). Einerseits bestehen hier für Frauen größere Handlungsspielräume, andererseits geraten sie immer deutlicher in die Abhängigkeit von institutionellen Regelungen, und zwar nicht nur von denen des Arbeitsmarktes, sondern v.a. auch von sozialpolitischen „Normalitätsvorstellungen".
Auch die „private Seite" der doppelten Lebensführung, die Hausarbeit und die privaten Lebensformen verändern sich. Hausarbeit wird stärker rationalisiert, an andere Frauen – bezahlt oder unbezahlt – delegiert. In den individualisierten Lebensformen von Frauen werden auf höchst komplexe Weise jeweils die materielle Existenzsicherung durch Lohnarbeit und die Verantwortung für die private Reproduktion miteinander verbunden. Frauen treffen heute auch familiäre Entscheidungen (zum Beispiel die Frage und den Zeitpunkt der Familiengründung) und das Ausmaß der geleisteten Hausarbeit in Abhängigkeit von beruflichen Erwägungen. Verantwortung für die private Alltagsarbeit zu tragen heißt auch nicht mehr, daß jede Frau selbst die Arbeit übernehmen muß. Die neue Anforderung an Frauen besteht heute darin, die Grenzen zu definieren, wie weit die Arbeit reduziert, delegiert, rationalisiert werden kann, ohne daß eine gemeinsame Lebensführung und insbesondere die Betreuung und Erziehung der nachkommenden Generation nachhaltig gestört werden. Oder zu entscheiden, welche subjektiven Belastungen sie zu übernehmen bereit sind, wenn keine Möglichkeiten zur Delegation vorhanden sind (Diezinger 1991, 26). Ulrich Beck kann die Tatsache, daß Frauen diese Verpflichtung nicht einfach aufgeben (wollen), nur als „Unentschiedenheit" des weiblichen Individualisierungsprozesses begreifen. Dagegen macht eine feministische Perspektive deutlich, daß Frauen gezwungen sind, Individualisierungspotentiale auch in privaten Beziehungsformen zu suchen und zu realisieren. „Neue" Lebensformen, wie zum Beispiel nicht-eheliche Lebensgemeinschaften oder „living apart together" (Liebesbeziehungen bei getrennten Haushalten) setzen eine größere Unabhängigkeit voraus, können aber gleichberechtigter gestaltet werden (Meyer/Schulze 1988). Allerdings genießen sie nicht den gesetzlichen Schutz der Ehe. Private Lebensformen mit Kindern sind stärker abhängig von den

„Anliegerinstitutionen" der Familie, wie Einrichtungen zur Kinderbetreuung oder Schulen. Deren Funktionsbestimmung und Zeitrahmen orientieren sich jedoch in Detailfragen wie etwa Öffnungszeiten noch weitgehend an der traditionellen geschlechtsspezifischen Arbeitsteilung. Je individualisierter die Lösungsgestaltungen, desto weniger passen sie in institutionelle Rahmenbedingungen und desto notwendiger wird es, sie durch alternative soziale Netzwerke zu stabilisieren.
Frauen sind also im Prozeß der Individualisierung nicht nur von den materiellen Ressourcen ihrer Erwerbsposition abhängig. Ob dieser Prozeß neue Chancen oder Risiken für sie birgt, hängt auch von den Ressourcen ab, die sie im Privaten vorfinden oder sich schaffen können und von der Art und dem Zugang zu institutionellen Angeboten. Der Handlungsdruck für Frauen ist also deutlich größer geworden. Die Risiken des Scheiterns sind jedoch durch das überkommene Geschlechterverhältnis in allen genannten Gesellschaftsbereichen hoch.

4.6.2 Erscheinungsformen geschlechtsspezifischer Individualisierungsprozesse

Begreift man Individualisierung zunächst als Herauslösung aus überkommenen Sozialformen, treten eher die „Zugewinne" an Handlungsmöglichkeiten für Frauen in den Blick. Die Vielfalt der Kombinationen von Arbeit und Leben stellt eine wirkliche Erweiterung von Lebenschancen dar. Dies gilt gerade auch für die Wahlmöglichkeiten in der privaten Lebensführung. Dies scheint auf eine Verringerung der Ungleichheit der Geschlechter hinzudeuten. Wenn man jedoch nicht die Veränderungen zwischen Frauengenerationen berücksichtigt, sondern aktuelle Chancen und Risiken der Geschlechter vergleicht, dann ist erkennbar, daß es im Prozeß der Individualisierung zu einer Verschärfung der Unterschiede in den Lebenslagen der Geschlechter kommen kann (Beck 1983, 55): Sowohl im Erwerbsbereich wie im Privaten wird den Frauen mehr Planung als bisher abverlangt, wobei sich jedoch die Ressourcen immer noch geschlechtsspezifisch ungleich verteilen. Je mehr und je länger Frauen auf die eigenen Erwerbschancen verwiesen werden, desto deutlicher wird, daß sie in der Logik der geschlechtlichen Arbeitsteilung keine dauerhafte Existenzsicherung, sondern v.a. einen „Zuverdienst" zum „Ehegatten-Einkommen" garantieren sollen. Je größer aber die materielle Eigenständigkeit ist, desto eher können Frauen auch die Rahmenbedingungen ihres Privatlebens gestalten. Frauen sind deutlicher als Männer konfrontiert mit den kumulativen Risiken einer sowohl auf dem Arbeitsmarkt wie im Privaten wirksamen Herauslösung aus überkommenen Sozialformen.

Der Anteil der Frauen an allen Erwerbstätigen stieg 1996 im Westen auf 41,9% und sank im Osten auf 44,8% (BMFSFJ 1998, 51ff.). Diese unterschiedliche Entwicklung wirft ein Schlaglicht auf die widersprüchlichen Folgen der Arbeitsmarkt-Individualisierung: Der gesellschaftliche Prozeß der Individualisierung erfaßt immer mehr Frauen, die Erwerbschancen sind jedoch immer noch geschlechtsspezifisch definiert. Das markiert besonders deutlich das Arbeitsmarktrisiko ostdeutscher Frauen in der Konkurrenz um abnehmende Arbeitsplätze. Der Anstieg der Frauenarbeit in den westlichen Bundesländern ist v.a. auf die Ausdehnung von Teilzeitarbeitsplätzen zurückzuführen. In der Regel bieten Teilzeitarbeitsplätze in typischen Frauenberufen kein existenzsicherndes Einkommen und damit auch keine entsprechende Alterssicherung. Daher ist anzunehmen, daß dieser Anstieg eher darauf hindeutet, daß die Familiensicherung über den Ehemann selbst dann prekär wird, wenn die Familie stabil bleibt. Erst recht dürfte Teilzeitarbeit eine „naheliegende" Arbeitsform für Alleinerziehende sein, die jedoch nur in hochqualifizierten Berufen eine Existenzsicherung unabhängig von zusätzlichen Einkommen bietet.

Es ist jedoch nicht einfach möglich, von solchen aggregierten Massendaten auf die spezifischen Risiken zu schließen: Die Erscheinungsformen sozialer Ungleichheit sind je nach Lage, Qualifikationsniveau, Alter und Familiensituation unterschiedlich. Sie stellen sich als vielfältige Kombinationen „alter" und „neuer" Ungleichheiten im Geschlechterverhältnis dar.

Die Hausarbeit als „Fessel" der Individualisierung auf dem Arbeitsmarkt können diejenigen Frauen am wenigsten abstreifen, die gering qualifiziert (un- und angelernte Arbeiterinnen und ausführende Angestellte) oder alleinerziehende Mütter sind. Denn sie verfügen in der Regel über weniger Hilfe im persönlichen privaten Umfeld bei der Hausarbeit und haben zumeist auch nicht genügend Geld, um Hilfe zu bezahlen. Für sie kann das örtliche Angebot an Kinderbetreuungsmöglichkeiten oder die Nähe einer rüstigen (Schwieger-)Mutter ein entscheidendes Kriterium für die Position im sozialen Ungleichheitsgefüge darstellen. Sie sehen sich im Vergleich zu qualifizierten Frauen auch als belasteter an. Für gering qualifizierte Mütter mit drei und mehr Kindern und für Alleinerziehende spitzen sich die Nachteile in ihren Lebensbedingungen zu (Mayr-Kleffel 1994). Sie und ihre Kinder stellen einen wachsenden Anteil des Sozialhilfeklientels.

Höher qualifizierte erwerbstätige Frauen und Mütter (höhere und leitende Angestellte und Beamtinnen sowie Akademikerinnen) können eigenständiger mit den Anforderungen einer „kontrollierten Individualisierung" umgehen. Sie verfügen mit größerer Wahrscheinlichkeit über mehr Hilfe bei der Hausarbeit. Sie sehen auch deutlicher weniger Nachteile in ihrer Lebenssituation als die geringer qualifizierten Frauen – selbst mit mehreren Kindern betonen sie die Vorteile einer doppelten Lebensführung. Aber auch sie sind abhängig von öffentlichen Betreuungseinrichtungen und auch sie finden diese eher in Großstädten als auf dem Land.

Für alle Frauen zeigt sich gleichermaßen, daß sie einen großen Aufwand betreiben müssen, um erwerbstätig sein zu können. Unabhängig von der Qualifikation steigt die Abhängigkeit von öffentlichen Betreuungseinrichtungen, diese wiederum sind direkt abhängig von familienpolitischen Entscheidungen. Der Aufwand an Zeit, Kraft und Geld beschränkt ihre Möglichkeiten, sich in der öffentlichen Sphäre (Parteien, Vereine, Initiativen) für ihre Belange einsetzen zu können. Damit fehlt ihnen eine wichtige Ressource, um in den politischen Interessenkonflikt zwischen den Geschlechtern ihre Interessen nachhaltig einbringen zu können. Daher gilt die „doppelte Lebensplanung und Lebensführung" immer noch als Frauenproblem und wird nicht als ein neues, geschlechtsunabhängiges Modell einer ganzheitlicheren Lebensgestaltung begriffen. So kann sie weiterhin diskriminierend wirken.

Empirische Studien zeigen jedoch sehr deutlich, daß auch innerhalb bestimmter Lagen und Milieus eine beträchtliche Vielfalt im Umgang mit Chancen und Risiken besteht. Die soziale Herkunft und die aktuelle Lebenslage beeinflussen die Reichweite von Handlungsmöglichkeiten, sie determinieren jedoch nicht die Entscheidungen für Alternativen. Daher wird es immer wichtiger, welchen Einfluß sozialstrukturelle Aspekte auf die subjektive Seite des Individualisierungsprozesses haben, auf die Fähigkeit zur Selbststeuerung in der Auseinandersetzung mit normativen Vorgaben (zum Beispiel die gute Mutter) und institutionellen Regelungen (zum Beispiel Verfügbarkeit als Arbeitskraft).

Empirische Ergebnisse zeigen, daß junge Frauen überwiegend einen „doppelten Lebensentwurf" planen, daß daneben aber auch berufs- und familienzentrierte, sowie primär an der persönlichen Entwicklung orientierte individualistische Lebensplanungen zu erkennen sind. Doch es gibt auch Frauen, die überfordert sind, gegenwärtige Entscheidungen immer auch im Hinblick auf ihre zukünftige Bedeutung auszuwählen und zu treffen (Geissler/Oechsle 1996). Bei der Lebensplanung (als handlungsleitender Basis von biographischen Entscheidungen) kann die Wirkung der sozialen Herkunft durch individuelle Bildungsprozesse und berufliche Erfahrungen so-

wohl kumulativ als auch kompensatorisch beeinflußt werden. Die Lebenswege ehemals erwerbsloser Hauptschülerinnen zum Beispiel mündeten in Lebenssituationen, die vom „guten Leben" bis zum resignierten Einrichten im Ungewollten reichen (Diezinger 1991). Die Vorstellung eines traditionell familienzentrierten Frauenlebens ist eher bei Frauen aus der Unterschicht festzustellen. Doch der „doppelte Lebensentwurf" ist nicht mehr von der sozialen Herkunft, sondern vom individuellen Bildungsniveau abhängig, eine „berufszentrierte Lebensplanung" wird durch die spezifischen Ausbildungs- und Arbeitserfahrungen besonders stabilisiert (Geissler/Oechsle 1996, 278ff.).
Im Prozeß der Individualisierung kann die Erfahrung sozialer Ungleichheit zwischen Frauen deutlicher werden als die der Diskriminierung gegenüber Männern. Da sie sich auch nicht mehr einfach auf die soziale Herkunft oder Position von Frauen zurückführen läßt, sondern in unterschiedlichster Weise beeinflußt oder gebrochen wird durch biographische Gelegenheiten und Entscheidungen, wird der soziale Status zunehmend als Ergebnis eigener Wahl interpretiert. Oft wird dann das, was einigen Frauen möglich wird, zum Maßstab für alle und zum Maßstab für die Bewertung der „Gleichheit der Geschlechter". Zunehmend werden „richtige" oder „falsche" Entscheidungen, das heißt Aspekte individuellen Verhaltens als ursächlich für die unterschiedlichen Lebenssituationen wahrgenommen. Hinter der Vielfalt von Frauenleben kann es daher zu einer Polarisierung der Interessen von Frauen kommen: Während die einen „mehr" Freiräume reklamieren, suchen andere Schutz vor riskanten Zumutungen in der Tradierung des „herkömmlichen" Geschlechterverhältnisses.

4.6.3 Die „soziale Landkarte"

Das Gefüge der individualisierten sozialen Ungleichheit läßt sich kaum mehr in *einer* sozialen Landkarte abbilden (siehe 2.7). Dies gilt insbesondere für die Geschlechterunterschiede. Auf der unveränderten Grundlage der geschlechtsspezifischen Arbeitsteilung wird der Zwang zur Individualisierung für Frauen wie für Männer erkennbar. Dabei differenzieren sich spezifische „Verliererinnen" und „Gewinnerinnen" auf Seiten der Frauen heraus. Was sich als Pluralisierung zeigt, wird als soziale Ungleichheit erkennbar.
„Hinter dem Rücken" der Frauen behalten sozialstrukturelle Aspekte, wie die Zugehörigkeit zu bestimmten sozialen Lagen oder Milieus weiterhin Einfluß auf die Reichweite und die Erreichbarkeit von Alternativen bei der Auseinandersetzung mit Individualisierung. Die Ausstattung mit materiel-

len Ressourcen, kulturellem Kapital (Bildung) und sozialem Kapital (Lebensformen, Netzwerke) beeinflußt Entscheidungen im Beruf und im Privaten, legen sie aber keineswegs fest. Damit lassen sich also nur die unterschiedlichen Handlungsspielräume beschreiben. Je höher der – durch Herkunft vermittelte, aber v.a. selbsterworbene – soziale Status, desto größer die Wahlfreiheit auch von Frauen in beiden Lebensbereichen.
Jüngere, gut gebildete Frauen in Dienstleistungsfachberufen und Professionen haben größere Spielräume für die Durchsetzung ihrer individuellen Interessen im Erwerbsbereich und im Privaten. Verliererinnen sind jene Frauen, die nicht von der Bildungsexpansion profitierten, die von Dequalifizierungs- und Verdrängungsprozessen betroffen sind, aber auf Erwerbsarbeit angewiesen bleiben. Im Privaten kommt es zu einer Polarisierung zwischen einem Familiensektor (Ehe und Familie) und partnerschaftlichen bzw. individualistischen Lebensformen in Abhängigkeit vom Bildungsniveau. Weniger gebildete Frauen und Männer heiraten früher und häufiger und gründen früher Familien (Strohmeier 1992). Diese Frauen mit weniger kulturellem und ökonomischen Kapital sind also eher und häufiger mit den Risiken der kontrollierten Individualisierung konfrontiert. Frauen mit familialen Verpflichtungen, die auf sich gestellt sind (Alleinerziehende) und hier wiederum diejenigen mit geringer beruflicher Qualifikation stellen eine besondere Risikogruppe dar. Sie erfahren Individualisierung hauptsächlich unter dem Aspekt der (mangelnden) sozialpolitischen Absicherung (Sozialhilfe bei Ausfall des „Ernährers"), die allerdings politisch kündbar ist.
Individualisierung zeigt sich erst, wenn man den Maßstab der sozialen Landkarte verkleinert, indem man sich entweder auf bestimmte biographische Entscheidungssituationen konzentriert oder die Lebenssituationen von Frauen innerhalb bestimmter Lagen und Milieus vergleicht. Dann wird die Bedeutung individueller Entscheidungen erkennbar. Von Handlungsspielräumen läßt sich nicht einfach auf Verhaltensweisen und deren Folgen schließen. Individualisierung schafft Bewegungen und Spielräume – allerdings nicht jenseits von Klasse und Schicht, wie Beck meinte, sondern innerhalb dieser Grenzen und nicht über die Geschlechterhierarchie hinweg, sondern innerhalb des herrschenden Geschlechterverhältnisses.

4.6.4 Fallbeispiel: „Elisabeth und Rebekka, junge alleinerziehende Mütter"

Elisabeth und Rebekka leben Ende der 80er Jahre als ledige alleinerziehende Mütter in einer süddeutschen Großstadt. Beide jungen Frauen sind als angelernte Verkäuferinnen Vollzeit beschäftigt, beide bringen ihr Kind während der Arbeitszeit in eine Krippe. Beide bekommen Unterhalt für ihr Kind und werden von ihren Eltern fallweise praktisch und finanziell unterstützt.

Beide Frauen stammen aus Arbeiterfamilien und sind nach der Hauptschule erwerbslos geworden. Dadurch wurden sie früh in das Segment der un- und angelernten Arbeit abgedrängt. Die Tätigkeit als angelernte Verkäuferin sahen beide Frauen jedoch nicht nur als eine Übergangslösung bis zur Familiengründung an, sondern auch als die Chance, später den als notwendig erachteten „Zusatzverdienst" als Ehefrau zu sichern – so, wie es bereits ihre Mütter taten.

Mit der Entscheidung, die Verantwortung für ihr Kind alleine zu übernehmen, zerbricht einerseits die Partnerschaft, da die Männer die Verantwortung ablehnen. Andererseits müssen die beiden Frauen nun mit einem Einkommen, das als Zuverdienst gilt, für sich und ihr Kind sorgen und die Zukunft planen. Es gilt für sie, „über die Runden zu kommen, überhaupt, Rente und so, man muß ja auch an später denken" (Rebekka). Die Handlungsspielräume im Beruf sind für beide Frauen gering. Um so auffälliger ist es, daß sich beide in ihrer Lebensführung dennoch stark unterscheiden.

Rebekka ist gefühlsmäßig und in ihrem Lebenszuschnitt stark auf ihr Kind fixiert und beherrscht von dem Gedanken, dem Kind nicht nur eine gute Mutter zu sein, sondern den Vater zu ersetzen. Gleichzeitig will sie ihren Eltern beweisen, daß sie es „allein" schafft und den von diesen empfundenen Makel der „ledigen Mutterschaft" durch besondere Hinwendung zum Kind ausgleichen. Daher nimmt sie Angebote ihrer Familie oder von Bekannten, sie bei der Kinderbetreuung zu entlasten, selten an und lebt sehr zurückgezogen mit dem Kind.

Dagegen zieht Elisabeth aus der Erfahrung, ihr Leben „ohne Mann" zu meistern, nicht nur Selbstbewußtsein gegenüber ihrer Familie, die sie in ihr vielfältiges Betreuungsnetz einflicht, sondern entwickelt auch eine andere Definition von Mutterschaft. Sie betont ihre eigenen Interessen nach Abwechslung, Freizeit und Erholung auch dann, wenn sie im Gegensatz zu den Bedürfnissen ihres Kindes stehen. Sie schafft sich – manchmal mit sehr geringem Einfühlungsvermögen gegenüber kindlichen Bedürfnissen – bewußt Zeit für sich selbst: So bringt sie das Kind sehr zeitig in die Krippe und geht dann nochmals nach Hause „um in Ruhe zu frühstücken", hat ihren festen „Ausgehtag", an dem die Eltern ihr Enkelkind beaufsichtigen und bringt das Kind auch regelmäßig zum Vater (nach: Diezinger 1991, S. 93ff.).

Fragen:

Wie setzen sich beide Frauen mit der Anforderung von Individualisierung auseinander?

Wodurch ergibt sich Ihrer Meinung nach der unterschiedliche Handlungsspielraum in dieser objektiv vergleichbaren Lebenslage?

4.6.5 Die Bedeutung für die Soziale Arbeit

Das Konzept der „kontrollierten Individualisierung" macht darauf aufmerksam, daß Frauen in der Gestaltung ihres Lebens von normativen Zwängen („Eine richtige Mutter lebt so") allmählich befreit werden, die Herauslösung aus tradierten Sozialformen allerdings auch mit spezifischen Risiken und neuen Abhängigkeiten verbunden ist. Beides wird in der sozialen Arbeit mit Frauen zunehmend zu beachten sein. Eine überlegte, differenzierte Anwendung des Konzepts kann helfen zu verstehen, ob Probleme der Alltagsbewältigung von Frauen eher in der äußeren Begrenzung ihres Handlungsspielraums oder in der zu weiten oder zu engen individuellen Sicht auf diese Handlungsmöglichkeiten liegen. Dadurch könnte eine Begründung für die Wahl von Interventionsstrategien (personale Ebene, Netzwerk, Veränderung der Rahmenbedingungen) erleichtert werden.

Die Risiken der Herauslösung aus der Familiensicherung zeigen sich am deutlichsten in der Zunahme der Sozialhilfeabhängigkeit von Alleinerziehenden, die steigende Abhängigkeit von Institutionen in der Unterversorgung mit öffentlichen Betreuungsmöglichkeiten für Kinder. Hilfe zur Selbsthilfe bedeutet hier, den Zugang, die Erreichbarkeit und das Niveau der Versorgung zu verbessern.

Bei der Arbeit mit Frauen muß die Vielfalt der Lebensplanung und der Lebensziele grundsätzlich anerkannt werden. (Junge) Frauen müssen heute ohne soziale Vorbilder und ohne institutionelle Absicherung neue Lebensmodelle entwickeln. Daher sollten SozialarbeiterInnen ihren Klientinnen weniger bestimmte Handlungsziele vorgeben (zum Beispiel „emanzipiertes, unabhängiges Leben"), als ihre Fähigkeit zur biographischen Selbststeuerung (Planen und Entscheiden) stützen. Auch diejenigen, die an überkommenen Mustern der „weiblichen Familienbiographie" festhalten, müssen heute ihre Wahl begründen und werden im Falle des Scheiterns die Folgen tragen müssen. Gerade sie haben das Gefühl, „freigesetzt" zu sein und unter deutlichem Legitimationsdruck und besonderen Risiken zu stehen. Diese Einsicht kann verhindern, sich als professionelle und emanzipierte Sozialarbeiterin unbewußt abzugrenzen von den „bedauernswerten Hausmütterchen" und damit die Hilfe zur Selbsthilfe zu gefährden.

4.7 Geschlecht und Klasse – Geschlecht, Klasse und Ethnie: Offene Fragen

Die feministische Ungleichheitsforschung hat immer wieder betont, daß Geschlecht eine Ursache sozialer Ungleichheit ist, die nicht auf andere Ursachen rückführbar ist. Diese These wird allmählich auch in der allgemeinen Sozialstrukturanalyse anerkannt (vgl. Kreckel 1992). Allerdings haben die theoretischen Konzepte, die meist in enger Verbindung mit empirischen Studien entwickelt wurden, gezeigt, daß man daraus nicht auf eine einheitliche Lebenslage von Frauen schließen kann. Die Vielfalt der möglichen Ausschließungsprozesse und die Herauslösung aus normativen Lebensmodellen haben dazu beigetragen. Auch Ilona Ostner geht davon aus, daß der Differenzierungsprozeß unter Frauen soweit fortgeschritten ist, daß ein für alle Frauen geltendes „weibliches Arbeitsvermögen" nicht mehr vorausgesetzt werden kann. Es ist zwar noch als Arbeitsanforderung aus den Zielen und Bedingungen von Hausarbeit abzuleiten, es beschreibt aber nicht mehr die zu erwartende Ausprägung von Fähigkeiten von Frauen bei Berufseintritt und ihre Auseinandersetzung mit beruflichen Anforderungen (Ostner 1991, 1992).
Die von Petra Frerichs und Margareta Steinrücke vorgetragene Kritik, daß die deutsche Frauenforschung für die vertikalen sozialen Unterschiede zwischen Frauen weitgehend blind sei (1993, 191), stimmt in dieser Allgemeinheit daher unserer Meinung nach nicht. Wenn sich Frauenforscherinnen bewußt bleiben, daß sie Geschlecht als Strukturkategorie einsetzen, das heißt von verallgemeinerbaren gesellschaftlichen *Anforderungen* an Frauen „als Frauen" ausgehen, dann wird verhindert, daß Frauen auf der Ebene der Handlungsmöglichkeiten und des Verhaltens „versämtlicht" werden, wie das Gudrun-Axeli Knapp nannte.
Doch genau auf dieser Ebene der „Anforderungen" fragen Frerichs und Steinrücke weiter: Sie stellen die aufregende Frage, ob nicht je nach Klassenlage ganz unterschiedliche normative und faktische Anforderungen an die Geschlechter gestellt werden, Geschlechterverhältnisse – und damit auch die Benachteiligung von Frauen – sich nicht in jeder Klasse anderes darstellen? Im Klartext heißt die Frage: Bedeutet es in der Arbeiterklasse etwas anderes, Mann oder Frau zu sein als in der Klassenlage der gehobenen Angestellten? Zwar hat sich im Laufe der Geschichte das bürgerliche

Modell der Geschlechterordnung als Basis für die institutionelle Struktur der Gesellschaft durchgesetzt. Doch es ist zumindest nicht von der Hand zu weisen, daß Klassen und Milieus gerade in der alltäglichen Lebensführung – der Verbindungslinie zwischen Erwerb und Leben – eigensinnige Traditionen oder Neuerfindungen ausprägen.

Diese *Klassengeschlechtshypothese* (a.a.O., 193) stellen sie als offene Forschungsfrage (und nicht als theoretische Vorentscheidung) neben die *Geschlechterklassenhypothese*, die hier ausführlich dargestellte Position der Frauenforschung, Frauen als Gruppe Männern gegenüberzustellen und v.a. getrennt zu untersuchen. Dies ist ein theoretisch und empirisch schwieriges Unterfangen, v.a. auch, weil alle Vorstellungen von Klasse, die wir bisher in den Sozialwissenschaften kennen, sich auf die öffentliche, männlich dominierte Sphäre bezieht; das gilt selbst für das Konzept der Klassenlage von Bourdieu, auf das sich die beiden Forscherinnen stützen.[8] Es ist jedoch fruchtbarer als apriorisch-theoretisch vorzuentscheiden, wie sich Klasse und Geschlecht zueinander verhalten. Die ersten Ergebnisse der qualitativen Fallstudien von Frerichs/Steinrücke weisen darauf hin, daß sich der Wirkungszusammenhang je nach Problembereich unterschiedlich darstellt: So wirkt zum Beispiel über alle Schichten hinweg das Geschlecht als Verpflichtung oder Entpflichtung von häuslicher Arbeit, doch je nach Klassenlage „übernehmen" Männer in unterschiedlichem Ausmaß „freiwillig" einen Teil der „Arbeit der Frau" und zwar anders, als wir es vermuten würden: In den gehobeneren Milieus ist die aktive Mithilfe keineswegs den emanzipativen Einstellungen entsprechend besonders hoch, beim Arbeiterpaar herrscht eher gemeinsame Bewältigung der Alltagsarbeit vor (Frerichs/Steinrücke 1994).

Viel zutreffender als der Vorwurf, die deutschsprachige Frauenforschung vernachlässige Klassenunterschiede zwischen Frauen, ist die Kritik, daß sie blind für die Bedeutung der ethnischen oder nationalen Zuordnung ist. Ilse Lenz spricht daher von einer „dreifachen Vergesellschaftung" (1995) von Migrantinnen. Sie betont in diesem Fall die Bedeutung der nationalen geschlechtsspezifischen Einwanderungs- und Integrationsvorschriften, die Migrantinnen einen minderen Rechtsstatus zuweist als inländischen Frauen. „Wir werden in *einer* Sozialisation zum Geschlechtswesen und zur Angehörigen einer Klasse" (Meulenbelt zit. nach Frerichs/Steinrücke 1993,192), und zur Angehörigen einer ethnischen Gruppe. Daher ist es wichtig zu erforschen, wie Frauen erfahrene Abwertungen oder Erfolge interpretieren: Vergleichen sie sich mit Männern, mit anderen Frauen, mit Frauen früherer

[8] Dies merkt Bourdieu selbstkritisch in einem Interview an (1997).

Generationen, mit Frauen anderer Klassen und Ethnien? Nicht nur die Erscheinungsformen sozialer Ungleichheit, sondern auch die soziale Selbstverortung der betroffenen Frauen werden damit differenzierter wahrnehmbar, allerdings auch um den Preis der Übersichtlichkeit. Dies muß auch bei der Frage der Abstimmung von Angeboten für bestimmte weibliche Zielgruppen beachtet werden.

Eine geschlechtssensibilisierte Sicht auf die Sozialstruktur hat sich für die Soziale Arbeit als äußerst fruchtbar erwiesen. Zum einen ist deutlich geworden, daß viele soziale Probleme für die Geschlechter unterschiedliche Aspekte und Folgen haben und daher geschlechtsspezifische Arbeitsansätze erforderlich sind (zum Beispiel Sucht). Zum anderen hat der Anspruch, auch die privaten Aspekte des Lebenszusammenhangs von Frauen zu analysieren dazu geführt, daß bis dahin tabuisierte, ver"heim"lichte Probleme der Gewalt gegen Frauen und Kinder öffentlich gemacht und bearbeitet wurden. Die heute selbstverständlichen Arbeitsfelder der Frauen- und Mädchenarbeit und die sich allmählich entwickelnde geschlechtsspezifischen Ansätze einer Jungen- und Männerarbeit wären ohne die Überwindung des Androzentrismus der herkömmlichen Sozialwissenschaften nicht denkbar gewesen.

Allerdings belegen die theoretischen Analysen und die empirischen Ergebnisse, daß es wichtig ist, klassen- oder milieuspezifische Wahrnehmungsunterschiede zwischen Sozialarbeiterinnen und Klientinnen zu beachten, die oft auch die unterschiedliche Ansprechbarkeit bestimmter Gruppen von Frauen mit „Frauenangeboten" verständlich machen können.

5. Ethnische Aspekte sozialer Ungleichheit

In diesem Kapitel werden wir zunächst kurz an die Vielfalt von Migrationen nach Deutschland erinnern. Es folgt dann der Überblick über theoretische Erklärungsversuche der Wanderungsprozesse von Menschen und eine Beschreibung der Erscheinungsformen sozialer Ungleichheit in der Bundesrepublik Deutschland nach ethnischen Aspekten. Das Kapitel wird abgerundet mit der Darstellung des figurationstheoretischen Zugangs zum Thema von Norbert Elias und John L. Scotson. Nach Elias/Scotson existieren in allen Gesellschaften Etablierten- und Außenseiterbeziehungen – auch unabhängig von Unterschieden, die als ethnische Unterschiede wahrgenommen werden. Trotz, oder vielmehr gerade wegen ihrer Allgemeinheit, erscheint diese Theorie geeignet, Ursachen und Erscheinungsformen sozialer Ungleichheit zwischen Angehörigen von verschiedenen Ethnien besser als andere Modelle sozialer Ungleichheit zu erfassen.

5.1 Geschichte der Migrationen nach Deutschland

Die heftigen tagespolitischen Diskussionen in den 90er Jahren über das Grundrecht auf Asyl und die doppelte Staatsbürgerschaft für Ausländerinnen und Ausländer lassen vergessen, daß in den letzten Jahrhunderten Zuwanderungen nach Deutschland, Flucht- und Arbeitsmigrationen auf der Tagesordnung standen (Bade 1994). Bekannteste frühe Einwanderer waren die Hugenotten, die in einer ersten Welle im letzten Drittel des 16. Jahrhunderts ihrer Verfolgung in Frankreich entkommen wollten. Ende des vorigen Jahrhunderts kam es aufgrund eines Arbeitskräftemangels in der Landwirtschaft und Industrie zu massenhaften Arbeitsmigrationen. Vor dem ersten Weltkrieg lebten nach amtlichen Schätzungen bereits 1,2 Millionen ausländische Wanderarbeiter im deutschen Reich. Während des ersten Weltkrieges bildeten sie – überwiegend Polen, Italiener und Ruthenen, die gezwungenermaßen in Deutschland blieben – das Rückgrat der Kriegswirtschaft. In der Weimarer Republik wurden Arbeitsmigrationen nach arbeitsmarktpolitischer Opportunität systematisch gesteuert; die Folgen der Politik des nationalsozialistischen Deutschland waren millionenhafte Zwangsdeportationen und regelrechte Versklavungen von überwiegend osteuropäischen Zwangsarbeitern. Infolge des zweiten Weltkrieges kam es zu millionenfachen Fluchtmigrationen von Deutschen aus den östlichen Teilen des vormaligen deutschen Reiches. Auch aus der DDR sind noch nach dem Bau der Mauer 1961 rund 600 000 Menschen in die Bundesrepublik geflohen. Zwischen 1955 und 1973 schuf die staatliche Arbeitsmarktpolitik infolge des Interesses von Wirtschaftsunternehmen Anreize für Migrationen ausländischer Arbeitskräfte. Sie kamen überwiegend aus Südeuropa, aus Italien, Griechenland, Jugoslawien, Türkei und Spanien nach Deutschland. Der Anteil weiblicher Arbeitskräfte bewegte sich in diesen Jahren bei einem Viertel; in den 90er Jahren sind von den 6,9 Millionen ausländischer Bevölkerung circa 3,6 Millionen erwerbstätig, davon ein Drittel Frauen (Treibel 1999, 123).

Seit 1949 eröffnete das Grundrecht auf Asyl politisch Verfolgten aus der ganzen Welt die Chance, nach Deutschland zu kommen und mit Hilfe eines Anerkennungsverfahrens als politische Flüchtlinge hier zu leben (Münch 1993). Herkunftsländer und die Anerkennungsquoten waren in den letzten Jahrzehnten unterschiedlich. In den 70 er Jahren wurden sehr viel mehr Asylanträge positiv beschieden als in den 80er und 90er Jahren (Statistisches Bundesamt 1994, 1997). Die 1993 im Bundestag beschlossene Änderung des Grundrechts auf Asyl schränkte diese Chance, in Deutschland zu leben, radikal ein und ließ daher auch die Anzahl der Flüchtlinge sinken, die ein Verfahren beantragten. 1998 wurde mit 100 000 die niedrigste Zahl seit zehn Jahren verzeichnet.

Seit 1945 sind auch Menschen zugewandert, die nach Artikel 116, Abs. 1 des Grundgesetzes als deutsche Aussiedler gelten. Seit den 80er Jahren kamen aufgrund der veränderten politischen Rahmenbedingungen in Osteuropa sogenannte Spätaussiedler nach Deutschland; seit 1988 waren das zwischen knapp 200 000 bis zu knapp 400 000 Menschen pro Jahr. Seit 1990 sind die Rußlanddeutschen die größte Gruppe, vorher waren es Deutschstämmige aus Polen.

Es hat natürlich auch immer Emigration aus Deutschland heraus gegeben: Besonders bekannt sind die Auswanderungen nach Nordamerika vor allem im neunzehnten Jahrhundert, die sowohl durch Armut als auch politische Verfolgung motiviert waren. Ein weiteres wichtiges Emigrationsziel von Deutschen war seit Jahrhunderten Osteuropa. Die Nachkommen dieser Auswanderer kehren nunmehr als Aussiedler nach Deutschland zurück. Es ist zusammenfassend festzuhalten, daß Migrationen einen wesentlichen Teil der sozialgeschichtlichen Entwicklungsprozesse der deutschen Gesellschaft bilden.

5.2 Ursachen von Migrationen

Wanderungsbewegungen von Menschen werden in der Theoriebildung der deutschen Ungleichheitsforschung nicht systematisch berücksichtigt. Allenfalls werden Migrantinnen und Migranten auf der Basis empirischer Daten als ausländische Gesellschaftsmitglieder an die untere Peripherie der sozialen Landkarte der Bundesrepublik eingetragen. Das Hausmodell von Rainer Geißler ist hier ein Beispiel (vgl. 2.5).

Die Meinungen gehen auseinander, ob Menschen „im Prinzip“ seßhaft oder aber „ursprünglich“ Nomaden sind (s.a. Enzensberger 1993): Im ersteren Fall erscheint die Migration erklärungsbedürftig, im zweiten die Sesshaftigkeit.

Interessante Denkanstöße finden sich bei dem Klassiker Georg Simmel in seinem „Exkurs über den Fremden” (Simmel 1992, 764ff.); neben dem bereits erwähnten theoretischen Konzept von Norbert Elias und John L. Scotson (1990) sind die theoretischen Perspektiven der Migrationsforschung fruchtbar. (Treibel 1999; Bade 1993; Bade 1994). Diese Denkansätze werden wir als erstes darstellen.

Migration wird im folgenden verstanden „als ein auf Dauer angelegter bzw. dauerhaft werdender Wechsel in eine andere Gesellschaft bzw. in eine andere Region von einzelnen oder mehreren Menschen” (Treibel 1999, 21).

In der jüngeren Migrationsforschung betrachtet man mittlerweile Einwanderung, Gastarbeit und Flucht als unterschiedliche Formen von Migrationen, zwischen denen es fließende Übergänge gibt; sie lassen sich empirisch nicht strikt voneinander trennen. Warum wandern Menschen? Ein bekanntes Erklärungsmodell zur Beantwortung dieser Frage spricht von „Push and Pull”-Faktoren, also Schubkräften in der Herkunftsgesellschaft und Sogkräften in der Zielgesellschaft (vgl. Lee 1972 zit. nach Treibel 1999, 40). Häufige „Push-Faktoren” sind unzureichende Erwerbsmöglichkeiten, also keine oder gering bezahlte Erwerbsarbeitsplätze, denen als „Pull-Faktoren” bessere Arbeitsplätze mit höheren Einkommenschancen in der Zielgesellschaft gegenüberstehen. Ein Sogfaktor ist auch insgesamt der Wirtschaftszyklus und der Bedarf an niedrig qualifizierten Arbeitskräften des Ziellandes. Ursula Münch rückt das starke Wohlstandsgefälle zwischen der Bundesrepublik und den meisten Ländern der Erde in den Vordergrund der Erklärungen, zu vergessen ist auch nicht, daß die Massenmedien heute den Wohlstand auch der anderen westlichen Länder global vermitteln (Hoffmann-Novotny 1994). Bei Fluchtmigrationen sind Kriege, Bürgerkriege, Katastrophen und andere Notlagen die Auslöser.

Dieses Erklärungsmodell reicht allerdings nicht aus: Der Entschluß zur Migration wächst dann an, wenn Menschen eine Statusverbesserung anstreben, Informationen über das Zielland besitzen und sie in Richtung einer Migrationsentscheidung interpretieren. Informationen erhalten sie eher dann, wenn bereits Freunde und Verwandte dorthin migriert sind. Wanderungsströme von Menschen verlaufen dann häufig in den von ihren jeweiligen persönlichen Netzwerkmitgliedern vorher gezogenen Migrationsschneisen. Man hört über die bereits ausgewanderte Tante von den ökonomischen Gelegenheiten im Zielland und zieht dann lieber gleich in ihre Nähe als in eine andere Stadt. Nach den Ergebnissen der jüngeren Migrationsforschung, schreibt Annette Treibel, ist die Bedeutung der persönlichen Netzwerke als so groß anzusehen, daß die anderen Faktoren des „Push and Pull"- Modells verblassen (Treibel a.a.O., 42).
Die Folgen von Migrationen für das Ungleichheitsgefüge der Zielgesellschaft hat vor allem der Schweizer Soziologe Hans-Joachim Hoffmann-Novotny herausgearbeitet. Er bezeichnet sie als „Unterschichtung". Darunter versteht er den Fall, in dem Einwanderer in der Mehrzahl in die untersten Positionen des Schichtgefüges einer Gesellschaft eintreten und eine neue Schicht unterhalb der bestehenden Sozialstruktur bilden. Entweder werden hierbei neue Positionen im Schichtgefüge geschaffen oder aber Migranten besetzen soziale Positionen, die Einheimische vorher verlassen haben (Hoffmann-Novotny 1987). Obwohl Migranten im Vergleich zu anderen Gesellschaftsmitgliedern ihres Herkunftslandes jünger, besonders aktiv und qualifiziert sind, gelingt diese Unterschichtung der Sozialstruktur über Schließungsmechanismen der einheimischen Bevölkerung. Hoffmann-Novotny nennt diesen Mechanismus „neo-feudale Absetzung". Im Vergleich zum Begriff von Max Weber (vgl 1.2) ist hier ein zusätzlicher Aspekt ausgedrückt: Einheimische halten die Situation der Unterschichtung nicht für stabil, sondern fürchten sich vor einem eigenen sozialen Abstieg. Diese Spannung bearbeiten sie, indem sie sich gegenüber den Zugewanderten mit dem Verweis auf deren ethnische Zugehörigkeit abgrenzen: Mit dieser wird ein als „natürlich", quasi als vererbt zugeschriebenes Merkmal, nicht ein erworbenes Merkmal, wie zum Beispiel schlechte Leistungen zum auslösenden Moment der Ausgrenzung (Mogge-Grotjahn 1996, 103). Über diese „neo-feudale Absetzung" werden die Funktionsprinzipien der sozialen Ungleichheit in traditional-feudalistischen Gesellschaften wiederbelebt, in denen die sozialen Chancen allein nach der Herkunft verteilt wurden.

5.3 Erscheinungsformen sozialer Ungleichheit

Die Erscheinungsformen sozialer Ungleichheit nach ethnischen Gesichtspunkten sind besonders vielfältig; leider gibt es kein übersichtliches Gesamtbild der Ungleichheitsstruktur, das sich auf Theorien und empirische Studien stützt. Die Bezeichnung Zuwanderer bzw. Zuwanderinnen ist am besten geeignet, um alle Gruppen in einen Oberbegriff aufzunehmen, dabei unterscheiden sich die einzelnen Gruppierungen sehr stark voneinander. Zur besseren Charakterisierung dieser Vielfalt beziehen wir die Spätaussiedler mit ein; sie sind zwar aufgrund der Rechtslage (Grundgesetz) deutsche Staatsangehörige, aber die Eltern- und Großelterngeneration hat ihr Leben überwiegend in einer osteuropäischen Gesellschaft verbracht. Die Zuschreibungen der einheimischen Bevölkerung machen sie nur allzu oft zu Fremden. Der Migrationsforscher Klaus Bade nennt sie im Unterschied zu der lange ansässigen ausländischen Bevölkerung „Fremde mit deutschem Pass" (Bade 1994). Eine erste grobe Unterteilung der Zuwanderer und Zuwanderinnen führt zur folgenden Kategorisierung: Spätaussiedler, Asylbewerber, Flüchtlinge und ausländische Bevölkerung, letztere wird auch ausländische Bestandsbevölkerung genannt. Zur Kennzeichnung der Erscheinungsformen von sozialer Ungleichheit lassen sich aus den verschiedenen Untersuchungen objektive Merkmale der ungleichen Lebensbedingungen sehr viel besser zusammentragen als Merkmale der Lebensführung bzw. des Lebensstils. Hierzu finden sich lediglich erste Hinweise.
Um die Lebensbedingungen der Zuwanderer angemessen zu charakterisieren, sind neben den Merkmalen Geschlecht, Bildungsniveau, Beruf, Einkommen und soziales Ansehen auch andere bedeutungsvoll, die für die lange ansässige deutsche Bevölkerung in der Regel gar keine Rolle spielen: Der rechtliche Status des Aufenthaltes in Deutschland, die Dauer des Aufenthaltes in Deutschland, das Herkunftland mit seiner spezifischen Kultur, die Migrationsgeschichte, der biographische Zeitpunkt der Migration. In der Lebensführung spielt die Nähe bzw. Distanz zur Kultur des Heimatlandes und der deutschen Gesellschaft eine Rolle, was u.a. ablesbar ist an den sozialen Kontakten und an der Akzeptanz durch die einheimische deutsche Bevölkerung.

Aussiedlerinnen und Aussiedler, das sind diejenigen Zugewanderten, denen die deutsche Bevölkerung in hohem Maß die gleichen Rechte wie den Einheimischen zubilligt (Statistisches Bundesamt 1997, 460). Es existiert offensichtlich auch eine vergleichsweise große Toleranz gegenüber sozialer Nähe zu Aussiedlern, vor allem in den westlichen Bundesländern: 41%

wären sie als Nachbarn angenehm, 31% als Familienmitglied. Das allgemeine Meinungsklima zur Zuwanderung ist dennoch in den 90er Jahren gegenüber Aussiedlern frostiger geworden: Sprachen sich 1991 noch 22% der befragten westlichen und 15% der östlichen Bundesdeutschen für die uneingeschränkte Zuwanderung von deutschstämmigen Aussiedlern aus, waren das 1996 nur noch 15% bzw. 13%; entsprechend wuchs die Gruppe derjenigen, die für die völlige Unterbindung des Zuzugs war. Gut zwei Drittel bejahten die begrenzte Zuwanderung von Aussiedlern.
Bei der ausländischen Bestandsbevölkerung dagegen dosiert die einheimische Bevölkerung ihre Akzeptanz hinsichtlich der Zuwanderung, der Anerkennung gleicher Rechte bzw. sozialer Distanz und Nähe je nachdem, um welche ausländische Gruppierung es sich handelt. Am tolerantesten sind die Deutschen gegenüber Ausländern und AusländerInnen aus den EU-Staaten. Die Kontrastgruppe dazu sind die Ausländer aus nicht EU Staaten und türkische Arbeitsmigranten. Hier sprechen sich lediglich 11% für den uneingeschränkten Zuzug aus, nur 23% billigen Türken die gleichen Rechte zu wie Deutschen und nur 27% hätten Türken gern als Nachbarn und noch weniger, nämlich 14% begrüßten gern ein türkisches Familienmitglied (Statistisches Bundesamt a.a.O., 458ff.).
Es existiert keine systematische Zusammenschau von den Milieus der verschiedenen ethnischen Gruppierungen der ausländischen Bestandsbevölkerung.
Wir übertragen im Folgenden den Milieubegriff von Michael Vester (vgl. 3.5) auf die Lebensbedingungen der verschiedenen Gruppierungen der Zuwanderer und Zuwanderinnen. In den Milieus bündeln sich reale alltagspraktische Erfahrungen, die die Menschen teilen und aus denen sie dann spezifische Mentalitäten und damit die praktischen Ethiken der alltäglichen Lebensführung entwickeln. Mit ihrer Mentalität steuern Menschen eine komplexe Balance zwischen Lebenszielen, persönlichen Bedürfnissen und äußeren Bedingungen in den verschiedensten Lebensbereichen. Zuwanderer nach Deutschland müssen in ihren Milieubildungen Einflüsse ihrer Heimatkultur und der Aufnahmegesellschaft in einer besonders komplizierten Balance zusammenführen. Denn bei diesen Milieus handelt es sich immer um Minderheiten gegenüber der Mehrheit der einheimischen deutschen Bevölkerung. Milieuangehörige müssen also die Zugehörigkeit zu einer Minderheit und die Erfahrungen von Schließungsmechanismen der einheimischen Bevölkerung und damit die „Dominanzkultur" der weißen Mittelschicht (Rommelspacher 1995) verarbeiten. In der Migrationsforschung ist es üblich, Lebensbedingungen von Zu- bzw. Einwanderern nach dem jeweils erreichten Grad von

Assimilation zu charakterisieren (Esser 1980; Esser 1990, Treibel 1999). Dieser Begriff ist nicht frei von problematischen normativen Implikationen, wenn er das Ergebnis einer Angleichung der Zuwanderer und Zuwanderinnen an die Aufnahmegesellschaft bezeichnet. Es werden dabei unterschieden: Die kognitive Assimilation (Wissen und Kenntnisse über die neue Umwelt, insbesondere Sprachkenntnisse), die strukturelle Assimilation (insbesondere berufliche Eingliederung), die soziale Assimilation (über interethnische Kontakte) und die identifikative Assimilation (gefühlsmäßige Assimilation; Identitätswandel). Dabei begünstigt die kognitive Assimilation die strukturelle Eingliederung und diese wiederum die soziale Assimilation. Die Sprachbeherrschung wird damit zur Voraussetzung für den weitergehenden Assimilationsprozess. Hinsichtlich der Lebensführung ist es besser, von unterschiedlichen Formen der bikulturellen Lebensführung auszugehen, die jeweils spezifische Milieubildungen zur Folge hat, die Ausprägungen der strukturellen Assimilation lassen sich in Gestalt einer ökonomischen Position als Teil der Milieubildungen konzipieren. Da die Migration häufig netzwerkgestützt verläuft bzw. aufgrund des Lebens in Sammelunterkünften, sind die sozialen Milieus der Zuwanderer mit hoher Wahrscheinlichkeit ethnisch homogen und können es auch über innerethnische Freundschaftswahlen lange bleiben. In der Migrationsforschung spricht man hier von „communities" als unterschiedlichen Formen ethnischen Zusammenlebens, die mehr oder weniger verbindlich sein können und nicht zwangsläufig an räumliche Nähe gebunden sind (Gordon 1964 zit. nach Treibel 1999, 191). In diesen überwiegend ethnisch homogenen Milieus entsteht eine spezifische Kultur und Gruppenstruktur, die sich sowohl von der Kultur der Einheimischen als auch von der Kultur des Heimatlandes unterscheidet. Die Kultur der Herkunftgesellschaft ist vor allem für die zweite Zuwanderergeneration nur noch in Segmenten vorhanden; sie identifiziert sich mit ihren symbolischen Resten, die teilweise über das Satelitenfernsehen medial präsent sind. Die aktuelle Migrationsforschung ist sich weitgehend einig darin, daß sich keine der Zuwanderergruppen vollständig an die deutsche Gesellschaft assimiliert hat (Treibel 1999, 232).

SpätaussiedlerInnen

Zu den Spätaussiedlern gehören Aussiedler aus Polen, Rumänien, der ehemaligen Sowjetunion, nunmehr Rußland/GUS, Armenien, den baltischen Staaten usw. Der jeweilige Anteil der Herkunftsländer ist über den Migrationszeitraum unterschiedlich gewesen. 1988/ 1989 bildeten die Spätaussiedler aus Polen noch die Mehrheit, seit 1990 die Rußlanddeutschen. Die dritt-

größte Gruppe sind die deutschstämmigen Zuwanderer aus Rumänien. Die Migrationsgeschichte, die Kultur des Herkunftslandes der jeweiligen Zuwanderer sind also sehr unterschiedlich. Selbst für die Rußlanddeutschen läßt sich von einer großen Vielfalt in der Migrationsgeschichte sprechen: Deutsche lebten seit der zweiten Hälfte des 16. Jahrhunderts u.a. in den Großstädten des zaristischen Rußland, im Wolgagebiet und im Schwarzmeergebiet. Die großen Entfernungen zwischen den einzelnen Siedlungsgebieten, die unterschiedliche wirtschaftliche und soziale Entwicklung der deutschen Kolonien sowie die konfessionellen Unterschiede verhinderten, daß Gefühle der Zusammengehörigkeit und ein Nationalbewußtsein der deutschen Siedler entstanden. Das schuf erst die soziale und rechtliche Nivellierung in der Sowjetunion und die stalinistische Politik der Unterdrükkung und Deportation (vgl. Brandes 1992, 85).
Die Anerkennung von SpätaussiedlerInnen als deutsche Staatsangehörige hat eine vergleichsweise günstige soziale Position für die Menschen zur Folge: Sie besitzen automatisch Teilhaberechte am gesamten System der sozialen Sicherung, also auch am Rentensystem, die andere Zuwanderer erst über Beiträge aus einer Erwerbstätigkeit erwerben können, sowie das aktive und passive Wahlrecht.
In dem Zeitraum von 1950 bis 1992 kamen 2,8 Millionen Spätaussiedler nach Deutschland. In den Jahren 1993-1996 waren es noch einmal 837 128 (Dietz 1997 zit. nach Treibel 1999, 32). In den letzten Jahren sanken die Zahlen; 1998 kamen nur noch rund 100 000. Wesentliche Gründe dafür sind die restriktiveren Richtlinien für die Zuwanderung. Seit 1993 werden jährlich maximal 220 000 Aussiedler aufgenommen. Seit 1996 müssen die Spätaussiedler einen deutschen Sprachtest erfolgreich absolvieren; für ein Drittel der Antragsteller ist das eine unüberwindbare Hürde. Mit Ausnahme der Rußlanddeutschen müssen Spätaussiedler eine Diskriminierung im Herkunftsland infolge ihrer deutschen Abstammung nachweisen.
Bereits seit 1988 wurden allerdings schon kontinuierlich die materiellen Hilfen, die der Integration dienen sollten, gekürzt bzw. gestrichen: Zum Beispiel sind die bezahlten Deutschkurse nunmehr von kürzerer Dauer. Die Überprüfung der deutschen Abstammung erfolgt aufgrund von Personenstands- bzw. Wehrmachtsurkunden bereits im Herkunftsland. Es gibt einen festen Verteilerschlüssel für die einzelnen Bundesländer, der Wohnort wird Aussiedlern nach einem kurzen Aufenthalt in einer der Bundesaufnahmestellen zugewiesen. Wenn die Spätaussiedler bei der Wohnraumversorgung auf öffentliche Hilfe (zum Beispiel Wohngeld) angewiesen sind, sind sie verpflichtet, mindestens zwei Jahre an dem ihnen zugewiesenen Ort zu bleiben. Die meisten wohnen zunächst in Wohnheimen.

Knapp zwei Drittel der Spätaussiedler besaßen bereits vor ihrer Zuwanderung Familienangehörige in der Bundesrepublik.
Das Schulniveau der Aussiedler ist niedriger als das der bundesdeutschen Bevölkerung; 13% von ihnen besitzen keinen Schulabschluß, 70% einen mittleren und 17% die Fachhochschulreife bzw. das Abitur. Ein sehr hoher Anteil, nämlich 41% besitzen keinen beruflichen Abschluß, 45% einen mittleren und 14% einen Fachhochschul- bzw. Universitätsabschluß.
70% der weiblichen und 86% der männlichen Aussiedler besitzen eine abgeschlossene Berufsausbildung (Claus 1994). Die weibliche Erwerbsquote speziell der Rußlanddeutschen ist von über 80% in den Herkunftsländern auf 50% in Deutschland zurückgegangen (Dietz/Roll 1998). Spätaussiedler waren nach einer anfänglich recht erfolgreichen Integration in den deutschen Arbeitsmarkt in den Jahren 1993/94 im besonderen Maß von Arbeitsplatzverlusten betroffen. Die meisten können nicht an ihren beruflichen Status in ihrem Herkunftsland anknüpfen. 15% waren 1995 arbeitslos gemeldet, damit war die Arbeitslosenquote für diese Zuwanderer sehr viel höher als die bundesdeutsche Arbeitslosenquote von 9,3%. Aussiedlerinnen und Aussiedler sind hoch motiviert, ihre individuellen Arbeitsmarktchancen über Fortbildung zu verbessern.
Diejenigen, die sich in den bundesdeutschen Arbeitsmarkt integrieren konnten, arbeiten zu 46% als un- und angelernte Arbeiter, zu 26% als Facharbeiter bzw. Meister. 11% bzw. 16% sind in einfachen bzw. mittleren und höheren Angestelltenpositionen tätig. Noch nicht einmal die Hälfte der erwerbstätigen Spätaussiedler übt den erlernten Beruf aus. Für Frauen sind die Zugangschancen zum Arbeitsmarkt deutlich schlechter und auch ihr Einkommen liegt unter dem der männlichen Spätaussiedler (Seifert 1996). 1995 lag das durchschnittliche Bruttoeinkommen von Spätaussiedlern bei 3600.- DM und damit weit unter dem bundesdeutschen Durchschnitt von 4430.-DM (Statistisches Bundesamt 1997, 572ff.).
Aussiedlerhaushalte beziehen besonders häufig Sozialhilfe und Wohngeld, nämlich jeder achte bzw. jeder vierte Haushalt (Büchel u.a. 1997). Die größte Wahrscheinlichkeit, Sozialhilfe zu beziehen, besteht für die neu zugewanderten Spätaussiedler; sie sinkt erst nach zweieinhalb Jahren, dann aber schnell (Büchel u.a. 1997).
Diese objektiven Lebensbedingungen deuten darauf hin, daß trotz des Integrationsvorteils durch die deutsche Staatsangehörigkeit Spätaussiedler die Mehrheitsbevölkerung „unterschichten“. Das zeigt sich auch deutlich in der subjektiven Bewertung ihrer Lebenssituation: Auffallende Negativposten sind das Einkommen und die eigene wirtschaftliche Lage. Hier sind sie

unzufriedener als der bundesdeutsche Durchschnitt. In anderen Bereichen – Gesundheit, Lebensstandard, Wohnung u.a. – sind sie entweder genau so zufrieden oder sogar zufriedener als der Bevölkerungsdurchschnitt.

Von den deutschen Minderheiten in den osteuropäischen Gesellschaften wurden deutsches Brauchtum und deutsche Sprache lediglich in der familiären Privatsphäre konserviert, nicht aber weiterentwickelt. Für die Rußlanddeutschen kennzeichnend sind Religiosität, Orientierung an Pflicht, Fleiß, Ordnung und Gehorsam, zusammenfassend charakterisierbar als „Wertekonservatismus" (Dietz/Roll 1998). Einst wie jetzt, dient dieser auch als Schutzschild gegenüber Diskriminierungen.

Eine bedeutsame Facette der Erscheinungsformen sozialer Ungleichheit von Zuwanderern ist auch der biographische Zeitpunkt der Migration. Kinder von Aussiedlern kommen auf Wunsch ihrer Eltern und Großeltern nach Deutschland. Der Anteil der Jugendlichen an der Zahl der Zugewanderten betrug 1995 37,8%. Nach einer Studie über rußlanddeutsche jugendliche Aussiedler, die zwischen 1990 und 1994 in die Bundesrepublik kamen, haben mehr als die Hälfte der Jugendlichen die Ausreiseentscheidung mitgetragen, nur 5,5% wollten ausdrücklich das Herkunftland nicht verlassen (Dietz/Roll 1998, 31). Fast die Hälfte der Befragten berichten von großen Problemen mit der deutschen Sprache. Obwohl diese Jugendlichen sich als Deutsche empfinden, haben sie die deutsche Kultur nur fragmentarisch zum Beispiel in Gestalt von Festen, Volksliedern und deutschen Kochrezepten erlebt. Russisch war für sie die erste Sprache und damit Medium aller ihrer sozialen Erfahrungen und ihrer Persönlichkeitsentwicklung. Das hinterläßt in ihrer Lebensführung auch nach der Migration Spuren. Nachvollziehbar ist es daher, daß 54% der jugendlichen Aussiedler zu ihrem Freundeskreis ausschließlich andere Aussiedler zählen und nur 23% auch gleichzeitig deutsche Altersgenossen. Allerdings wünschen sie sich mehr Kontakt zu jungen Deutschen. In den rußlanddeutschen Familien wird überwiegend nur russisch oder beide Sprachen gesprochen.

Mit der Dauer des Aufenthaltes verringert sich die Zahl der Familien, in denen ausschließlich russisch gesprochen wird. Die Tatsache der Zweisprachigkeit gilt für 74% der Spätaussiedlerfamilien in ihrer Gesamtheit. Hinsichtlich ihrer Lebensführung läßt sich aus den Antworten der rußlanddeutschen Aussiedlerjugendlichen herauslesen, daß sie mehr Musik hören und fernsehen und weniger Kontakte zu Gleichaltrigen haben als vorher. Über die Musik finden sie Zugang zu westlichen jugendkulturellen Strömungen. In ihren Wertorientierungen verbinden sie Konservatismus – auch im politischen Bereich – mit hedonistischen Zielen, zum Beispiel dem Ziel, ein ab-

wechslungsreiches und vergnügliches Leben zu führen, oder auch einfach mit dem Wunsch, reich zu sein.
Jugendliche Aussiedler müssen als Problemgruppe angesehen werden, die geringere Chancen haben, in Deutschland schulische und berufliche Anforderungen zu meistern. Die Mehrheit von ihnen besucht die Hauptschule und selbst diejenigen, die in ihrer Herkunftsgesellschaft studiert haben, setzen nur zu einem Viertel ihr Studium fort. Viele der rußlanddeutschen Aussiedlerjugendlichen können nicht an die vor der Migration bestehende Ausbildungsneigung anknüpfen.

Asylbewerber, Flüchtlinge
Flüchtlinge leben im Unterschied zu den anderen Zuwanderergruppen überwiegend in einem rechtlichen und damit gleichfalls sozialen Übergangsstadium. Den Rahmen ihrer Existenz bildet die politische und rechtliche Ausgestaltung des verfassungsrechtlich garantierten politischen Asyls bzw. internationale Übereinkünfte, etwa die Genfer Flüchtlingskonvention aus dem Jahre 1951 bzw. zwischenstaatliche Abkommen hinsichtlich der Aufnahme von Flüchtlingen. Das Asylrecht war infolge der steigenden Zahlen der Asylbewerber in den 80er und Beginn der 90er Jahre Gegenstand heftiger politischer Auseinandersetzungen, die durch Brandanschläge auf Sammelunterkünfte auch besonders gewaltmäßig ausgetragen worden sind. Das 1949 ins Grundgesetz aufgenommene Recht auf Asyl für politisch Verfolgte (§ 16, Absatz 2, II) ist im Vergleich zu anderen Verfassungen und auch dem Völkerrecht einzigartig gewesen (Münch 1993). 1993 wurde es über eine Zweidrittel-Mehrheit im Bundestag stark eingeschränkt, was in einem Bundesverfassungsgerichtsurteil vom 14. Mai 1996 bestätigt worden ist. Im Kern besteht nach wie vor das Recht auf politisches Asyl in der Bundesrepublik, wenn ein „objektiver Verfolgungstatbestand" in Gestalt zielgerichteter Maßnahmen eines Staates nachgewiesen werden kann. Schwierige Lebensumstände im Zusammenhang mit Bürgerkriegen oder Revolutionen galten auch vor 1993 nicht automatisch als „objektiver Verfolgungstatbestand". Die seit 1993 geltenden Zusatzregelungen höhlen das Recht allerdings weitgehend aus, insbesondere durch die sogenannte „Drittstaatenregelung": Reisen Asylbewerber aus einem Drittstaat ein, der als frei von Verfolgung gilt, können sie das Anerkennungsverfahren nicht beantragen. Alle Nachbarstaaten der Bundesrepublik gelten als sichere Drittstaaten. Gleichfalls als sicher gelten diejenigen Staaten, die die Genfer Flüchtlingskonvention und die europäische Menschenrechtskonvention unterschrieben haben. Bei der Genfer Flüchtlingskonvention handelt es sich um eine Einrichtung des Völkerrechts, die für politisch oder religiös Verfolgte die Rechte und

Pflichten *im* Asyl formuliert, nicht das Recht *auf* Asyl. Nur in wenig wahrscheinlichen Ausnahmefällen muß Deutschland Asylsuchenden, die über einen Drittstaat einreisen, Schutz gewähren.

Das Anerkennungsverfahren können auch diejenigen Flüchtlinge nicht beantragen, die aus einem sicheren Herkunftstaat stammen. In dieser Festlegung besitzt der Staat einen Einschätzungs- und Wertungsspielraum.

Wer mit dem Flugzeug in Deutschland einreist und falsche oder unvollständige Ausweisdokumente besitzt, dessen Antrag auf politisches Asyl gilt von Anfang an als unbegründet. Daher können Flüchtlinge im Flughafen interniert und in ihr Heimatland abgeschoben werden. Für allein reisende Kinder und noch nicht volljährige Jugendliche gelten besondere internationale Schutzrechte. Sie dürfen von der Bundesrepublik nicht abgeschoben werden. Internationale Flüchtlingsabkommen, seien es die erwähnte Genfer Konvention oder die internationale Flüchtlingsdeklaration der Staaten Mittelamerikas von Cartagena aus dem Jahre 1984, geben andere Definitionen von Flüchtlingen und Fluchtursachen. Die Folge ist, daß in Deutschland nicht nur Asylbewerber bzw. anerkannte politische Flüchtlinge leben, sondern auch Menschen, die nach dem Grundgesetz kein Anrecht auf politisches Asyl besitzen, aber infolge der internationalen politischen Absprachen vorübergehend geduldet werden, weil sie vor Kriegen, Bürgerkriegen oder Katastrophen geflohen sind. Entsprechend der unterschiedlichen Definitionen existieren unterschiedliche amtliche Bezeichnungen der verschiedenen Flüchtlingsgruppen: Nach einer Statistik des Vereins „Pro Asyl" lebten 1996 in Deutschland eine halbe Million De-facto-Flüchtlinge, 350 000 Asylbewerber, 320 000 Bürgerkriegsflüchtlinge, 170 000 Asylberechtigte, 130 000 Familienangehörige von Flüchtlingen, 103 000 Kontingentflüchtlinge, 7000 heimatlose Ausländer und 6000 Konventionsflüchtlinge (zit. nach Treibel 1999, 163).

In diese Statistik nicht aufgenommen sind diejenigen, die ohne Ausweisdokumente und damit irregulär in Deutschland leben. Nach Schätzungen lebten 1995 zwischen 150 000 und 500 000 Menschen in diesem rechtlich und sozial völlig ungesicherten Status in der Bundesrepublik (Treibel 1998). Meistens handelt es sich hier um Menschen, die eine Zeitlang legal in der Bundesrepublik gelebt haben, entweder als Tourist, Student oder Asylbewerber. Irgendwann verlieren sie ihr Aufenthaltsrecht, bleiben aber dennoch (Die Zeit v. 25.6. 1998).

Die Flüchtlingsforschung hat verschiedene Flüchtlingstypologien entwikkelt. Eine davon unterscheidet 1. die Aktivisten, sog. Kämpferflüchtlinge, die sich politisch oder gewaltsam gegen den Staat betätigen, 2. die „Zielscheiben" in der Regel Angehörige von (ethnischen) Minderheiten, die in einem Staat oder einer Region diskriminiert oder verfolgt werden und 3. die Opfer zielloser Gewalt. Die Flucht erfolgt häufig in Etappen; Flüchtlinge verlassen ihre Heimat nicht ziellos, sondern greifen auf Kontakte zu Angehörigen oder Freunden zurück, die bereits geflohen sind. Diese Ergebnisse der Flüchtlingsforschung lassen ethnisch homogene Milieus auch von Asylbewerbern und anderen Flüchtlingen in der Bundesrepublik vermuten. Flüchtlinge leben in der Bundesrepublik in der Regel in zentralen Sammelunterkünften, sie leben überdurchschnittlich häufig von Sozialhilfe, deren Regelsätze nach dem „Asylbewerberleistungsgesetz" festgesetzt sind. Dieses Gesetz aus dem Jahre 1993 ist zum letzten Mal 1998 novelliert worden und regelt die Sicherstellung des Lebensunterhaltes von Asylbewerbern und geduldeten Flüchtlingen außerhalb des Bundessozialhilfegesetzes. Regelleistungen erhielten Ende 1994 insgesamt 447 000 Personen, davon rund 40% Frauen. Das Durchschnittsalter der Hilfebezieher betrug 23 Jahre. In der Mehrzahl kamen die Asylbewerber vom Balkan (Statistisches Bundesamt 1997, 221). Ein Drittel der Asylbewerber spricht überhaupt kein oder schlecht Deutsch; ein knappes Drittel dagegen spricht ein gutes bzw. sehr gutes Deutsch. 17% dieser Asylbewerber haben keinen Schulabschluß; dieser Anteil liegt über dem bundesdeutschen Durchschnitt. Allerdings ist der Anteil der Asylbewerber mit einer Fachhochschul- bzw. allgemeinen Hochschulreife gleich groß wie der bundesdeutsche Durchschnitt. Mit dem hohen Anteil von 12% an Universitäts- und Fachhochschulabsolventen liegen Asylbewerber und Flüchtlinge weit über dem bundesdeutschen Niveau. Hinsichtlich der Schul- bzw. Hochschulbildung sind Asylbewerbererinnen und Asylbewerber also sehr heterogen. Diese Zuwanderergruppe erhält nur nachrangig eine Arbeitserlaubnis, also wenn sich für einen Arbeitsplatz nachweislich keine Deutschen finden, und auch erst, wenn sie nicht mehr in einer Aufnahmeeinrichtung leben. Nur ein Viertel sind vollzeitlich erwerbstätig. Ein Fünftel ist geringfügig beschäftigt. Arbeitslos gemeldet sind über 20%. Asylbewerber und Flüchtlinge beziehen mit 3 300.-DM ein Bruttoeinkommen, das weit unter dem bundesdeutschen Durchschnitt liegt; zwei Drittel sind arm; über 50% beziehen Sozialhilfe. Asylbewerber und Flüchtlinge sind mit ihrem Leben in Deutschland sehr unzufrieden. Der größte Minuspunkt ist dabei ihr niedriges Einkommen; der Anteil derjenigen, die über ihre eigene wirtschaftliche Entwicklung Sorge empfinden, ist mit 45% der höchste von allen Zuwandergruppen (Statistisches Bundesamt 1997, 577).

Die Lebensbedingungen von Asylbewerbern und Flüchtlingen können sich extrem zuspitzen: Sie können zum Beispiel im Fall eines wiederholten ablehnenden Bescheids ihres Asylantrags von Abschiebung bedroht sein, in Abschiebehaft genommen werden oder, um diese zu vermeiden, abtauchen. Wie willkommen sind Asylbewerber in der Bundesrepublik? Rund 13% der Bundesdeutschen favorisieren den uneingeschränkten Zuzug, rund zwei Drittel möchten den Zuzug von Asylbewerbern begrenzen und ein Fünftel ist für die völlige Unterbindung der Zuwanderung (Statistisches Bundesamt a.a.O, 458). Nur wenige Einheimische billigen ihnen gleiche Rechte zu wie den Deutschen, 16% in den westlichen Bundesländern und 11% in den östlichen. Auch in der Nachbarschaft und in der Familie sind sie nicht gern gesehen.

Ausländische Bestandsbevölkerung
Die Mehrheit der zugewanderten Menschen bilden die Arbeitsmigrantinnen und -migranten und deren Familienangehörige, die seit 1955 von der BRD angeworben wurden. Nur wenige Frauen kamen mit einer eigenen Arbeitserlaubnis in die Bundesrepublik; die meisten kamen im Rahmen der Familienzusammenführung (Potts 1988 zit. nach Treibel 1999,123). Seit dem heute noch gültigen Anwerbestopp von 1973 kamen lediglich Familienangehörige; die ausländische Bevölkerung ist nur per Geburtenrate gewachsen. Ohne Asylbewerber und Flüchtlinge leben 5,5 Millionen ausländische Arbeitsmigranten in Deutschland. Üblicherweise zählt man diese allerdings hinzu, so daß sich in den Statistiken die Zahl von 7,3 Millionen Ausländern findet.
Es ist üblich, die ausländische Bestandsbevölkerung nach Generationen zu unterscheiden. Zur ersten Generation zählt man diejenigen, die direkt für den deutschen Arbeitsmarkt angeworben worden sind bzw. ihre EhepartnerInnen. Angehörige der zweiten und dritten Generation sind entweder in Deutschland geboren oder über die Familienzusammenführung hierher gekommen. Es hat in den letzten Jahrzehnten eine hohe Fluktuation gegeben. Die große Mehrheit der ersten Arbeitsmigrantinnen und -migranten ist wieder in ihre Heimat zurückgekehrt (vgl. Geißler 1996, 216).
Die ausländische Bestandsbevölkerung ist in sich sehr heterogen; zu ihnen gehören Menschen aus den Staaten der europäischen Union, wie zum Beispiel Österreich, Frankreich oder Italien. Angehörige der Staaten der europäischen Union besitzen die weitestgehenden Rechte, nämlich Arbeits- und Aufenthaltsrecht in Deutschland sowie das kommunale Wahlrecht; andere Ausländer leben mit eingeschränkten Rechten. Die Mehrheit der ausländischen Bestandsbevölkerung hat bedingt durch ihren langen Aufenthalt in der Bundesrepublik einen Anspruch auf Einbürgerung. Zumal dies nach

deutschem Recht die Aufgabe jeder anderen Staatsbürgerschaft voraussetzen würde, haben nur 16% 1995 eine Einbürgerung erwogen. Aber selbst die Möglichkeit einer doppelten Staatsbürgerschaft würde wohl, wegen größerer Verbundenheit mit der Herkunftsgesellschaft, nur etwa die Hälfte der ausländischen Arbeitsmigranten dazu bewegen, die Einbürgerung zu beantragen.

Die größte Gruppe der ausländischen Bestandsbevölkerung sind Türken mit knapp zwei Millionen, gefolgt von Jugoslawen, Italienern, Griechen; über zwei Millionen kommen aus anderen Staaten der Europäischen Union oder zum Beispiel aus USA, Schweiz und Marokko. Die weibliche Erwerbsquote ist am höchsten bei den Österreicherinnen und am niedrigsten bei den Türkinnen (55% bzw. 30%).

Die Erscheinungsformen sozialer Ungleichheit bei der ausländischen Bestandsbevölkerung zu charakterisieren, steht natürlich auch vor der Schwierigkeit, diese Vielfalt zu erfassen. Daher läßt sich die Frage, ob die These von der „Unterschichtung“ der einheimischen Gesellschaft durch die ausländische Bestandsbevölkerung zutrifft, nicht pauschal beantworten.

Die folgenden empirischen Informationen, die wir dabei zu Rate ziehen wollen, beleuchten die Lebensbedingungen der ausländischen Gesellschaftsmitglieder über den Zeitraum von 1991-1995 und differenzieren nach verschiedenen Untergruppen. Die soziale Lage (gemessen nach Stellung im Beruf und Einkommen) zeigt sich unterschiedlich, je nachdem ob man ausländische Frauen oder einzelne Gruppierungen der ausländischen Bestandsbevölkerung in den Blick nimmt. Unterschiedlich stellt sich auch die soziale Lage der ersten und zweiten Generation dar (Statistisches Bundesamt 1997, 580ff.). 1995 waren ausländische Beschäftigte allgemein zu viel bzw. sehr viel höheren Anteilen in niedrig qualifizierten beruflichen Positionen beschäftigt als Deutsche: Zum Beispiel arbeiteten 16% der ausländischen Arbeitskräfte als ungelernte Arbeiter im Kontrast zu 3% der Deutschen. Allerdings ist der Anteil der Facharbeiter höher als bei deutschen Arbeitskräften (23% zu 16%). Ausländische Arbeitskräfte sind dagegen in sehr viel geringeren Anteilen in Angestelltenberufen beschäftigt als Deutsche. Besonders deutlich zeigt sich der Unterschied allerdings bei den mittleren und höheren Angestellten; hier ist die Differenz 10% zu 41%. Der Anteil der Selbständigen unter den Deutschen ist ebenfalls sehr viel höher, nämlich dreimal so hoch wie der unter den Ausländern (4% zu 12%), obwohl die Zahl der ausländischen Selbständigen in den letzten Jahren angewachsen ist. Weibliche ausländische Arbeitskräfte befinden sich in deutlich niedrigeren beruflichen Positionen: 27% von ihnen arbeiten als ungelernte

Arbeiterinnen im Vergleich zu 6% der deutschen Frauen; 38% als angelernte Arbeiterinnen im Vergleich zu 9% der Deutschen; 17% arbeiten als mittlere und gehobene Angestellte, während das 45% der deutschen Frauen tun. Der Vergleich zwischen ausländischen Frauen und Männern ergibt, daß die Frauen häufiger als die Männer als un- und angelernte Arbeitskräfte arbeiten. Die Domäne der ausländischen Männer scheinen Facharbeiterberufe zu sein.

Türkische Arbeitskräfte der ersten Generation arbeiten zu einem höheren Prozentsatz als das Gesamt der ausländischen Arbeitskräfte als ungelernte Arbeiter (22%), allerdings liegt ihr Anteil an den Facharbeitern höher. In den Angestelltenberufen und in der Selbständigkeit arbeiten sie zu niedrigeren Anteilen. Die Angehörigen der zweiten Generation, also die jüngeren, in Deutschland geborenen oder über die Familienzusammenführung hierher gekommenen ausländischen Arbeitskräfte sind in der Regel im Erwerbsgefüge besser als die erste Generation positioniert. Deutliche Abstände zu den Deutschen zeigen sich nur bei den ungelernten Arbeitern.

Im Zeitraum zwischen 1977 und 1998 sind relativ viele ausländische Beschäftigte im Verlauf ihres Erwerbslebens von un- und angelernten Tätigkeiten in Facharbeiter- bzw. Meisterpositionen *individuell* aufgestiegen und zwar häufiger als deutsche. Es hat aber auch bei allen Nationalitäten einen Abstieg aus Facharbeiterpositionen gegeben. Die Angestelltenberufe blieben der ersten Generation jedoch weitgehend verschlossen (Bender/ Seifert 1996).

Betrachtet man den Zeitraum zwischen 1991 und 1995, haben sich für die Gesamtheit der ausländischen Arbeitskräfte insgesamt, also auch den schlechtergestellten Frauen und Türken, die beruflichen Positionen etwas verbessert, die höchste soziale Mobilität nach oben weist dabei die jüngere Generation, also die zweite Generation auf.

Das produzierende Gewerbe ist noch immer der wichtigste Beschäftigungsbereich der ausländischen Arbeitskräfte, während Deutsche überwiegend im zukunftsträchtigeren Dienstleistungsbereich beschäftigt sind. Aber nur noch etwa die Hälfte der ausländischen Arbeitskräfte in der zweiten Generation arbeiten wie die Väter und Mütter im produzierenden Gewerbe; ihr Beschäftigungsanteil an den sozialen und staatlichen Dienstleistungsberufen hat sich in den letzten Jahren stark erhöht. Jedoch hat sich trotz der verbesserten Positionierung der ausländischen Arbeitskräfte in der Berufs- und Branchenstruktur die Einkommensschere zwischen ausländischen und deutschen Beschäftigten noch etwas weiter geöffnet. Während 1984 ausländische Beschäftigte 84% des durchschnittlichen Verdienstes eines deutschen Arbeitnehmers erzielten, waren es 1995 nur 80% (Statistisches Bundesamt a.a.O., 583). Ausländische Frauen erzielen Einkünfte, die im Durchschnitt unter denen ausländischer Männer als auch unter denen deutscher Frauen liegen. Dabei konzentrieren sich ihre Arbeitsplätze auf wenige Branchen: Textil- und Elektroindustrie, Gastronomie, Krankenpflege und Raumpflege. Damit ist das Spektrum an beruflichen Tätigkeitsfeldern noch kleiner als das deutscher Arbeitnehmerinnen (vgl. Treibel 1999, 127) Vergleicht man einzelne berufliche Positionen von ausländischen Arbeitskräften insgesamt, zeigt sich hinsichtlich der Einkommen ein vielfältiges Bild: In ihren wichtigsten Beschäftigungsbereichen erzielen ausländische Arbeitnehmer aufgrund ihrer längeren Arbeitszeiten ein höheres Einkommen als Deutsche; anders ist es dagegen bei den gehobenen und mittleren Angestelltenpositionen: Hier erhalten deutsche Angestellte deutlich höhere Gehälter.

Bei der zweiten Generation zeichnet sich eine günstige Entwicklung ab; obwohl sie eine niedrigere schulische und berufliche Bildung aufweisen als ihre deutschen Altersgenossen, liegt ihr Verdienst nur leicht unter dem von jungen deutschen Beschäftigten. Dieses überraschende Ergebnis läßt sich jedoch mit der Besonderheit der Berufseinstiegsphase erklären, in der die Höhe des Einkommens anders als später noch unabhängig von Bildung und Qualifikation ist. Dabei ist nicht zu vergessen, daß ein Drittel der jungen Ausländer sich vergeblich um einen Ausbildungsplatz bemüht. Mädchen stoßen bei ihrer Suche nach einem Ausbildungsplatz auf besondere Schwierigkeiten (Repräsentativerhebung ‘95 zit. nach Treibel 1999, 145).

Diese Charakterisierung bliebe ohne den Hinweis auf die Arbeitslosigkeit von ausländischen Beschäftigten unvollständig. Ausländerinnen und Ausländer gehören heute zu den Problemgruppen am Arbeitsmarkt. Sie verlieren eher ihren Arbeitsplatz als Einheimische und werden später wieder eingestellt als jene. Im Jahresdurchschnitt 1995 lag die Arbeitslosenquote der ausländischen Bevölkerung im früheren Bundesgebiet bei 16,6% und damit weit über der gesamten Quote von 9,3%.

Die bessere Positionierung im Ungleichheitsgefüge der zweiten Ausländergeneration läßt sich auch erklären mit ihren besseren deutschen Sprachkenntnissen. Nach eigener Aussage verfügen 93% über gute Deutschkenntnisse. Allerdings hat dieser sprachliche Kompetenzgewinn der zweiten Generation nicht zu zahlreicheren sozialen Kontakten zu Deutschen geführt oder zu einer Identifikation als Deutsche(r).

Zwischen 1992 und 1994 zeichnet sich eine zunehmende soziale Segregation zwischen der ausländischen Bestandsbevölkerung und den Einheimischen ab. Der Anteil derjenigen, die intensive Beziehungen mit Deutschen angaben, nahm in diesem Zeitraum ab (Statistisches Bundesamt a.a.O., 586). Zwar hat die zweite Generation insgesamt mehr Kontakte zu Deutschen als die Elterngeneration, der Anteil der Freundschaften sank jedoch auch bei ihnen. Untersuchungen speziell über die türkische Bestandsbevölkerung belegen hinsichtlich der Wahl des Ehepartners bzw. der -partnerin eine dominante ethnisch homogene Entscheidung.

Was läßt sich über die Lebensführung bzw. Lebensstile der ausländischen Bestandsbevölkerung aussagen? Sicher ist, sie sind sehr unterschiedlich, und jede Gruppe ist in sich wiederum sehr vielfarbig. So fragt der türkische Schriftsteller Zafer Semocak: Die alevitische Tanzgruppe, der Förderverein der Kemalisten, die Anhänger einer islamischen Republik, schwule Männer, diverse türkische Fußballclubs, was haben diese Menschen gemeinsam (zit. nach Treibel 1999, 194)? Qualitative Interviews mit jungen Türkinnen lassen annehmen, daß es keinen einheitlichen Kanon spezifisch türkischer Normen gibt. „Was überhaupt als bindende Norm gilt, wie diese interpretiert wird, und ob sie als Handlungsimperativ gilt, variiert von Familie zu Familie" (Otyakmaz 1995, 122).

Diese innere Vielfalt der einzelnen Gruppierungen erhöht sich noch über die möglichen Nuancen der Annäherungen an die deutsche Kultur bzw. Distanzierungen von ihr. Aus Befragungen von türkischen Jugendlichen läßt sich zum Beispiel herauslesen, daß über die Hälfte von ihnen deutlich andere Wertorientierungen als ihre einheimischen Altersgenossen vertreten: Ordentlichkeit, Fleiß, Leistungsbereitschaft, Gehorsam und Achtung vor den Eltern stehen bei ihnen vergleichsweise hoch im Kurs. Darin gehen sie mit ihren Eltern konform. 30% nennen einen rein „eigenethnischen" Freundeskreis. Diese türkischen Jugendlichen und die sozial eher isolierten fühlen sich stärker als andere angesprochen von islamistischen fundamentalistischen Gruppen und den dort vertretenen Zielen (Heitmeyer u.a. 1997).

Abschließend greifen wir wieder auf die These zurück, die deutsche Gesellschaft werde durch die ausländische Bevölkerung unterschichtet. Die Tatsache der Unterschichtung läßt sich aus verschiedenen Gründen nicht einfach klären. Die ausländische Bestandsbevölkerung und die verschiedenen erwähnten Zuwanderergruppen besitzen unterschiedliche Rechte. Bürgerinnen und Bürger der anderen EU-Staaten haben freie Arbeits- und Aufenthaltserlaubnis; die repräsentativen Statistiken weisen ihre berufliche Stellung oder ihr Einkommen nicht gesondert aus. Für sie ist diese Frage nicht zu beantworten. Für die Arbeitsmigranten der anderen Staaten läßt sich dagegen zeigen, daß sie im Gesamt relativ schlechter gestellt sind im

Ungleichheitsgefüge, gemessen in beruflichen Positionen und Einkommen. Zusätzlich sind sie ausgeschlossen von politischen Teilhaberechten und können sich ihrer Aufenthaltsrechte letztlich nicht sicher sein. Allerdings gibt es durchaus Einheimische, die sich im beruflichen Positionsgefüge unterhalb von Angehörigen der ausländischen Bestandsbevölkerung befinden, zum Beispiel deutsche ungelernte Arbeiter, die ausländische Facharbeiter in der Betriebshierarchie über sich wissen. Auch deutsche Wohnungslose, die noch nicht einmal ein Dach über dem Kopf besitzen, leben in schlechteren Verhältnissen als die Mehrheit der ausländischen Bestandsbevölkerung. Das könnte u.a. auch die gewachsene Distanz der Deutschen erklären, die sich in der politischen Auseinandersetzung über die doppelte Staatsbürgerschaft zeigt.

5.4 Die „soziale Landkarte“

Die in diesem ersten Teil des Kapitels zusammengetragenen Ergebnisse über ethnische Aspekte sozialer Ungleichheit dürfen in einer sozialen Landkarte der Ungleichheit nicht fehlen. Zur Positionierung von Menschen müssen neben Geschlechtszugehörigkeit, beruflicher Position, Einkommen oder Milieuzugehörigkeit auch die ethnische Zugehörigkeit bzw. der spezifische Migrationsstatus – wie bei den Spätaussiedlern – eingetragen werden.

Als Gesamtbild zeigen sich die verschiedenen Gruppierungen der Zuwanderinnen und Zuwanderer weitgehend unter die deutsche Mehrheitsbevölkerung positioniert. In sich ist diese Gruppe vielfältig vertikal differenziert: Am unteren Ende befinden sich die irregulär lebenden Ausländer, etwas bessere Lebensbedingungen haben Asylbewerber, Asylberechtigte und Flüchtlinge. Bis auf die Asylberechtigten handelt es sich hierbei um potentiell passagere Mitglieder der deutschen Gesellschaft, deren Verbleiben ungewiß ist. Wiederum bessere Lebensbedingungen haben türkische Arbeitsmigranten, aber in der Regel schlechtere berufliche Positionen als die anderen ausländischen Beschäftigten. Diese wiederum – aus den Staaten der Europäischen Union stammend oder außerhalb – lassen sich in höheren Regionen eintragen. Dabei sind die Migranten aus den EU-Staaten die Privilegierten in dieser Gruppe aufgrund ihrer Aufenthalts- und Arbeitsrechte. Jugoslawen, Italiener und Spanier sind höher zu positionieren als Griechen und Türken.

Schwierig ist es, die junge Ausländergeneration einzutragen. Sie läßt sich innerhalb der oberen Rangplätze einordnen, aber gilt das durchgängig für die zweite Generation aller Gruppen? Wie läßt sich die zweite türkische

Generation eintragen im Verhältnis zur zweiten Generation italienischer bzw. jugoslawischer Migranten?
Die Spätaussiedler finden sich einerseits aufgrund ihrer deutschen Staatsbürgerschaft vergleichsweise oben in der Landkarte, hinsichtlich ihrer beruflichen Positionierung bzw. ihrer durchschnittlichen Einkommenshöhe sind sie allerdings anderen zugewanderten Arbeitnehmern durchaus vergleichbar bzw. auch noch unter ihnen einzuzeichnen. Die jugendlichen Aussiedler erscheinen trotz ihrer deutschen Staatsbürgerschaft als sich noch ins Negative einfärbende Spiegelbild der Jugendlichen der zweiten Ausländergeneration: Ihr kurzer Aufenthalt, ihre überwiegend schlechten deutschen Sprachkenntnisse lassen sie der Tendenz nach auf niedrigere Plätze als die jungen Ausländer der zweiten Generation eintragen.
Die „soziale Landkarte" bliebe unvollständig ohne die Berücksichtigung der Geschlechtszugehörigkeit. In jeder einzelnen Gruppierung der Zugewanderten lassen sich in der Regel die Frauen als schlechter gestellt verorten.
Wir können es nicht klären, ob sich alle Zugewanderten sinnvollerweise auch auf einer horizontalen Ebene in die „soziale Landkarte" einschreiben lassen. Vorzustellen sind überwiegend ethnisch homogene Milieus, die sich unterschiedlich der deutschen Mehrheit gegenüber öffnen und die unterschiedlichen Distanzierungen der einheimischen Mehrheit ausgesetzt sind.

5.5 Ethnische Ungleichheit aus der Perspektive der Figurationssoziologie

Soziale Ungleichheit ist in dieser Theorie das zwangsläufige Ergebnis von Wanderungen. Treffen Menschen infolge ihrer Migration auf eine lange ansässige Bevölkerung, entwickelt sich daraufhin eine Etablierten - Außenseiter - Figuration. Was läßt sich unter einer Figuration oder in anderen Worten, Verflechtung verstehen? Der Grundgedanken dieses Denkmodells ist, daß alles soziale Geschehen sich als Verflechtungen von menschlichen Handlungen vollzieht. Im Zentrum der wechselnden Figurationen steht immer ein flukturierendes Spannungsgleichgewicht zwischen den Akteuren, das Hin und Her einer Machtbalance, die sich bald der einen, bald der anderen Seite zuneigt (Elias 1993, 141).
Diese Vorstellung einer Regelmäßigkeit von Etablierten- und Außenseiterfigurationen wurde aus einer berühmten Gemeindestudie aus dem England der späten 50er Jahre heraus entwickelt (Elias/Scotson 1990).

5.5.1 Ursachen sozialer Ungleichheit

Für Norbert Elias und John L. Scotson führt der Industrialisierungsprozeß in weiten Teilen der Welt zu vielfältigen Wanderungsprozessen. Häufiger als in früheren Epochen, die Wanderungen nur als Begleiterscheinungen von Kriegen und Eroberungen kannten, stoßen Neuankömmlinge, Zuwanderer, Ausländer und Alteingesessene zusammen. Diese Konfrontation zwischen „Neuen" und „Alten" führt zu einer spezifischen sozialen Verflechtung, die die Gestalt von Etablierten- und Außenseiter Beziehungen annimmt. In diese Figuration können Menschen verschiedener Hautfarbe, verschiedener ethnischer Zugehörigkeit, aber auch Angehörige derselben Klasse verwoben sein. Neben dem Industrialisierungsprozeß zeigt sich noch eine weitere Ursache von sozialer Ungleichheit zwischen Alteingesessenen und Neuankömmlingen. Für Elias und Scotson liegen sie in der auffälligen Rigidität der Einstellungen und Verhaltensweisen von Menschen, die lange Zeit schon in einer homogenen sozialen Umwelt leben. Neuankömmlinge mit anderen Verhaltensstandards als denen, die ihnen vertraut sind, werden von Alteingesessenen als Provokation erlebt. Diese geringe Toleranz von Angehörigen einer Etabliertengruppe läßt sich nicht nur als Unangemessenheit modernen Entwicklungen gegenüber konstatieren, sondern auch folgendermaßen erklären: Alteingesessene Gesellschaftsmitglieder können einen starken sozialen Zusammenhalt über die Zeit entwickeln und einen gleichsam monopolistischen Zugang zu Machtquellen erwerben. Die „alten" Familien in einer Stadt sind ein konkretes Beispiel dafür. Der Zusammenhalt innerhalb der Etablierten ergibt sich über Bande emotionaler Vertrautheit, die auch althergebrachte Feindschaften einschließen. Gemeinsame Normen und Tabus, eine vergleichsweise hohe soziale Kontrolle sowie eine klare interne Rangordnung sind ebenfalls kennzeichnend für diesen hohen Zusammenhalt der Alteingesessenen. Im Laufe der Zeit entwickeln sie ein Wir-Gefühl, mit dem sie sich selbst als die „besseren", „wertvolleren" oder aber auch „reineren" Menschen empfinden, ausgestattet mit einem besonderen Gruppencharisma, das anderen Menschen fehlt.

Sämtliche Mitglieder der Etablierten haben teil an diesem Bewußtsein, einer „höherwertigen" Gruppierung anzugehören. Die Teilhabe an diesem Gruppencharisma sorgt dafür, daß Alteingesessene die spezifischen Normen auch gern befolgen. Häufig handelt es sich um einen Verhaltenskanon, der ein straff reguliertes Handeln vorschreibt, verknüpft mit großer Voraussicht und großem Selbstzwang, Verfeinerung der Manieren und eine Fülle an ausgearbeiteten Tabus. Ein Verhalten also, das nach der Zivilisationstheorie von Norbert Elias deshalb als „zivilisiert" gilt, weil die gefühlsmä-

ßigen Handlungsimpulse stark kontrolliert sind. Das Leiden der Mitglieder der Etabliertengruppe an diesem Selbstzwang wird darüber gemildert, daß sie sich als Angehörige der „Besseren" betrachten können und ein dementsprechendes Selbstbewußtsein entwickeln.
Neuankömmlinge haben in der Regel an einem anderen Ort Verhaltensweisen entwickelt, die den Alteingesessenen fremd sind. Häufig handeln sie ungezwungener und wirken dadurch „unzivilisierter". Ein enger Kontakt zwischen Angehörigen der Etablierten und den Neuhinzugekommenen würde die Abwehr gegen die Norm- und Tabuverletzungen erschüttern und eine Rangminderung des Einzelnen innerhalb der Etablierten nach sich ziehen. Daher meiden sie den Kontakt zu den Neuankömmlingen und behandeln sie als Menschen, die nicht dazugehören, als Außenseiter mit der Folge, daß diese sich schließlich selbst als schimpfliche, minderwertige Menschen fühlen.
Die Ursachen von sozialer Ungleichheit nach Elias/Scotson lassen sich folgendermaßen zusammenfassen: In sozialen Verflechtungen existiert immer eine flukturierende Machtbalance. Alteingesessene Gruppen sind aufgrund ihres langjährigen sozialen Zusammenhalts in der Lage, die Machtbalance zu ihrem eigenen Vorteil zu gewichten. Die Selbstdeutung als die „Besseren" und die Stigmatisierung der Anderen als die „Schlechteren" und damit als Außenseiter, gepaart mit der hohen sozialen Kontrolle innerhalb der Etabliertengruppe selbst sind dabei wirkungsvolle Mittel. Infolge der zunehmenden Mobilität im Verlauf des Industrialisierungsprozesses kommt es häufiger zu Etablierten-Außenseiter-Figurationen als in früheren Epochen.

5.5.2 Erscheinungsformen sozialer Ungleichheit

Etablierten-Außenseiterfigurationen zeigen sich in vielfältiger Gestalt. „Weiße" gegenüber „Schwarzen", „Nicht-Juden" gegenüber „Juden", „Deutsche" gegenüber „Türken", aber auch alteingesessene Arbeiter gegenüber neuhinzugezogenen Arbeitern.
Die Machtquellen der Etablierten sind unterschiedlich: Besitz von Produktionsmitteln oder Waffen, aber auch Besetzung von hohen Positionen in In stitutionen der Politik oder des Gemeindelebens.
Etablierte zeigen sich im Spiegel dieser Theorie als Gruppe von hohem sozialen Zusammenhalt, Außenseiter als Gruppe mit niedrigem sozialen Zusammenhalt. Eine interne soziale Integration oder auch Vernetzung führt dazu, daß die Angehörigen der Etablierten wichtige Ämter in lokalen Einrichtungen, Kirchen, Clubs sowie im Gemeinderat für ihre Mitglieder re-

servieren. Diese hohe soziale Kohäsion stellt auch die Informationskanäle für Klatsch zur Verfügung. Mit dem sogenannten „Lobklatsch" über die eigene Gruppe bestärken Etablierte die Vorstellung, sie seien die „Besseren", mit dem sogenannten „Schimpfklatsch" stigmatisieren sie die Außenseiter. Diese Stigmatisierungen vernachlässigen die innere Vielfalt der Außenseitergruppe, alle werden sozusagen „über einen Kamm geschoren". Besonders auffallende Verhaltensweisen einzelner Mitglieder der Außenseiter, zum Beispiel „berüchtigte" Familien, bieten die Angriffsflächen und die Minorität der Schlechtesten von ihnen prägt dann das Gesamtbild.

In der Regel besitzen Außenseitergruppen die genannten Machtquellen der Etablierten nicht. Sie sind ärmer, einflußloser und zunächst haben sie auch untereinander nur einen losen Zusammenhalt. Damit sind ihnen die Vermittlung zu einflußreichen Positionen unmöglich und auch die Klatschkanäle fehlen ihnen. Sie sind konfrontiert mit den Stigmatisierungen durch die Etablierten und laufen Gefahr, sie in ihr eigenes kollektives Selbstbild zu übernehmen. Lähmende Schamgefühle aber auch aggressive Regelverletzungen sind mögliche Reaktionen. Sind stereotype Schmähungen tief in der Persönlichkeit von Mitgliedern der Außenseitergruppen verankert, dann können intellektuelle und emotionale Defizite von Kindern und Jugendlichen die Folge sein, ebenso häufigere Normabweichungen, die als „Delinquenz" von den Etablierten sanktioniert werden. Sind Außenseiter im Besitz einer eigenen kulturellen Tradition, etwa Bildung und intellektuelle hohe Leistungen wie in der jüdischen Kultur, können Heranwachsende geschützt sein vor traumatischen Erfahrungen bedingt durch permanente Stigmatisierungen seitens der Etabliertengruppen.

Die Machtbalance zwischen Etablierten und Außenseitern und damit die Erscheinungsformen sozialer Ungleichheit sind ständig im Fluß.

Führende Etabliertengruppen können auf dem Gipfel der Macht leicht in Größenwahn verfallen; ein Phantasiepanzer ersetzt dann die Realitätssicht über die eigene und die fremde Gruppe. Ist das der Fall, deutet sich für Elias und Scotson an, daß sich die Angehörigen der Etabliertengruppe in ihrem Vorrang bedroht fühlen. Ihre Mitglieder setzten sich dann gegenseitig unter Druck, die gemeinsamen Glaubensansichten in extreme illusionäre und doktrinäre Verstärkung zu treiben.

Außenseiter, die keine Funktion für die Etablierten haben, werden vertrieben, ausgerottet oder dem Tod überlassen. Das zeigen historische und aktuelle Beispiele der indianischen Bevölkerung in Amerika. Werden Außenseiter dagegen gebraucht, kommt es zur Interdependenz, zur Verflechtung mit den Etablierten. Damit kommt es zu der beschriebenen Doppelbindung.

Neigt sich hier die Machtbalance stark zur Seite der Etablierten, dann treten ökonomische Aspekte in den Vordergrund, Armut der Außenseiter geht einher mit ihrer Apathie.
Neigt sich dagegen die Machtbalance zugunsten der Außenseiter, desto deutlicher treten andere, nicht ökonomische Aspekte der Spannungen und Konflikte ans Licht. Aspekte der Lebensführung der Außenseiter, z.B: „schlecht" erzogene Kinder, „ungehobelte" Manieren werden zu Anknüpfungspunkten des Ausschlusses und der Stigmatisierung.
Neigt sich die Machtbalance noch weiter zugunsten der Außenseiter, sind Etablierte nicht mehr in der Lage, ihr Monopol über die hauptsächlichen Machtquellen einer Gesellschaft zu wahren und andere davon auszuschließen, dann können sie auch andere nicht mehr als „schlechtere" stigmatisieren. Dann beginnen sich die Außenseiter zu rächen. Ihre Lethargie abstreifend, greifen sie zu Gegenstigmatisierungen und integrieren in ihre Selbstdeutung zunehmend positive Aspekte. Konflikte mit den Etablierten werden offener ausgetragen. Das, was wir alle als „Rassenunruhen" in nordamerikanischen Städten kennen, zeigt die Dynamik in der Machtbalance von weißen etablierten Amerikanern und schwarzen Amerikanern, die immer noch die Außenseiter sind.
Rechtliche Regelungen der Etablierten-Außenseiterbeziehung sind zwar eine wichtige Voraussetzung für die Verbesserung der Lebensbedingungen von Zugewanderten, aber sie berühren die Gefühle des Gruppencharismas der Etablierten und der Gruppenschande der Außenseiter nicht.

5.5.3 Die „soziale Landkarte"

Die „soziale Landkarte" von Norbert Elias und John L. Scotson dokumentiert eine komplexe Polyphonie verschiedener Etablierten- und Außenseitergruppen, die im Laufe der Zeit in wechselnden Machtbalancen in einer Dialektik von Unterdrückung und Gegenunterdrückung miteinander verflochten sind. Etabliertengruppen können zu Außenseitergruppen werden und umgekehrt. Vormalige Außenseiter können an Macht gewinnen, ihre Vertreter in die Position eines Establishments eigenen Stils emporzutragen, Etablierte an Macht verlieren.
Die „soziale Landkarte" rückt in ihr Zentrum eine Vielzahl von dyadischen Konflikten im historischen Verlauf. Unterschiede der physischen Erscheinung von Menschen, die Dauer der lokalen Ansässigkeit, die Religionszugehörigkeit werden in diesen Konflikten zum Anlaß genommen und die Beteiligten werden in die Etablierten- und Außenseiterfiguration hineindrängt, die sie zu einem bestimmten Verhalten veranlaßt.

5.5.4 Fallbeispiel: „Ljudmilla Schwarz, eine junge rußlanddeutsche Aussiedlerin“[9]

Ljudmilla lebte bis zu ihrem 14. Lebensjahr mit ihrer Familie in einer kasachischen Großstadt; auch ihre Großmutter lebte mit im Haushalt. Ihre beide Eltern waren erwerbstätig. Der Vater arbeitete als Ingenieur für Baumaschinen und unterrichtete gleichzeitig in der Berufsschule. Die Mutter war Ingenieurin für Chemiewesen und unterrichtete ebenfalls. Ljudmilla besuchte – wie sie es ausdrückt – eine Art Realschule. Sie hatte ausschließlich russische Freundinnen und Freunde; zu anderen Deutschen dagegen hatten sie kaum Kontakt. Ihnen ging es wirtschaftlich recht gut, ihre Wohnung war gut und sie verbrachten die Wochenenden im Sommer in einer Datsche mit Swimmingpool.
Ljudmilla war sozial integriert, nur selten hat sie Diskriminierungen durch die anderen russischen Kinder erlebt. Nur selten ist es vorgekommen, daß andere Kinder sie mitten im Spiel als Faschistin und Deutsche beschimpft haben. Das hat ihr weh getan und sie hat sich gefragt, warum bin ich denn Deutsche? Die Erfahrungen von Diskriminierungen der Deutschen in der Sowjetunion hat sie besonders von der Großmutter erzählt bekommen. Die Großmutter, deren Vorfahren im 18. Jahrhundert nach Russland gekommen waren, lebte ursprünglich im Wolgagebiet. Dort erlebte sie die stalinistische Verfolgung und die Deportation nach Kasachstan. Sie war es auch, die darauf gedrungen hat, daß zu Hause Deutsch gesprochen wurde. Allerdings haben ihre Eltern, Ljudmilla und ihr Bruder nicht flüssig Deutsch und nur mit einem begrenzten Wortschatz gesprochen. Allerdings hatte auch ihr Vater im Laufe seines Berufswegs den Eindruck, daß er als Deutschstämmiger benachteiligt worden ist. So waren es die Großmutter und der Vater, die schon lange den Wunsch hegten, nach Deutschland zu gehen. Der Wunsch verstärkte sich, als die Familie von den Ausreisen anderer deutschstämmiger Familien hörte. Aber erst mit den Veränderungen der politischen Rahmenbedingungen in der UdSSR Ende der 80er Jahre war die Ausreise möglich geworden. 1990 erhielt Ljudmillas Familie den Aufnahmebescheid und konnte dann ausreisen. Ihre Stationen in der Bundesrepublik waren: Einige Tage im Aufnahmelager, Landesaufnahmestelle in Nürnberg, Hotel, Wohnheim in Fürth. Nach zweieinhalb Jahren erhielten sie eine eigene Wohnung in Nürnberg. Ljudmillas Eltern absolvierten einen vom Arbeitsamt vermittelten Intensivsprachkurs für Akademiker. Nach ei-

[9] Dieses Fallbeispiel beruht auf einem Interview, das eine der Autorinnen geführt hat.

nem Praktikum in einem privaten chemischen Forschungsinstitut, erhielt die Mutter dort als erste nach einem Jahr schon eine Stelle als Chemielaborantin. Nebenbei verdiente sie noch Geld mit Putzen, und auch Ljudmilla arbeitete mit einer besonderen Genehmigung als Putzhilfe. Ljudmillas Vater gelang der Einstieg in den deutschen Arbeitsmarkt nicht so schnell; erst nach zwei Jahren fand er eine Stelle als Lagerist in einer Firma für Baumaschinen. Auch er war recht zufrieden.

Ljudmilla wurde zunächst in einer Realschule als Gast aufgenommen. Trotz der freundlichen Aufnahme durch den Schuldirektor und den Mitschülerinnen und Mitschülern war das erste Jahr sehr schwierig für sie. Vor der neuen Situation hatte sie zunächst große Angst, ihre Sprachschwierigkeiten waren groß und von den anderen hörte sie dann auch, sie könne einfach keine Deutsche sein, wenn sie so schlecht Deutsch spräche. Man ließ sie ihre Andersartigkeit spüren. Mit dem Wohnortwechsel von Fürth nach Nürnberg war ein Schulwechsel verbunden. In der zweiten Realschule wollte man sie zunächst gar nicht aufnehmen, weil sie Sprachdefizite hatte und hinsichtlich des Schulerfolgs pessimistisch war. In dieser Zeit hat sie viel gelesen und trotz der Schwierigkeiten in den Schulfächern, in denen Sprachkenntnisse wichtig sind, zum Beispiel Deutsch und Geschichte, hat Ljudmilla die Schule mit der mittleren Reife abgeschlossen, dann mit Erfolg die Fachoberschule besucht und Sozialpädagogik studiert. Für ihr Jahrespraktikum hat sie sich eine Stelle ausgewählt, die mit Aussiedlerfamilien arbeitet. Mittlerweile ist sie im 8. Semester.

Ljudmilla lebt nun neun Jahre in Deutschland, am Anfang hatte sie wenig deutsche Freunde, mit den anderen Jugendlichen aus Aussiedlerfamilien hat sie sich aufgrund der gleichen Vorgeschichte und den ähnlichen Problemen verbunden gefühlt und häufig mit ihnen russisch gesprochen. Aber sie hatte während ihrer Schulzeit auch einen guten und längeren freundschaftlichen Kontakt zu einem deutschen Mitschüler; hier war das gemeinsame Interesse für Musik die Basis der Freundschaft.

Fragen:

Wo läßt sich Ljudmilla Schwarz in das Ungleichheitsgefüge der deutschen Gesellschaft einordnen?

Wie läßt sich die bikulturelle Lebensführung ihrer Familie vorstellen?

In welchen biographischen Phasen von Ljudmilla sehen Sie einen besonderen Bedarf an Unterstützung?

5.5.5 Die Bedeutung für die Soziale Arbeit

Das soziale Ungleichheitsgefüge der bundesrepublikanischen Gesellschaft trägt deutliche Spuren der verschiedenen Migrationsströme von Menschen aus anderen Ländern. Migrantinnen und Migranten leben in der Regel am Rande der deutschen Mehrheitsgesellschaft unter schlechteren Bedingungen als diejenigen, die schon länger ansässig sind. Mit großer Wahrscheinlichkeit führen sie auch ihr „Eigenleben", das heißt sie gestalten ihren Alltag überwiegend in ethnisch homogenen Milieus mit ausdifferenzierten bikulturellen Mustern der Lebensführung. Die soziale Arbeit muß bei Zuwanderern als Zielgruppe diesbezüglich mit einer großen Vielfalt rechnen. Die Figurationstheorie von Elias und Scotson läßt leichter verstehen, warum Menschen, die in den letzten Jahrzehnten zu uns gekommen sind, prädestiniert sind, in die Fallstricke der Etablierten-Außenseiterverflechtung zu geraten. Der im Zusammenhang dieser Theorie gegebene Hinweis auf den sozialen Zusammenhalt der Etablierten als Medium der Vorrangstellung und des Machterhaltes ist fruchtbar. Hier ist eine Ursache von sozialer Ungleichheit angesprochen, die häufig aus dem Blick gerät. Soziale Arbeit hat in der Regel nicht die Aufgabe und auch gar nicht die Einflußmöglichkeiten, den sozialen Zusammenhalt von Etabliertengruppen zu erschüttern, aber ihn als eine besonders wirkungsvolle Waffe in dem Konflikt zwischen Etablierten und Außenseitern zu erkennen, gehört durchaus dazu. Daß die verschiedenen Außenseitergruppen ihrerseits auch mit der Dauer ihres Aufenthaltes in Deutschland einen sozialen Zusammenhalt entwickeln, läßt sich nachvollziehen. Er verleiht den Zuwanderern Stabilität; nur so kann es gelingen, positive Elemente in der Selbstdeutung zu bewahren und sich gegen die Stigmatisierungen durch Etablierte zu schützen. Allerdings sind damit gleichzeitig Gefahren der Abschottung gegenüber der Mehrheitsgesellschaft verbunden, die eine bessere Positionierung im Ungleichheitsgefüge für einzelne Mitglieder der Außenseitergruppen erschweren kann.

Die soziale Arbeit muß ihre verschiedenen Angebote auf die spezifischen Lebensbedingungen der verschiedenen Zuwanderermilieus abstimmen. Dazu gehören Kenntnisse der jeweiligen Landessprache und Kenntnisse der Kultur des Herkunftslandes. Die Machtbalance im Interesse der Außenseitergruppen zu verändern, ist dabei allerdings äußerst schwierig. Da Einheimische und Zuwanderer, wenn sie als Gruppen konfrontiert sind, mit großer Wahrscheinlichkeit die Etablierten- und Außenseiterverflechtung reproduzieren, ist es sinnvoller, Chancen für Freundschaften zwischen einzelnen Zuwanderern und Einheimischen zu eröffnen. Die Wahrung einer

Freundschaft läßt eher den Graben zwischen Etablierten und Außenseitern überspringen.

Für die Arbeit mit Zuwanderern ist vorher die persönliche Klärung darüber wichtig, ob und wie man mit den zunächst „fremd" anmutenden Verhaltensweisen und Fähigkeiten im Sinne eines produktiven Zusammenlebens umgehen kann, das heißt inwieweit man sich selbst von den Stigmatisierungen der deutschen etablierten Mehrheitsgesellschaft lösen kann, zu der deutsche Sozialpädagoginnen und Sozialpädagogen gehören. Mit Unterschieden akzeptierend und reflektierend umzugehen kann, dann im Sinne einer „Pädagogik der Vielfalt" (Prengel 1995) Richtschnur sozialpädagogischen Handelns sein.

6. Ausblick

Wie kann man die soziale Ungleichheit in der bundesrepublikanischen Gesellschaft Ende dieses Jahrhunderts einschätzen? Die aktuellen Erklärungs- und Beschreibungsversuche konstatieren eine Vielzahl von Ursachen und Erscheinungsformen sozialer Ungleichheit. Das trifft für die objektiven Ursachen sowie für die subjektiven Handlungsziele und die alltägliche Lebensführung von Menschen zu. Die „Bewegungen in der Sozial- und Ungleichheitstruktur" seit dem zweiten Weltkrieg zeigen deutlich, daß die „horizontale Pluralisierung" zunimmt: Menschen in einer *Sozialen Lage*, die man von der Ausstattung her als gleich bevorzugt oder benachteiligt einschätzen kann, entwickeln unterschiedliche Mentalitäten und Lebensweisen. Die Krise der Erwerbsarbeitsgesellschaft stärkt jedoch wiederum den Einfluß der objektiven Substanz der Lebensbedingungen: Arbeitsplatz, Bildungsniveau, Finanzen. Die soziale Lage von Menschen wird wieder unmittelbar von ihrer Position auf dem Arbeitsmarkt abhängig, weil der Risikoausgleich durch sozialpolitische Maßnahmen zur gleichen Zeit eingeschränkt wird. Klassen- oder schichtspezifische Unterschiede können daher wieder deutlicher die Handlungsspielräume von Menschen bestimmen: Somit aktualisieren sich klassen- oder schichtspezifische Benachteiligungen, die bis in die gesellschaftliche Mitte hineinreichen können. Diese Entwicklung trifft auf Menschen, die neue Werte, zum Beispiel Selbstverwirklichung und andere Handlungspotentiale aufgrund höherer Bildung entwikkelt haben. Die Konkurrenz um Aufstiegsmöglichkeiten wird verstärkt (zum Beispiel durch die stärkere Präsenz von Frauen auf dem Arbeitsmarkt) und die Schere zwischen privilegierten Gruppen und solchen, die mangels entsprechender Ressourcen den komplexer werdenden Anforderungen hochgradig arbeitsteiliger Gesellschaften nicht entsprechen können, öffnet sich weiter: Menschen in strukturschwachen Regionen, Menschen mit unzureichendem kulturellen Kapital, Frauen mit Verantwortung für Kinder, und Ausländerinnen und Ausländer (vgl. Vester 1993).
Welcher dieser genannten Tendenzen die künftige Entwicklung der Sozial- und Ungleichheitsstruktur bestimmen wird, läßt sich weder theoretisch noch politisch vorentscheiden.
Für die Praxis der Sozialen Arbeit läßt sich festhalten, daß sie einerseits mit einer neuen „sozialen Frage" konfrontiert ist, aber Menschen mit sehr unterschiedlichen Verhaltensweisen ihre Armut oder den Zwang zur beruflichen Mobilität verarbeiten.

Die hier vorgestellten unterschiedlichen Theorien sind auf Erklärungen und nicht auf praktische Handlungsanweisungen für die Unterstützung ungleicher Lebenschancen ausgerichtet. Die empirischen Befunde sind weder für den Einzelfall konkretisiert, noch die Merkmale sozialer Ungleichheit mit möglichen Krisen- und Problemkonstellationen (zum Beispiel Schwangerschaftskonflikt, sexuelle Gewalt) verknüpft. Gerade damit hat die Praxis ja häufig zu tun.

Wir meinen aber, daß gerade die Komplexität der aktuellen Wirklichkeit sozialer Ungleichheit, wie sie die Gesamtschau der vorgestellten Theorien in diesem Buch offenbart, die Praxis umfassend sensibilisieren kann. Sie für den Einzelfall fruchtbar zu machen, ist kein leichtes Unterfangen, aber möglich.

Häufig hören wir von Studierenden ein Unbehagen darüber, daß sie von der Ungleichheitsforschung genötigt werden, Menschen in die Schicht- oder Milieuschubladen einzuordnen. Zwar hat die Soziale Arbeit überwiegend mit Einzelfällen zu tun, doch sie kann sich nicht nur am Besonderen des Falles orientieren, denn es handelt sich nie nur um eine rein persönliche Konstellation; das Individuelle ist immer mit dem Sozialen – Lebenswelt, Milieu, Schicht, Klasse – verbunden. Gemeinwesenarbeit, Lebensweltorientierung, Milieukonzepte (Böhnisch 1999) tragen dieser Tatsache Rechnung. Trotz der Vielfalt sozialer Ungleichheit läßt sich keine Gesellschaft vorstellen, in der die Lebensbedingungen der einzelnen Mitglieder durch jeweils so unterschiedliche Konstellationen bedingt sind, daß sie keine ähnlichen Lebensweisen mehr herausbilden.

Schließlich möchten wir ein in diesem Buch bereits vorgetragenes Argument noch einmal wiederholen. Die Chance, daß Menschen die von der Sozialen Arbeit intendierte Unterstützung in ihre eigene Lebensführung übernehmen, erhöht sich, wenn die Soziale Arbeit objektive und subjektive Merkmale ihrer Lebenssituation genau kennt. Die Ungleichheitsforschung hat dafür einen reichen Fundus zu bieten.

Literatur

Alber, Jens/Nübel, Christina/Schöllkopf, Martin (1998): Sozialstaat/Soziale Sicherheit. In: Schäfers, Bernhard/ Zapf, Wolfgang (Hrsg.): Handwörterbuch zur Gesellschaft Deutschlands. Opladen

Baacke, Dieter (1999): Jugend und Jugendkulturen (3. überarbeitete Auflage). Weinheim und München

Bade, Klaus J. (1994): Homo migrans. Wanderungen aus und nach Deutschland. Essen

Bade, Klaus J. (Hrsg.) (1992): Deutsche im Ausland - Fremde in Deutschland. Migration in Geschichte und Gegenwart. München

Beck, Ulrich (1983): Jenseits von Klasse und Stand? Soziale Ungleichheit, gesellschaftliche Individualisierungstendenzen und die Entstehung neuer sozialer Formationen und Identitäten. In: Kreckel, Reinhard (Hrsg.): Soziale Ungleichheiten. Sonderband 2 der Sozialen Welt. Göttingen, S. 35-76

Beck, Ulrich (1986): Risikogesellschaft. Auf dem Weg in eine andere Moderne. Frankfurt

Beck, Ulrich/Beck-Gernsheim, Elisabeth (Hrsg.) (1994): Riskante Freiheiten. Individualisierung in modernen Gesellschaften. Frankfurt

Becker, Ulrich/Becker, Horst/Ruhland, Walter (1992): Zwischen Angst und Aufbruch. Das Lebensgefühl der Deutschen in Ost und West nach der Wiedervereinigung. Düsseldorf; Wien; New York; Moskau

Becker-Schmidt, Regina (1980): Widersprüchliche Realität und Ambivalenz: Arbeitserfahrungen von Frauen in Fabrik und Familie. In: Kölner Zeitschrift für Soziologie und Sozialpsychologie, Heft 4, S. 705 - 725

Becker-Schmidt, Regina (1987): Die doppelte Vergesellschaftung - die doppelte Unterdrückung. Besonderheiten der Frauenforschung in den Sozialwissenschaften. In: Unterkircher, Lilo/Wagner, Ina (Hrsg.): Die andere Hälfte der Gesellschaft. Wien, S. 10 - 25

Becker-Schmidt, Regina (1996): Einheit - Zweiheit - Vielheit. Identitätslogische Implikationen in feministischen Emanzipationskonzepten. In: Frauenforschung, Heft 1 + 2, S. 5 - 18

Becker-Schmidt, Regina u.a. (1981): Frauenarbeit in der Fabrik - betriebliche Sozialisation als Lernprozeß? Über die subjektive Bedeutung von Fabrikarbeit im Kontrast zur Hausarbeit. In: Gesellschaft, Beiträge zur Marxschen Theorie 14. Frankfurt, S. 52-74

Becker-Schmidt, Regina u.a. (1982): Nicht wir haben die Minuten - die Minuten haben uns. Zeitprobleme und Zeiterfahrungen von Arbeitermüttern in Fabrik und Familie. Bonn

Becker-Schmidt, Regina/Knapp, Gudrun-Axeli (1995): Einleitung. In. Diess. (Hrsg.): Das Geschlechterverhältnis als Gegenstand der Sozialwissenschaften. Frankfurt/New York, S. 7-18

Beck-Gernsheim, Elisabeth/Ostner, Ilona (1978): Frauen verändern - Berufe nicht? Ein theoretischer Ansatz zur Problematik von Frau und Beruf. In: Soziale Welt, Heft 3, S. 257 - 287

Bednarz-Braun, Iris (1984): Mädchen und Frauen in gewerblich-technischer Ausbildung und Beschäftigung - dargestellt am Beispiel der Elektroindustrie. In: Seidenspinner, Gerlinde u. a.: Vom Nutzen weiblicher Lohnarbeit. Alltag und Biographie von Mädchen, Band 3. Opladen, S. 139-161

Belwe, Katharina (1989): Sozialstruktur und gesellschaftlicher Wandel in der DDR. In: Weidenfeld, Werner/Zimmermann, Hartmut (Hrsg.). Deutschland-Handbuch. Eine doppelte Bilanz 1949-1989. Bonn, S. 125-143

Bender, Stefan/Seifert, Wolfgang 1996: Zuwanderer auf dem Arbeitsmarkt: Nationalitäten- und kohortenspezifische Unterschiede, in: Zeitschrift für Soziologie, 25. Jg., H. 6; S. 454-476

Berger, Peter/Sopp, Peter (1992): Bewegtere Zeiten? Zur Differenzierung von Erwerbsverlaufsmustern in Westdeutschland, In: ZfS, 21, S. 166-188

Bertram, Hans (1992): Soziale, regionale und geschlechtsspezifische Ungleichheiten. In: Ders. (Hrsg.): Die Familie in den neuen Bundesländern, Stabilität und Wandel in der gesellschaftlichen Umbruchsituation. DJI- Familiensurvey. Opladen, S. 263-286

Betz, Patricia/Jug, Melanie/Meinikheim, Beate/Müller, Ulrike (1998): Analyse einer individuellen Laufbahn anhand der bourdieuschen Kapitaltheorie. Hausarbeit in Soziologie, 2. Sem. FHS Esslingen

BMFuS (1994): Familien und Familienpolitik im geeinten Deutschland. 5. Familienbericht. Bonn

BMFuS/Statistisches Bundesamt (Hrsg.) (1994): Wo bleibt die Zeit? Die Zeitverwendung der Bevölkerung in Deutschland. Wiesbaden

BMFSFJ (Hrsg.) (1998): Frauen in der Bundesrepublik Deutschland. Bonn

Bock, Gisela/Duden, Barbara (1977): Arbeit aus Liebe – Liebe als Arbeit. Zur Entstehung der Hausarbeit im Kapitalismus. In: Frauen und Wissenschaft, Beiträge zur Berliner Sommeruniversität 1976. Berlin, S. 118-199

Bock-Rosenthal, Erika (1992): Soziale Ungleichheit und sozialer Konflikt. In: Biermann, Benno u. a.: Soziologie. Gesellschaftliche Probleme und sozialberufliches Handeln. Neuwied, Kriftel, Berlin

Boettger, Barbara (1990): Das Recht auf Gleichheit und Differenz. Elisabeth Selbert und der Kampf der Frauen um Art. 3.2. Grundgesetz. Münster

Böhnisch, Lothar (1997):Sozialpädagogik der Lebensalter. Weinheim und München

Bolte, Karl Martin/Hradil, Stefan (1975): Soziale Ungleichheit. Opladen

Bolte, Karl Martin/Hradil, Stefan (1984): Soziale Ungleichheit in der Bundesrepublik Deutschland (5. völlig neu bearbeitete Auflage von Bolte/Kappe/Neidhardt, 1966). Opladen

Bourdieu, Pierre (1982): Die feinen Unterschiede. Kritik der gesellschaftlichen Urteilskraft. Frankfurt

Bourdieu, Pierre (1983): Ökonomisches Kapital, kulturelles Kapital, soziales Kapital. In: Kreckel, Reinhard (Hrsg.): Soziale Ungleichheiten, Sonderband 2 der Sozialen Welt. Göttingen, S. 183-198

Bourdieu, Pierre (1997): Die männliche Herrschaft. In: Dölling, Irene/Krais Beate (Hrsg.): Ein alltägliches Spiel. Geschlechterkonstruktion in der sozialen Praxis. Frankfurt, S. 153-217

Brandes, Detlef (1992): Die Deutschen in Rußland und der Sowjetunion. In: Bade, Klaus (Hrsg.): Deutsche im Ausland - Fremde in Deutschland. Migration in Geschichte und Gegenwart. München

Brigitte/Deutsches Jugendinstitut (1982): Mädchen ´82. Hamburg

Brock, Dieter (1998): Soziale Ungleichheiten. Klassen und Schichten. In: Schäfers, Bernhard/Zapf, Wolfgang (Hrsg.) Handwörterbuch zur Gesellschaft Deutschlands. Opladen, S. 608-622

Brückner, Margrit (1996): Frauen- und Mädchenprojekte. Von feministischen Gewißheiten zu neuen Suchbewegungen. Opladen

Brunner, Claudia Franziska/Dannenbeck, Clemens/ Eßer, Felicitas (1998): Ethnizität zwischen „Wiederentdeckung" und Dekonstruktion. Eine Literaturdokumentation. In: Deutsches Jugendinstitut (Hrsg.): Literaturreport 1997. München

Büchel, Felix/ Frick, Joachim/Voges, Wolfgang 1997: Der Sozialhilfebezug von Zuwanderern in Westdeutschland. In: Kölner Zeitschrift für Soziologie und Sozialpsychologie, H. 1. S. 272-290

Buhr, Petra (1995): Dynamik von Armut. Dauer und biographische Bedeutung von Sozialhilfebezug. Opladen

Cyba, Eva (1993): Überlegungen zu einer Theorie geschlechtsspezifischer Ungleichheiten. In: Frerichs, Petra/Steinrücke, Margareta (Hrsg.): Soziale Ungleichheit und Geschlechterverhältnisse. Opladen, S. 33-49

Cyba, Eva (1998): Geschlechtsspezifische Arbeitsmarktsegregation: Von den Theorien des Arbeitsmarktes zur Analyse sozialer Ungleichheiten am Arbeitsmarkt. In: Geissler, Birgit u.a. (Hrsg.): FrauenArbeitsMarkt. Der Beitrag der Frauenforschung zur sozio-ökonomischen Theorieentwicklung. Berlin, S. 37-61

Dathe, Dietmar (1995): Zur Einkommenslage ausgewählter Haushaltstypen in den neuen Bundesländern. In: Bertram, Hans /Hradil, Stefan / Kleinhenz, Gerhard (Hg.) Sozialer und demographischer Wandel in den neuen Bundesländern. Berlin, S. 71-100

Dengel, Georg (1997): Die Integration der Spätaussiedler in der Bundesrepublik Deutschland unter besonderer Berücksichtigung rußlanddeutscher Mitbürger. Diplomarbeit Nürnberg

Dienel, Christiane (1996): Frauen in Führungspositionen in Europa. Weinheim und München

Dietz, Barbara/Roll, Heike (1998) Jugendliche Aussiedler - Portrait einer Zuwanderergeneration. Frankfurt a. M./New York

Diezinger Angelika/Marquardt, Regine/Bilden, Helga/Dahlke, Kerstin (1983): Zukunft mit beschränkten Möglichkeiten, Entwicklungsprozesse arbeitsloser Mädchen, 2 Bde. München

Diezinger, Angelika (1991): Frauen: Arbeit und Individualisierung. Opladen

Eckart, Christel (1986): Halbtags durch das Wirtschaftswunder. Die Entwicklung der Teilzeitarbeit in den sechziger Jahren. In: Kramer, Helgard u.a.: Grenzen der Frauenlohnarbeit, Frankfurt/M., S. 183-244

Eckart, Christel/Jaerisch, Ursula/ Kramer, Helgard (1979): Frauenarbeit in Familie und Fabrik. Frankfurt

Eifler, Christine (1998): Die deutsche Einheit und die Differenz weiblicher Lebensentwürfe. In: Aus Politik und Zeitgeschichte, B 41-42/98, S. 37-42

Elias, Norbert (1993): Was ist Soziologie?. Weinheim und München

Elias, Norbert/Scotson, L. (1990): Etablierte und Außenseiter. Frankfurt am Main

Enzensberger, Hans Magnus (1992): Die große Wanderung. Frankfurt a. M.

Esser, Hartmut (1980): Aspekte der Wanderungssoziologie. Assimilation und Integration von Wanderern, ethnischen und Minderheiten. Darmstadt/Neuwied

Farin, Klaus (1997): Die Skins. Mythos und Realität. Berlin

Farin, Klaus/Seidel-Pielen, Eberhard (1993): Skinheads. München

Frerichs, Petra (1997): Klasse und Geschlecht 1. Arbeit. Macht. Anerkennung. Interessen. Opladen

Frerichs, Petra/Steinrücke, Margareta (1993): Frauen im sozialen Raum. In: Diess. (Hrsg.): Soziale Ungleichheit und Geschlechterverhältnisse. Opladen, S. 191-205

Frerichs, Petra/Steinrücke, Margareta (1994): „Sie tun, was von ihnen verlangt wird, und das auch nicht immer..." Zur Beteiligung von Männern an der Haus- und Familienarbeit. In: Arbeit, Heft 3, S. 203-219

Geissler, Birgit (1998): Weibliche Lebensführung und Erwerbsverlauf - ein lebenslauftheoretischer Beitrag zur Analyse der Frauenarbeit. In: Dies. u.a. (Hrsg.): FrauenArbeitsMarkt. Der Beitrag der Frauen zur sozio-ökonomischen Theorieentwicklung. Berlin, S. 145-164

Geissler, Birgit/Oechsle, Mechthild (1996): Lebensplanung junger Frauen. Zur widersprüchlichen Modernisierung weiblicher Lebensläufe. Weinheim

Geißler, Rainer (1994): Die pluralisierte Schichtstruktur der modernen Gesellschaft: zur aktuellen Bedeutung des Schichtbegriffs. In: Ders. (Hrsg.): Soziale Schichtung und Lebenschancen in Deutschland. 2. völlig neu bearbeitete und aktualisierte Aufl. Stuttgart

Geißler, Rainer (1992): Die Sozialstruktur Deutschlands. Ein Studienbuch zur Entwicklung im geteilten und vereinten Deutschland. Opladen

Geißler, Rainer (1996): Kein Abschied von Klasse und Schicht. Ideologische Gefahren der deutschen Sozialstrukturanalyse. In: Kölner Zeitschrift für Soziologie, Heft 2, S. 319-338

Gensicke, Thomas (1995): Modernisierung, Wertewandel und Mentalitätsentwicklung in der DDR. In: Bertram, Hans / Hradil, Stefan / Kleinhenz, Gerhard (Hg.) Sozialer und demographischer Wandel in den neuen Bundesländern. Berlin, S. 101-140

Gerhardt, Ute (1992): Unerhört. Die Geschichte der deutschen Frauenbewegung. Reinbek bei Hamburg

Gysi, Jutta/Meyer, Dagmar (1993): Leitbild: berufstätige Mutter - DDR-Frauen in Familie, Partnerschaft und Ehe. In: Helwig, Gisela/Nickel, Hildegard Maria (Hrsg.): Frauen in Deutschland 1945-1992. Berlin 1993, S. 139-165

Habich, Roland (1996): Objektive und subjektive Indikatoren - ein Vorschlag zur Messung des Wandels von Lebenslagen. In: Zapf, Wolfgang /Schupp, Jürgen/ Habich, Roland (Hrsg.): Lebenslagen im Wandel: Sozialberichterstattung im Längsschnitt. Frankfurt/Main; New York

Heitmeyer, Wilhelm/Olk, Thomas (Hrsg.) (1990): Individualisierung von Jugend. Weinheim und München

Heitmeyer, Wilhelm/Schröder, Helmut/Müller, Joachim (1997): Desintegration und islamischer Fundamentalismus. In: Aus Politik und Zeitgeschichte, Beilage zur Zeitschrift Das Parlament, B7-8, S. 17-31

Herden, Rose-Elisabeth/Münz, Rainer 1998: Stichwort Bevölkerung. In: Bernhard Schäfers/Wolfgang Zapf (Hrsg.): Handwörterbuch zur Gesellschaft Deutschlands. Opladen

Hille, Barbara (1993): Geschlechtstypische Präferenzen und Benachteiligungen - Weibliche Jugendliche in Bildung, Ausbildung, Studium, In: Helwig, Gisela/ Nickel, Hildegard Maria (Hrsg.): Frauen in Deutschland 1945 -1992. Berlin, S. 215-231

Hoffmann-Novotny, Hans-Joachim: Gastarbeiterwanderungen und soziale Spannungen. In: Reimann, Helga/Reimann, Horst (Hg.) 1987: Gastarbeiter. Analysen und Perspektiven eines sozialen Problems. Opladen

Hradil, Stefan (1983): Die Ungleichheit der Sozialen Lage. Eine Alternative zu schichtungssoziologischen Modellen sozialer Ungleichheit. In: Kreckel, Reinhard (Hrsg.): Soziale Ungleichheiten, Sonderband 2 der Sozialen Welt, Göttingen, S. 103-117

Hradil, Stefan (1987): Sozialstrukturanalyse in einer fortgeschrittenen Gesellschaft. Opladen

Hradil, Stefan (1989): System und Akteur. Eine empirische Kritik der soziologischen Kulturtheorie von Pierre Bourdieu. In: Eder, Klaus (Hrsg.): Klassenlage, Lebensstil und kulturelle Praxis. Frankfurt, S. 111-141

Hradil, Stefan (1990): Epochaler Umbruch oder ganz normaler Wandel? Wie weit reichen die Veränderungen der Sozialstruktur in der Bundesrepublik? In: Cremer, Willi/Klein, Ansgar (Hrsg.): Umbrüche in der Industriegesellschaft. Herausforderungen für die politische Bildung. Opladen, S. 73-99

Hradil, Stefan (1992): Alte Begriffe und neue Strukturen. Die Milieu-, Subkultur- und Lebensstilforschung der 80er Jahre. In: Hradil, Stefan (Hrsg.): Zwischen Bewußtsein und Sein. Opladen, S. 15-55

Hufschmid, Jörg (1969): Die Politik des Kapitals. Konzentration und Wirtschaftspolitik in der Bundesrepublik. Frankfurt

Jugendwerk der Deutschen Shell (1992) (Hrsg.): Jugend ´92., Gesamtdarstellung und biographische Portraits, Bd. 1. Opladen

Knapp, Gudrun-Axeli (1990): Zur widersprüchlichen Vergesellschaftung von Frauen. In: Hoff, Ernst-H. (Hrsg.): Die doppelte Sozialisation Erwachsener. Weinheim/München, S. 17 - 52

Kontos, Silvia/Walser, Karin (1979): „Weil nur zählt, was Geld einbringt". Probleme der Hausfrauenarbeit. Gelnhausen

Kreckel, Reinhard (1992): Politische Soziologie der Sozialen Ungleichheit. Frankfurt/New York

Kreckel, Reinhard (1993): Doppelte Vergesellschaftung und geschlechtsspezifische Arbeitsmarktstrukturierung. In: Frerichs, Petra/Steinrücke, Margareta (Hrsg.): Soziale Ungleichheit und Geschlechterverhältnisse, S. 51-63

Krüger, Helga/Born, Claudia/Einemann, Beate/Heintze, Stine/Saifi, Helga (1987): Privatsache Kind - Privatsache Beruf... „und dann hab ich ja noch Haushalt, Mann und Wäsche". Opladen

Kudera, Werner (1993): Eine Nation - zwei Gesellschaften? Eine Skizze von Arbeits- und Lebensbedingungen in der DDR. In: Rerrich, Maria/Jurczyk, Karin (Hrsg.): Die Arbeit des Alltags. Beiträge zu einer Soziologie der alltäglichen Lebensführung. Freiburg, S. 133-159

Kühnel, Wolfgang (1997): Integrationsprobleme im gesellschaftlichen Strukturwandel Ostdeutschlands. In: Heitmeyer Wilhelm (Hg.): Was treibt die Gesellschaft auseinander? Frankfurt am Main 1997, S. 586-626

Lenz, Ilse (1995): Geschlecht, Herrschaft und internationale Ungleichheit. In: Becker-Schmidt, Regina u.a. (Hrsg.): Das Geschlechterverhältnis als Gegenstand der Sozialwissenschaften. Frankfurt/M., S. 19-46

Lipp, Carola (1986): „Fleißige Weibsleut" und „liederliche Dirnen". Arbeits- und Lebensbedingungen von Unterschichtsfrauen. In: Diess. (Hrsg.): Schimpfende Weiber und patriotische Jungfrauen. Frauen im Vormärz und in der Revolution 1848/49. Baden-Baden, S. 25-55

Lüdtke, Hartmut (1991): Kulturelle und soziale Dimensionen des modernen Lebensstils. In: Vetter, Hans Rolf (Hrsg.): Muster moderner Lebensführung. Weinheim und München. Verlag Deutsches Jugendinstitut, S. 131-151

Maier, Friederike (1993): Zwischen Arbeitsmarkt und Familie - Frauenarbeit in den alten Bundesländern. In: Helwig, Gisela/Nickel, Hildegard Maria (Hrsg.) Frauen in Deutschland 1945 -1992. Berlin, S. 257-279

Martiny, Ulrike (1995): Frauen auf sich selbst gestellt. Zur Lebenssituation alleinstehender Frauen, Bd. 101 der Schriftenreihe des MBFSFJ. Stuttgart

Mayr-Kleffel, Verena (1994). Netzwerkbeziehungen von Frauen š ein Spiegel der besonderen weiblichen Individualisierung. In: Seidenspinner, Gerlinde (Hrsg.): Frau sein in Deutschland. Aktuelle Themen, Perspektiven und Ziele feministischer Sozialforschung. Weinheim und München, S. 47-62

Meyer, Birgit (1989): Das Grundgesetz und die Frauen der ersten Stunde. In: Benz, Wolfgang/Moos,Detlev (Hrsg.): Das Grundgesetz und die Bundesrepublik Deutschland. München, S. 25-28

Meyer, Sibylle/Schulze, Eva (1988): Nicht-eheliche Lebensgemeinschaften - eine Möglichkeit zur Veränderung des Geschlechterverhältnisses? In: Kölner Zeitschrift für Soziologie und Sozialpsychologie, H. 2, S. 337-356

Miller, Tilly (1999): Systemtheorie und Soziale Arbeit. Stuttgart

Müller, Hans-Peter (1986): Kultur, Geschmack und Distinktion. Grundzüge der Kultursoziologie Pierre Bourdieus. In: Neidhart, Friedrich. u.a. (Hrsg.): Kultur und Gesellschaft. Sonderheft 27 der Kölner Zeitschrift für Soziologie und Sozialpsychologie, Oppladen, S. 162-190

Müller, Hans-Peter (1989): Lebensstile. Ein neues Paradigma der Differenzierungs- und Ungleichheitsforschung. In: Kölner Zeitschrift für Soziologie und Sozialpsychologie, H. 1, S. 53-71

Müller, Hans-Peter/Weihrich, Margit (1991): Lebensweise und Lebensstil. Zur Soziologie moderner Lebensführung. In: Vetter, Hans Rolf (Hrsg.): Muster moderner Lebensführung. Weinheim und München. Verlag Deutsches Jugendinstitut, S. 89-129

Münch, Angela (1993): Asylpolitik in der Bundesrepublik. Opladen

Münch, Ingo/Fröhlich, Gerhard (Hg.) (1994): Das symbolische Kapital der Lebensstile. Frankfurt/Main, New York

Münz, Rainer/Seifert, Wolfgang/Ulrich, Ralf (1997): Zuwanderung nach Deutschland. Strukturen, Wirkungen, Perspektiven. Frankfurt a.M. und New York

Mutz, Gerd (1997): Arbeitslosigkeit und gesellschaftliche Individualisierung. In: Beck, Ulrich/Sopp, Peter (Hrsg.): Individualisierung und Integration. Opladen

Myrdal, Alva/Klein Viola (1970): Die Doppelrolle der Frau in Familie und Beruf. Köln/Berlin

Nickel, Hildegard Maria (1993): „Mitgestalterinnen des Sozialismus" - Frauenarbeit in der DDR. In: Gisela Helwig/Hildegard Maria Nickel (Hrsg.): Frauen in Deutschland 1945-1992. Berlin 1993, S. 233-256

Ostner, Ilona (1978): Beruf und Hausarbeit. Frankfurt/New York

Ostner, Ilona (1991): „Weibliches Arbeitsvermögen" und soziale Differenzierung. In: Leviathan, Heft 2, S. 192-207

Ostner, Ilona (1992): Zum letzten Mal: Anmerkungen zum „weiblichen Arbeitsvermögen". In: Krell, Gertraud u.a. (Hrsg.): Personalpolitik aus der Sicht von Frauen. München und Mering, S. 107-121

Ostner, Ilona/ Beck-Gernsheim, Elisabeth (1979): Mitmenschlichkeit als Beruf. Frankfurt

Otyakmaz, Berrin Özlem (1995): Auf allen Stühlen. Das Selbstverständnis junger türkischer Migrantinnen in Deutschland. Köln

Parkin, Frank (1983): Strategien sozialer Schließung und Klassenbildung. In: Kreckel, Reinhard (Hrsg.): Soziale Ungleichheiten, Sonderband 2 der Sozialen Welt. Göttingen S. 121-135

Permien, Hanna/Zink, Gabriela (1998): Endstation Straße? München. Verlag Deutsches Jugendinstitut

Pollack, Dieter (1993): Wertewandel und religiöser Wandel in Ostdeutschland. In: Berliner Debatte Initial 4. Berlin

Prengel, Annedore (1995): Pädagogik der Vielfalt. Opladen

Pross, Helge (1969): Über die Bildungschancen von Mädchen in der Bundesrepublik. Frankfurt

Rerrich, Maria S. (1990): Ein gleich gutes Leben für alle? In: Berger, Peter.A./Hradil, Stefan (Hrsg.): Lebenslagen, Lebensläufe, Lebensstile, Sonderband 7 der Sozialen Welt. Göttingen, S. 189-205

Rerrich, Maria S./Wex, Thomas (1993): Veränderungen der westdeutschen Gesellschaft seit Gründung der Bundesrepublik - eine zeitgeschichtliche Skizze. In: Jurczyk, Karin/Rerrich, Maria S. (Hrsg.) Die Arbeit des Alltags, Beiträge zu einer Soziologie der alltäglichen Lebensführung. Freiburg, S. 48-69

Rommelspacher, Birgit (1995): Dominanzkultur. Texte zu Fremdheit und Macht. Berlin

Schelsky, Helmut (1965): Die Bedeutung des Schichtungsbegriffs für die Analyse der gegenwärtigen deutschen Gesellschaft (zuerst 1953). In: Ders.: Auf der Suche nach Wirklichkeit, Gesammelte Aufsätze. Düsseldorf/Köln, S. 331-336

Schiffauer, Werner (1997): Fremde in der Stadt. Frankfurt am Main

Schulze, Gerhard (1992): Erlebnisgesellschaft. Kultursoziologie der Gegenwart. Frankfurt/New York

Schupp, Jürgen/Habich, Roland/Zapf, Wolfgang (1996): Sozialberichterstattung im Längsschnitt - Auf dem Weg zu einer dynamischen Sicht der Wohlfahrtsproduktion. In: Zapf, Wolfgang /Schupp, Jürgen/ Habich, Roland (Hrsg.): Lebenslagen im Wandel: Sozialberichterstattung im Längsschnitt. Frankfurt/Main; New York, S. 11-45

Seidenstücker, Bernd (1996): Soziale Arbeit in der DDR. In: Kreft, Dieter /Mielenz, Ingrid (Hrsg.): Wörterbuch Soziale Arbeit (4. vollständig überarbeitete und erweiterte Auflage). Weinheim und Basel

Seifert, Wolfgang (1996): Neue Zuwanderergruppen auf dem westdeutschen Arbeitsmarkt. Eine Analyse der Arbeitsmarktchancen von Aussiedlern, ausländischen Zuwanderern und ostdeutschen Übersiedlern. In: Soziale Welt, H. 2, S. 180-201

Spellerberg, Annette (1994): Lebensstile in West- und Ostdeutschland. Verteilung und Differenzierung nach sozialstrukturellen Merkmalen. P 94 -105 Wissenschaftszentrum Berlin für Sozialforschung. Berlin

Spellerberg, Annette (1996): Lebensstile in Deutschland -Verteilung und Beitrag zur Erklärung unterschiedlichen Wohlbefindens. In: Schwenk, Otto G. (Hrsg.): Lebensstil zwischen Sozialstrukturanalyse und Kulturwissenschaft. Opladen, S. 237-260

Spiegel - Verlag (Hrsg.) (1996): Soll und Haben 4. Hamburg

SPoKK (Hrsg.)(1997): Kursbuch JugendKultur. Mannheim

Statistisches Bundesamt (Hrsg.) (1997): Datenreport 1997. Zahlen und Fakten über die Bundesrepublik Deutschland, Bonn

Staub-Bernasconi, Sylvia (1996): Systemisches Denken und Handeln in der Sozialen Arbeit. In. Kreft, Dieter/Mielenz, Ingird (Hrsg.): Wörterbuch Soziale Arbeit. Weinheim und Basel (4. Auflage)

Strohmeier, Peter (1992): Pluralisierung und Polarisierung der Lebensformen in Deutschland. In: Aus Politik und Zeitgeschichte. Beilage zur Zeitschrift Das Parlament, B 17, S. 11-22

Thiersch, Hans (1992): Lebensweltorientierte Soziale Arbeit. Aufgaben der Praxis im sozialen Wandel. Weinheim/München

Treibel, Annette (1998): Migration. In: Schäfers, Bernhard/Zapf, Wolfgang (Hrsg.): Handwörterbuch zur Gesellschaft Deutschlands. Opladen

Treibel, Annette (1999): Migration in modernen Gesellschaften. Weinheim und München

Vester, Michael (1993): Das Janusgesicht der Modernisierung. Sozialstrukturwandel und soziale Desintegration in Ost- und Westdeutschland. In: Aus Politik und Zeitgeschichte. Beilage zur Zeitschrift Das Parlament, B 26-27, S. 3-19

Vester, Michael (1998): Klassengesellschaft ohne Klassen. Auflösung oder Transformation der industriegesellschaftlichen Sozialstruktur. In: Berger, Peter A. / Vester, Michael (Hrsg.): Alte Ungleichheiten - neue Spaltungen. Opladen, S. 109-147

Vester, Michael/v. Oertzen, Peter/Geiling, Heiko/Herrmann, Thomas/Müller, Dagmar (1993): Soziale Milieus im gesellschaftlichen Strukturwandel. Köln

Vester. Michael (1997): Kapitalistische Modernisierung und gesellschaftliche (Des-)Integration. Kulturelle und soziale Ungleichheit als Problem von „Milieus“ und „Eliten“. In: Heitmeyer, Wilhelm (Hg.): Was hält die Gesellschaft zusammen? Frankfurt am Main

Voigt, Peter (1998): Gesellschaft der Deutschen Demokratischen Republik. In: Schäfers/Zapf, Wolfgang (Hrsg.): Handwörterbuch zur Gesellschaft Deutschlands. Opladen

Voß, Günter (1993): Der Strukturwandel der Arbeitswelt und die alltägliche Lebensführung. In: Rerrich, Maria/Jurczyk, Karin (Hrsg.): Die Arbeit des Alltags. Beiträge zu einer Soziologie der alltäglichen Lebensführung. Freiburg, S. 70-111

Wahl, Klaus u.a. (1980): Familien sind anders. Reinbek bei Hamburg

Weltz, Friedrich u.a. (1979): Junge Frauen zwischen Beruf und Familie. Frankfurt

Wendt, Wolf Rainer (1988): Das Konzept der Lebenslage. Seine Bedeutung für die Praxis der Sozialarbeit. In: Blätter der Wohlfahrtspflege, H. 4, S. 79-83

Wetterer, Angelika (Hrsg.) (1992): Profession und Geschlecht. Über die Marginalität von Frauen in hochqualifizierten Berufen. Frankfurt/New York

Wiehn, Erhard/Mayer, Karl Ulrich (1975): Soziale Schichtung und Mobilität. München

Zinnecker, Jürgen (1987): Jugendkultur 1940 -1985. Opladen

Die Autorinnen

Diezinger, Angelika, Dr. Phil., Dipl.-Soz., seit 1994 Professorin für Soziologie an der Fachhochschule Esslingen, Hochschule für Sozialwesen. Forschungsschwerpunkte: Soziale Ungleichheit und Geschlechterverhältnisse, Pluralisierung privater Lebensformen. Veröffentlichungen zu den Themen Frauenarbeit, Individualisierungsprozesse von Frauen, Ungleichheit zwischen Frauen, Lebensführung und Lebensplanung junger Frauen.

Verena Mayr-Kleffel, Dr. Phil., Professorin für Soziologie an der Georg-Simon-Ohm Fachhochschule Nürnberg; davor wissenschafliche Mitarbeiterin am Deutschen Jugendinstitut in München mit den Arbeitsgebieten Mädchen- und Frauenforschung.